税務行政の
DXが変える
日本の未来

立教大学大学院人工知能科学研究科 客員教授
公認会計士・税理士

前田 順一郎【編著】

一般社団法人 **金融財政事情研究会**

はしがき

　何かを始めようとするきっかけは、いくつかの偶然が重なり合うことによるものであることがある。

　私は立教大学大学院人工知能科学研究科で「フィンテック特論」という講義を受けもっている。この講義はゲストをお招きしたオムニバス形式により行っており、その講義録をもとにして、2022年には『ビヨンド・フィンテック時代』（金融財政事情研究会）という書籍を出版した。

　2021年に私は日本公認会計士協会から電子帳簿保存法改正に関する研修の講師を依頼された。研修資料を作成している際に、単に法改正に触れるよりもその背景に触れたほうがよいだろうと考え、インターネットで検索していたときに偶然にも目に留まったのが、国税庁が同年6月に公表していた「税務行政のデジタル・トランスフォーメーション―税務行政の将来像2.0―」であった。同資料においては「納税者の利便性の向上」と「課税・徴収事務の効率化・高度化」という2本の柱のもとに、「あらゆる税務手続が税務署に行かずにできる社会」を実現するという目標に向けた具体的な構想が示されていた。

　これはまさに「ビヨンド・フィンテック時代」そのものではないか……私は、そう感じた。フィンテックにより、非金融のプレイヤーが金融業界に参入し、スマートフォン・AI・その他の最新テクノロジーの活用により「顧客の利便性の向上」と「業務の効率化」が指向された。しかしいま、フィンテックは新たな展開をみせる時代に突入している。私はそんな時代を「ビヨンド・フィンテック時代」と呼んでいる。

　新たな展開には二つのベクトルがある。一つは垂直的展開である。テクノロジーの進展はとどまるところを知らず、メタバース、NFT（非代替性トークン）、ブロックチェーン、生成AIといったさらに新しいテクノロジーの金融業への活用が模索され、フィンテックは垂直的に深化している。もう一つは水平的展開である。フィンテック的思考が社会的に定着し、より慎重さが

求められる領域にも水平的に拡大している。本書でも取り上げているが、会計監査における監査DXなどはその典型例である。

　私は、税務行政のDXはフィンテックの水平的展開の典型例であることに気づいた。早速、かねてご縁があった国税庁出身で税理士の細田明さんにこの話をしたところ、大きな関心をもっていただき、同じく国税庁出身でいまはJICAの国際協力専門員をされている久下哲也さんをご紹介いただいた。久下さんは、JICAで海外の税務行政のDXに関する研究報告を取りまとめられたとのことであり、この報告書の内容は私の目には世界各国でのフィンテックの事例紹介そのものに映った。

　立教大学大学院人工知能科学研究科の１期生のなかに、大変意欲的な国税庁の若手職員がいた。彼は、これからは税務行政においてもAIの技術などを活用してDXを進めなければならないという強い思いを語っていた。彼から国税庁の担当官をご紹介いただき、細田さん、久下さんとともに国税庁を訪問することになった。2022年１月のことである。そのとき、ご対応いただいた国税庁の課長補佐（当時）が本書のChapter 1を共同執筆いただいた山崎大介さんであった。

　われわれはすぐに意気投合し、「何か定期的に勉強会を実施していこう」ということになった。ちょうどその頃、公認会計士の知人から、毎年秋に実施されている日本公認会計士協会の研究大会で何か発表をしてはどうかというお話をいただいていた。公認会計士・監査法人は上場企業など大企業の財務諸表を監査する業務を行っている。これらの企業の法人税については当該監査済財務諸表上の利益数値を基礎として算定されるわけだから、公認会計士は税務行政の一翼を担っているともいえる。当時公認会計士業界では監査DXが話題となっていた。そこで、公認会計士の立場からも税務行政のDXについて考えることは有益なのではないか、という考えに至り、2022年秋の研究大会で発表をすることになった。

　2022年５月に「税務行政DX勉強会」が発足した。立教大学人工知能科学研究科内に設置するかたちで、私が座長となり、まず同年９月に行われる研

究大会（横浜）でのパネルディスカッション形式での発表を目指すことになった。監査法人時代の直属の上司であった日本公認会計士協会副会長の小倉加奈子さんにご支援をいただき、同会の常務理事（租税担当）の佐藤敏郎さんをご紹介いただいたほか、同じく監査法人時代の入社同期でもあった同会テクノロジー委員会委員長の紫垣昌利さんにも参加していただくことになった。また、立教大学経済学部の小澤康裕准教授にもご参加いただき毎回貴重なご助言をいただいた。こういったメンバーで、ゲストをお招きしながら、2カ月に一回程度のペースでリモートの勉強会が始まった。

　開催された勉強会は延べ10回を超えた。その間、国税庁の長官官房企画課内には新たにデジタル化・業務改革室が設置され、担当の課長補佐も山崎大介さんから平川祥弘さん、佐々木辰実さんへと引き継がれた。山崎さんにご参加いただいた2022年の研究大会（横浜）が好評だったことを受けて、2023年の研究大会（札幌）においても佐々木さんにご参加いただきパネルディスカッションを実施した。これについても各方面から高評価をいただいた。また、山崎さんと平川さんには立教大学の講義でご講演もいただいた。

　勉強会や研究大会での闊達な議論を通じてわれわれが得た一つの結論は「経理DXなくして税務行政のDXなし」というものであった。期せずして「監査DX」に携わる公認会計士も同様に「経理DXなくして監査DXなし」という、同様の趣旨のことを主張していた。政府内においても、2021年7月にはデジタル庁が発足し、2023年10月のインボイス制度導入に向けてデジタルインボイスの議論も加速化する。政府においても同様の視点での議論がなされたものと承知をしている。

　税務行政におけるDX化の重要性がますます高まるなかで、国税庁の資料は、2021年のペーパーからわずか2年で更新されることになった。2023年6月には平川さんが取りまとめにかかわられた「税務行政のデジタル・トランスフォーメーション─税務行政の将来像2023─」が公表され、従来の「顧客の利便性の向上」と「業務の効率化」の2本の柱に加え「事業者のデジタル化促進」という3本目の柱が加えられた。国税庁内においても同月に公表さ

れた「国税庁レポート」の冒頭で、阪田長官名で「税務行政のDXをさらに前に進めていくこと」が強調されるなど、気がつけば「税務行政のDX」は国税庁における一丁目一番地の施策となっている。

　勉強会発足時には、国税庁の課長補佐であった山崎さんは2022年7月の異動で沖縄国税事務所の次長に就任された。その際に「必ず山崎さんの任期中に沖縄を訪問しましょう」という約束をしていたのであるが、世界中がコロナ禍に見舞われたこともあり、なかなか実現しなかった。ようやく昨年（2023年）12月に、2年前に国税庁を訪問したときと同じ細田さんと久下さん、私を含めた3人のメンバーで念願の訪沖と、山崎さんへの表敬訪問が実現した。

　こうして遠く離れた那覇の地で、勉強会の立ち上げに携わった4人が再び集まった。そして、どこからともなく話にのぼったのが、書籍化である。せっかく定期的に勉強会を開催してきたのだから、書籍としてかたちに残しておいてはどうだろうか。4人全員が大賛成であった。早速、私が『ビヨンド・フィンテック時代』をご担当いただいた金融財政事情研究会の編集担当者に相談をしたところ、ぜひに、というありがたいお返事をいただいた。

　執筆陣のなかには、勉強会にも何度も参加いただいた瀧俊雄さん（マネーフォワード）や宇南山卓さん（京都大学）も名を連ねていただいている。瀧さんはフィンテック分野の第一人者として、立教大学大学院におけるフィンテックの講義に全面的なご協力をいただいていた。内閣官房に設置されたデジタル行財政改革会議有識者構成員に選ばれるなど、大変多忙ななかの執筆依頼となったが快くお引き受けいただいた。

　宇南山さんとは、四半世紀以上のお付き合いである。東京大学経済学部において吉川洋先生（現立正大学）のゼミで一つ上の先輩であった。宇南山さんも著書が日経・経済図書文化賞とサントリー学芸賞に選出されたなかで多忙であったが、無理を言ってお願いをした。吉川洋先生は、長年、経済分析の基礎となる政府のデータ整備の重要性について説いてこられた。税務行政のDXは間違いなくその一つの答えになる。そして、税務行政のDXの一環

04　はしがき

として推進されている税務データの学術利用の制度を実際に積極的に活用する第一人者が、偶然にも宇南山さんであった。私は、宇南山さんにこのテーマで一章書いていただくことは、恩師への恩返しになるのではないか、と考えたのだ。

　私があずさ監査法人に勤めていた頃、2007年から2009年にかけて米国KPMGに出向することになるのだが、同じ時期に米国に出向していたのが、現在あずさ監査法人でパートナーとして監査DXに取り組む神保さんである。本書の出版が決定したときに、やはり監査DXと税務行政のDXの関係を理解しておくことはきわめて重要であると考え、神保さんと私の対談記事を収録することになった。

　立教大学経済学部の小澤さんには、各執筆者の原稿のドラフトに目を通していただき、大変有益なコメントを頂戴した。小澤さんにも心より感謝申し上げたい。

　末尾にはOECDの「税務行政3.0」の翻訳をつけた。国税庁の山崎大介さんが税務行政のDXについて語る際に頻繁に引用されていたことからこの文書の存在を知った。調べてみると国際的にも本文書は頻繁に引用されている。しかし、和訳版がないことからわが国においては、当該文書の全体を読んだ方はほとんどいなかったと思う。英語版はOECDのウェブサイトから簡単に入手できるのだが、写真や図表が散りばめられ、だれでも親しみやすい「パンフレット」的な読み物としてとてもよくできており、世界中の多くの関係者が目を通しているものと想像される。よってグローバルの視点で税務行政のDXに関して何が起きているのかを理解するには、この文書を読んでおくことはきわめて重要であろうと考え、翻訳作業に取り組むことにした。翻訳作業のチェックには、JICAの久下さんに惜しみないご協力をいただいた。

　何かを始めようとするきっかけは、いくつかの偶然が重なり合うことによるものであることがある。本書の書籍化についても、いくつかの偶然が重なり合うことにより実現したものである。とはいえ、実際に書籍化が実現し、執筆者の原稿をあらためて読み返してみると、これは単に偶然が重なったも

のではなく、何かの定めに導かれるように明確な問題意識をもった各分野の専門家が集まってきた必然の結果のようにも思えてくる。

　私が知る限り、税務行政のDXについて取り扱った和書はまだ存在しない。本書は、いくつかの偶然と必然の化学反応によりつくられた未知の化合物である。読者の皆さまにとっては、至らぬと感じる部分もあろうが、それはひとえに編者である私の能力不足、努力不足によるものである。前もってお詫び申し上げる。

　たくさんの方々のお支えがあって本書の書籍化が実現した。紙面の都合上、すべての方のお名前を記載することはできないが、ご協力いただいたすべての方に対してこの場をお借りして心より感謝の念を示したい。

立教大学大学院人工知能科学研究科 客員教授

公認会計士・税理士　**前田　順一郎**

【編著者略歴】（執筆当時）

前田　順一郎（まえだ　じゅんいちろう）

公認会計士・税理士
東京大学経済学部卒業。マンチェスター大学MBA。
都市銀行勤務を経てあずさ監査法人に入所。KPMGロサンゼルス事務所勤務を経験。国土交通省航空局勤務を経て独立。現在は日本公共コンサルティング株式会社代表取締役として各種コンサルティングに携わる傍ら、立教大学大学院人工知能科学研究科客員教授、國學院大學大学院法学研究科兼任講師、日本公認会計士協会主任研究員を務める。主な著書・共著書に『会計が驚くほどわかる魔法の10フレーズ』（講談社、2020年）、『ビヨンド・フィンテック時代』（金融財政事情研究会、2022年）

【著者略歴】（執筆当時・執筆担当章順）

山崎　大介（やまさき　だいすけ）

国税庁職員。長官官房企画課にて税務行政DXを担当。

平川　祥弘（ひらかわ　よしひろ）

国税庁職員。長官官房企画課にて税務行政DXを担当。

佐々木　辰実（ささき　たつみ）

国税庁職員。長官官房企画課にて税務行政DXを担当。

瀧　俊雄（たき　としお）

株式会社マネーフォワード　グループ執行役員CoPA（Chief of Public Affairs）サステナビリティ担当　兼　Fintech研究所長
慶應義塾大学経済学部卒業。スタンフォード大学経営大学院経営学修士号取得。野村證券、野村資本市場研究所を経てマネーフォワードの設立に参画。同社において、政策提言や調査研究および発信等の活動を通じて制度的改革に携わり、また当社のサステナビリティやESGに関する責任者も務める。主な著書・共著書に

『FinTech入門』（日経BP社、2016年）、『FinTech大全 今、世界で起きている金融革命』（日経BP社、2017年）、『ジャパン・リスク：差し迫る脅威、日本の生き残りをかけた戦略は？』（金融財政事情研究会、2022年）、『未来を創造するスタンフォードのマインドセット』（朝日新聞出版、2023年）がある。

佐藤　敏郎（さとう　としお）

税理士法人K・T・Two 代表社員　公認会計士・税理士
中央大学商学部会計学科、Suffolk University MBA/Master of Taxation課程卒業。大阪大学大学院法学研究科博士課程後期在学中。
監査法人系コンサルティングファーム、大手会計事務所を経て現職。2019年より日本公認会計士協会租税担当常務理事、2024年から熊本学園大学会計専門職研究科実務家講師を歴任。主な著書に『特殊な事例における株価算定方法 選定の手引』（新日本法規、2021年）、『対話でわかる！　インボイス制度・電子帳簿保存法への実務対応』（大蔵財務協会、2024年）がある。

神保　桂一郎（じんぼ　けいいちろう）

あずさ監査法人 Digital Innovation パートナー
明治大学政治経済学部経済学科卒業。
2000年、朝日監査法人（現あずさ監査法人）入所。会計監査（日本基準、US基準、IFRS）、デューデリジェンス、IFRS Conversionサービス、Data & Analytics Deployment、Audit Innovation projectなどに多数の業務に関与する。2013～15年、KPMG Global Service Centre（米国ニュージャージー州）に赴任し、次世代監査技術の研究開発およびGlobal展開に従事。帰任後、KPMG Globalおよびあずさ監査法人のデジタルイノベーション戦略・施策の策定、DX企画・推進を担当し、現在に至る。

久下　哲也（くげ　てつや）

独立行政法人国際協力機構（JICA）国際協力専門員（公共財政／税務）　税理士
関西学院大学商学部卒業。
東京・大阪国税局管内税務署、国税局査察部、預金保険機構、税務大学校およびミャンマー税務当局支援担当のJICA専門家を経てJICAに入構。公共財政／税務分野におけるJICA協力の方向性立案や他の援助機関との連携、個別の協力プロジェクトの計画立案、運営指導等に携わる。

細田　明（ほそだ　あきら）

税理士法人フェアコンサルティング　代表社員　税理士

一橋大学商学部卒業。

一般社団法人アコード租税総合研究所顧問。国税庁では国際税務の企画立案、外国税務当局との情報交換、各国税制調査、シンガポール駐在等を担当し、国税局、税務署では大規模法人、外国法人、個人等の税務調査にも従事。大企業から中小企業に至るまでの幅広い顧客層に対する国際税務コンサルティングを強みとしながら、顧客の海外事業戦略、資本政策、組織再編、国境を越える事業承継、M&Aや資本提携などに関する税務アドバイザリー業務について豊富な経験と実績を有する。また日本・海外税務当局をはじめとする各方面の政府関係者との良好な関係を築きながら海外投資環境の改善にも尽力している。主な共著書に『新しい加算税の実務〜税務調査と資料情報への対応〜』（ぎょうせい、2016年）、『ベトナム駐在員のための個人所得税 Q&A』（ベトナム税理士協会、2010年）がある。

宇南山　卓（うなやま　たかし）

京都大学経済研究所　教授

東京大学経済学部卒業。東京大学大学院経済学研究科博士課程修了、博士（経済学）。

慶應義塾大学、神戸大学、一橋大学を経て2020年より現職。日本経済論、経済統計学などを専門としており、財務省財務総合政策研究所総括主任研究官を務めるなど政策分析にも関心をもつ。主な著書に『現代日本の消費分析―ライフサイクル理論の現在地』（慶應義塾大学出版会、2023年）がある。

Contents

Part I わが国の税務行政のDXの動向

Chapter 1 国税庁が進める税務行政のDX
国税庁　山崎大介／平川祥弘／佐々木辰実…03

1　はじめに……………………………………………………………03
2　税務行政DXと3本の柱……………………………………………05
3　税務行政DXが目指す姿と取組みの方向性………………………08
4　納税者の利便性の向上……………………………………………13
5　課税・徴収事務の効率化・高度化等……………………………19
6　事業者のデジタル化促進…………………………………………22
7　おわりに……………………………………………………………25

Chapter 2 デジタルサービスの立場から考える税務行政DXの機会
株式会社マネーフォワードグループ執行役員CoPA
Fintech研究所所長　瀧俊雄…27

1　はじめに：SaaSが拓いた新たな可能性…………………………27
2　クラウドサービスから考える税務行政のこれから……………30
3　電子化ではなく、クラウド化と標準化が必要な理由…………38
4　これからの社会で求められる行政環境…………………………41
5　おわりに：デジタル化による政府と国民の新しい関係………49

Chapter 3 インボイス制度および電帳法導入が実務に与えた影響についての論考
税理士法人K・T・Two代表社員　公認会計士・税理士　佐藤敏郎…52

1　はじめに……………………………………………………………52
2　インボイス制度および電帳法の概要——経理実務の観点から………54
3　中堅中小企業における経理および財務実務の実態………………60
4　会計パッケージ等のDX化対応……………………………………65
5　経理実務のデジタル化推進要件……………………………………75
6　経理実務の将来像……………………………………………………80
7　小　　括………………………………………………………………81

Chapter 4 【特別対談】監査DXと税務行政のDX
あずさ監査法人　Digital Innovation　パートナー　神保 桂一郎
（聞き手）前田 順一郎…84

Part II　税務行政DXの展開とその重要性

Chapter 5 税務行政DXの海外動向
独立行政法人国際協力機構（JICA）
国際協力専門員（公共財政／税務）　久下哲也…101

1　はじめに………………………………………………………………101
2　各国におけるデジタルテクノロジーの導入状況…………………102
3　デジタルテクノロジー導入事例……………………………………103

4　JICAの税務行政DX支援……………………………………………118

Chapter 6　税務行政DXが国際税務の実務に与える影響

税理士法人フェアコンサルティング代表社員　税理士　細田明…121

1　はじめに……………………………………………………………121

2　税務行政DX化が目指す有効な課税資料の生成と調査選定…………122

3　利用可能な公開データとAIを活用した税務行政DX化プロジェクトの実例──JICAプロジェクトを例として……………………………123

4　先進的な税務行政DX化が実現する税務当局保有データの活用可能性の向上…………………………………………………………132

5　先進的な税務行政DXにおける公平な課税の実現に向けた課題……140

6　おわりに……………………………………………………………142

Chapter 7　経済学と税務行政DX

京都大学経済研究所　教授　宇南山卓…144

1　はじめに……………………………………………………………144

2　新たな情報源としての行政記録情報………………………………145

3　税務データの利用…………………………………………………148

4　税務データで何がわかるのか……………………………………150

5　税務DXと学術研究：今後の課題…………………………………156

Chapter 8　税務行政DXの重要性

立教大学大学院人工知能科学研究科　客員教授　公認会計士・税理士

前田順一郎…161

1	はじめに	161
2	フィンテックと税務行政のDX	163
3	税務行政のDXに関する国際的な議論	167
4	OECDの「税務行政3.0」について	169
5	デジタル時代の貨幣論と税務行政のDX	174

Part III 税務行政3.0：税務行政のデジタル・トランスフォーメーション ―OECD　税務行政フォーラム（2020年）―

訳者まえがき	181
はじめに	183
謝　辞	186
Table of Contents	188

Executive Summary エグゼクティブサマリー … 189

次のステップ	191
税務行政3.0に向けて	191
注意事項	192

Chapter 1 税務行政3.0への旅路 … 193

税務行政2.0の構造的限界	194
デジタル・トランスフォーメーション――税務行政3.0	197

Contents　13

Box 1.1 現在の状況 ………………………………… 202

Box 1.2 将来起こりうること ………………………… 202

おわりに ………………………………………………… 204

Chapter 2 バーニング・プラットフォーム ………… 205

バーニング・プラットフォームという側面 ……………… 205

現行のサービスと執行手段の限界に達する ……………… 207

コンプライアンス負担の影響 …………………………… 208

情報へのアクセスと利用 ………………………………… 209

社会の期待の変化 ………………………………………… 213

プライバシー、セキュリティ、透明性への懸念 ………… 215

Chapter 3 税務行政3.0の実際の例 …………………… 217

シーンの設定 ……………………………………………… 217

ダイナミックな個人──2030年のメアリーの物語 ………… 218

今日の課題 ………………………………………………… 218

メアリーについて ………………………………………… 219

メアリーの経験 …………………………………………… 219

エコシステム ……………………………………………… 220

人の手の関与 ……………………………………………… 220

ダイナミックな企業──2030年のキムの物語 …………… 225

今日の課題 ………………………………………………… 225

キムについて··225

キムの経験··225

エコシステム···226

人の手の関与··226

絶え間なく変化する多国籍企業──2030年のスマート・ファルコン社の物語···231

今日の課題··231

スマート・ファルコン社について··································231

会社の経験··232

エコシステム···232

人の手の関与··233

Chapter 4

税務行政3.0の構成要素··238

長い旅路の終着点への道のりについて考える························238

コアとなる構成要素···239

構成要素１：デジタルID···241

　Box 4.1　先進的な国の例 シンガポール──国民デジタルID········245

構成要素２：納税者とのタッチポイント·····························247

　Box 4.2　先進国の例 ノルウェー──事前の同意に基づくローン

　　申請···250

　Box 4.3　先進的な国の例 ケニア──デジタル納税···············251

構成要素３：データ管理とデータ標準·······························252

　Box 4.4　先進的な取組みをする国の例 オーストラリア──シング

　　ル・タッチ・ペイロール（STP）·······························256

構成要素４：課税ルールの管理と適用·······························257

　Box 4.5　先進的な取組みをする国の例 スペイン──付加価値税

　　（VAT）用バーチャル・アシスタント・ツール·····················261

Contents 15

構成要素5：新しいスキルセット ……………………………………262

Box 4.6 先進的な取組みをする国の例 フィンランド──スキル

セット開発 ……………………………………………………267

構成要素6：ガバナンスの枠組み ……………………………………269

Box 4.7 先進国の例 ロシア──税務モニタリング ………………272

〔**Annex A**〕 **デジタル・トランスフォーメーションの変化のベクトル** ……274

デジタル化の進展 ………………………………………………………274

デジタル・トランスフォーメーションのベクトル ……………………274

〔**Annex B**〕 **デジタル時代のテクノロジーのトレンド** ………………………278

参考文献 …………………………………………………………………280

用 語 集 …………………………………………………………………282

訳者あとがき・著作権について ………………………………………285

事項索引 …………………………………………………………………287

〈**本書の留意事項**〉

・わかりやすさを優先したために一部省略・簡略化した表現を用いている場合が
あります。

・本書は執筆時点までの各種情報に基づき、執筆されています。

・本書は情報提供のみを目的としたものであり、特定の商品・サービスなどの勧
誘を目的とするものではありません。

・意見に当たる部分は著者の見解であり、著者が所属する組織を代表するもので
はありません。

・著者は、本書から得た情報を利用したことにより発生するいかなる事象のいっ
さいについて責任を負いません。

16 ┃ Contents

Part I

わが国の税務行政の DXの動向

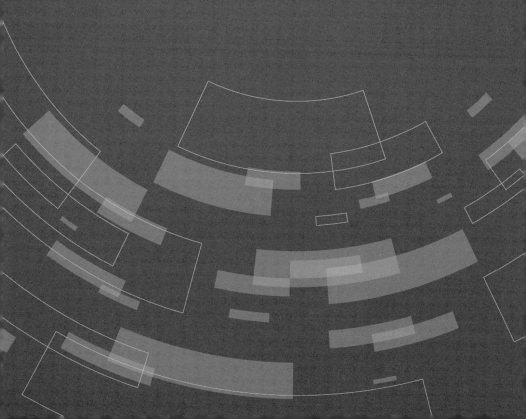

Chapter 1 国税庁が進める税務行政のDX

国税庁
山崎 大介／平川 祥弘／佐々木 辰実

1 はじめに

　国税庁は、税務行政のデジタル・トランスフォーメーション（以下「税務行政DX」という）に取り組んでいる。いわゆるDXについては巷間さまざまな説明がなされているが、税務行政DXとは「デジタルを活用した、国税に関する手続や業務の在り方の抜本的な見直し」のことである。この定義は、国税庁が2023年6月に公表した「税務行政のデジタル・トランスフォーメーション—税務行政の将来像2023—」[1]（以下「将来像2023」という）に記されている。

　時代はさかのぼるが、国税庁は2017年に「税務行政の将来像〜スマート化を目指して〜」（以下、「将来像2017」という）と題する資料を公表している。将来像2017は、その名のとおり国税庁が目指す将来の税務行政のイメージを

1　国税庁「税務行政のデジタル・トランスフォーメーション—税務行政の将来像2023—」（2023年6月23日）

描いたものである。国税庁は従来ICTの活用に積極的に取り組んできた。たとえば、2002年には国税庁のホームページにおいて確定申告書や決算書などを作成できる「確定申告書等作成コーナー」の提供を開始した。その後2004年にはe-Tax（国税電子申告・納税システム）の運用も始まり、申告や納税等の手続がオンラインでできるようになった。一方、ICTやAIの技術は常に進化している。また、2016年には、行政のデジタル化の基盤となるマイナンバー制度の運用（税務分野における利用）が開始された。将来像2017は、こうした背景を受けて取りまとめられた資料であり、そのなかでは、ICTを活用した「納税者の利便性の向上」と「課税・徴収事務の効率化・高度化」を2本の柱とし、税務行政のスマート化に取り組んでいくという方針が示されている。

　将来像2017は、その後累次にわたり改定が行われ、2021年には「税務行政のデジタル・トランスフォーメーション─税務行政の将来像2.0─」と改題された。DXを推進する動きが社会全体で広まっていたこと、あるいは、同年に設置されたデジタル庁の主導により行政分野のDXについてもさらなる進展が見込まれたことなどを受け、税務行政DXに取り組んでいくという方針を明らかにしたものである。同資料では、「納税者の利便性の向上」と「課税・徴収事務の効率化・高度化」という従来の2本柱を維持しつつも、目指すべき将来像の内容については大幅なアップデートが図られた。具体的には、「あらゆる税務手続が税務署に行かずにできる社会」という新たなコンセプトが提示され、その実現に向けたいくつかの構想が示された。また、課税や徴収の事務におけるデータ活用などの取組みをさらに進めていくという方針もあわせて盛り込まれた。

　将来像2023も「税務行政の将来像」シリーズの改定版の一つである。同資料では、従来の2本柱、すなわち「納税者の利便性の向上」と「課税・徴収事務の効率化・高度化」に加え、「事業者のデジタル化促進」という新たな柱が追加された。これは、たとえば受発注や請求書の授受、あるいはその後の記帳など、事業者が日頃行っている業務についてもデジタル化の促進を図り、それにより税務を起点とした社会全体のDXを推進しようというもので

図表1−1　将来像2023の概要

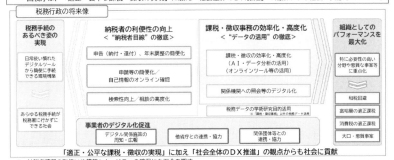

（出所）　国税庁「税務行政のデジタル・トランスフォーメーション―税務行政の将来像2023―」（2023年6月23日）4頁

ある。換言すれば、国税庁の本来の任務である「適正・公平な課税・徴収の実現」に加え、「社会全体のDX推進」の観点からも国税庁が社会に貢献していくという方針を明確にしたものであり、この点が将来像2023の最大の特徴ともいえる（**図表1−1**）。

本稿では、将来像2023の内容に沿って、税務行政DXに向けた国税庁の方針や具体的な取組みなどを紹介することとしたい。なお、図表はすべて将来像2023からの転載である。

 ## 2　税務行政DXと3本の柱

⑴　税務行政DX

税務行政DXの定義、すなわち「デジタルを活用した、国税に関する手続や業務の在り方の抜本的な見直し」には、「デジタルを活用」「国税に関する手続や業務の在り方」「抜本的な見直し」という三つの要素が含まれている。これらの要素については、若干の補足を要するので、以下それぞれについて

説明する。

まず、「デジタルを活用」の「デジタル」とはデジタル技術とデジタルデータを指す。デジタル技術には、スマートフォンやWeb会議システムといった身近な技術のほか、AIやデータ分析ツールなどが含まれる。それらの技術の登場により、私たちの生活は大きく変化した。行政の分野でもデジタル技術の利点を生かして日々改善を図っていくべきという考え方については、多くの人々の賛同を得られることだろう。よりよい行政を行ううえでもう一つ重要なのはデータの活用である。データにはデジタルであるものとそうでないものがあるが、前者であればコンピュータによる自動計算や統計的な分析などが容易にできる。さらに、データ分析ツールを利用すれば、一定のデータから一定の事象が生じる確率を予測するということも可能となる。税の世界では数字を扱うことが非常に多い。その分、データの活用が生産性の向上に貢献する余地は大きい。この点は、官民双方の業務についていえることである。

次に「国税に関する手続や業務の在り方」についてだが、「手続」というのは納税者や税理士が税務署に対して行う申告や納付などのことである。国税の手続というと確定申告が有名だが、このほかにもたとえば、青色申告（一定の記帳等を条件に税の計算で有利な扱いを受けられる制度）の承認申請や、消費税の簡易課税（みなし仕入れ率を用いて簡便に税額を計算する方法）の選択届出など多岐にわたる手続がある。これに対し、「業務」とは、企業や個人の納税者が日頃行っている経理など税に関連する業務のほか、税務署側の仕事が含まれる。税務署や国税局では、納税者から申告や納付を受け付けるとともに、その内容が正しいかどうかを確認し、誤りがある場合には是正を行っている。また、必要に応じ、税務調査や滞納整理（滞納者の財産を差し押さえたうえで換価するなど滞納の解消に向けた諸手続）などの業務も行っている。

これらの手続や業務について、デジタルの力で「抜本的な見直し」をしようというのが税務行政DXである。「抜本的な見直し」なので、単なる電子化やデジタル化とは異なる。「電子化」や「デジタル化」という言葉自体、さ

まざまな意味で用いられているが、たとえば、紙の資料をスキャンして画像データとして保存するようなケースは「電子化」と呼ばれることが多い。画像データの保存により紙の資料は不要となるため、ペーパーレスという点において一定の効率化を図ることができる。他方、そのデータに含まれる情報（文字や数字）を読み取るツールが別途なければ、内容の確認は基本的に人の目で行わなければならない。この場合、画面に表示された文字や数字などを別のシステムに入力し直すという作業もしばしば行われることとなる。これに対し、それらの情報が機械で判読できるような形式となると、一般的に「デジタル化」と呼ばれる。

　デジタル化はDXの大前提ともいえるが、それだけで十分かというとそうではない。たとえば、表計算ソフトで作成された請求書のデータが取引先から電子メールで送られてきたとする。そのデータに含まれる取引先の名称や請求金額などは機械判読可能なものといえる。他方、精算の処理を行うため、別のシステムにそれらの情報を入力するという場合もあるだろう。その際、画像データと同じように目で確認して手で入力する、あるいは、画面上でコピー・アンド・ペーストを行うという作業が必要であるとすれば、デジタル化による効率化効果も限定的といわざるをえない。何をもって「抜本的な見直し」と呼べるかは一概にはいえないが、たとえば、精算の処理を行うためのシステムが請求書データに含まれる情報を自動で読み取ることができるようになればどうだろう。これまで必要としていた入力の作業が不要となるという点において「抜本的な見直し」が図られたということもできると思う。

(2)　国税庁が掲げる三つの柱

　将来像2023で掲げられた三つの柱について以下説明する。

　一つ目の「納税者の利便性の向上」とは、納税者が行う各種税務手続について、スマートフォンやタブレット、あるいはパソコンなど日頃使い慣れているツールを使用して、簡単・便利に行うことができる環境を整備しようとするものである。ここで大事なのは納税者の目線に立つということである。

国税庁では、こうした環境の整備を通じて、「あらゆる税務手続が税務署に行かずにできる社会」を実現することを目指している。

　次の「課税・徴収事務の効率化・高度化」は、税務署や国税局が行う業務に関するものである。ここでは、税務調査や滞納整理など国税当局が行う業務について、データを積極的に活用していこうという方針を明確にしている。これまで書面や対面で行われていた地方公共団体等への照会についてデジタル化を進めるとともに、AIやデータ分析ツールなどを活用して各種事務の効率化や高度化を図ることなどが、その内容に含まれる。そうした効率化や高度化を通じ、国税当局における限られたマンパワーを特に必要性の高い分野や悪質な事案等に重点化していくことが重要である。国税庁は、これらの取組みにより組織としてのパフォーマンスを最大化することを目指している。

　最後に「事業者のデジタル化促進」については、申告や納付といった税務手続だけでなく、事業者が日頃行う受発注や請求・支払、会計・経理など税務手続につながる前段階の事務処理についてもデジタル化を推進していくというものである。これら前段階の事務処理から申告や納付まで一貫してデジタルで処理することが可能となれば、税務面でのデジタル化の進展はもちろん、事業者側においても業務が効率化し、また、各種事務処理をより正確に行うことが可能となる。税務手続の正確性が向上すれば、そもそも国税当局における確認や是正の必要性も少なくなると考えられるほか、仮に税務調査などが必要な場面においても、情報の検索や分析が容易になるなど効率的な業務遂行が期待できる。「事業者のデジタル化促進」は納税者と国税当局の双方にとってメリットが見込まれるWin-Winの柱ということができる。

税務行政DXが目指す姿と取組みの方向性

(1) 税務行政にかかわるプレイヤー

　税務行政は、実に多様な関係者がかかわることによって成り立っている。たとえば、納税者からの税務相談に応じたり、代理で申告を行ったりする

税理士は主要なプレイヤーである。各地の税理士や税理士法人によって構成される税理士会のほか、青色申告会や法人会、間税会、納税貯蓄組合、納税協会など関係民間団体の果たす役割も大きい。それらの団体は、会員企業等に対する各種支援のほか、適正な申告や納税に向けた広報活動などを行っており、税務コンプライアンスの向上に多大なる貢献をしている。このほか、税務署や国税局が調査や徴収などの事務を行う過程では、金融機関や他の行政機関に事実関係の照会を行うことがある。金融機関はキャッシュレス納付を推進する主体としても重要である。また、地方税の賦課徴収は国税の業務と大きな関連を有するため、国税と地方税の両当局が連携・協力しながら各種施策に取り組んでいくことが重要である。税務行政DXの推進にあたっては、これら各プレイヤーの関係をふまえたうえで、一部分だけでなく、全体を俯瞰し全体最適を実現するという観点が重要である（**図表1-2**）。

(2) 国税当局の役割

多様な関係者によって成り立つ税務行政において、国税当局はどのような

▌図表1-2　税務行政にかかわる各プレイヤーの役割（イメージ）

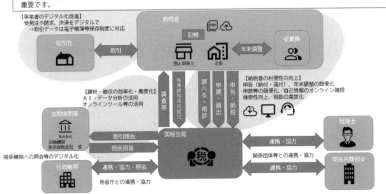

（出所）　国税庁「税務行政のデジタル・トランスフォーメーション―税務行政の将来像2023―」（2023年6月23日）5頁

役割を果たすべきだろうか。

　目指すべきは、デジタルの活用により、簡単・便利に、効率的で誤りのない申告・納税を実現できる環境をつくることである。そのためには、まず、納税者が税務手続で使用するデジタルプラットフォームを構築し提供するという役割が考えられる。申告や納税等の税務手続をオンラインで行うことのできるe-Taxは、デジタルプラットフォームの代表例である。このほか、納税者が税務手続を行う際のサポートツールをデジタルで提供することも国税当局の役割である。たとえば、AIを利用して納税者の質問に答えるチャットボットはサポートツールの一つである。「簡単・便利」を目指すうえでは、マイナポータル（行政手続のオンライン窓口としてデジタル庁が提供するサービス）や会計ソフトなどとのシステム連携も重要である。こうしたことも念頭に置きながら、官民の関係機関と協力しつつ、あるべき環境の実現に向け取り組むことも国税当局に求められている役割といえる（図表１−３）。

　このように簡単・便利に、効率的で誤りのない申告・納税を実現できる環境をつくったとしても、残念ながら一部にはコンプライアンス意識の低い納

図表１−３　税務行政のDX推進における国税当局の役割（イメージ）

（出所）　国税庁「税務行政のデジタル・トランスフォーメーション—税務行政の将来像2023—」（2023年6月23日）6頁

税者もいる。課税や徴収などの業務については、そうした必要性の高い分野や悪質な事案等に重点化していくことが何より重要である。

(3) 税務を起点とした社会全体のDXの推進

これまで述べてきたように、申告や納付などの税務手続は、その前段階にある受発注や請求・支払、会計・経理などの事務処理とつながっている。それらの工程が一貫してデジタルで行われるようになれば、業務の効率化や生産性の向上につながる。ここで重要なのは、事業者が日頃行っている受発注や請求書の授受といった事務処理については、その相手方がいるということである。たとえばA社がデジタルの請求書データを送付したとしても、その受取り手であるB社が紙で印刷して経理処理に回すというような状況であれば、デジタル化の利点が十分に生かせていないということになる。

逆にいえば、A社からの請求書がデータで送られてきたことを機にB社が関連業務のデジタル化を検討し、その実現に至ったらどうだろう。税務手続を起点に個社の関連業務がデジタル化し、さらには他社のデジタル化も促進

図表1－4　税務を起点とした社会全体のDXの推進（イメージ）

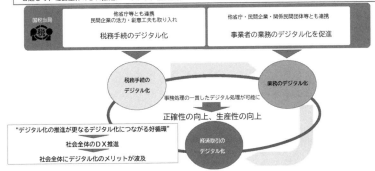

（出所）　国税庁「税務行政のデジタル・トランスフォーメーション―税務行政の将来像2023―」（2023年6月23日）7頁

される。「デジタル化の推進がさらなるデジタル化につながる好循環」が生み出されれば、社会全体のDXも進む。将来像2023では、税務を起点とした社会全体のDXの推進により、社会全体がデジタル化のメリットを享受するような絵姿を理想として描いている（**図表1−4**）。

(4) 基本的な指針

　将来像2023では、施策を推進するにあたっての基本的な指針として、①納税者目線の徹底、②あらゆる納税者を想定した施策の推進、③データ活用の徹底、④業務改革（BPR）の徹底、⑤納税者情報の取扱い・情報セキュリティの確保を掲げている（**図表1−5**）。

　いずれも重要な指針ではあるが、納税者情報の取扱いや情報セキュリティの確保に万全を期すことは特に重要である。また、業務改革（BPR）にあたっては、既存の制度や業務を前提にそのデジタル化を図るのではなく、業務のあり方そのものや職員の働き方を不断に見直すことで、デジタルの利点を最大限生かしていくという考え方も重要である。既存の制度や業務を前提

▌図表1−5　基本的な指針

「税務行政の将来像」　基本的な指針　　　　　I　目指す姿と取組の方向性

「税務行政の将来像」に基づき施策を推進するに当たっては、以下を基本的な指針として取り組みます。

1　納税者目線の徹底
普段は税になじみのない方でも、日常使い慣れたデジタルツール（スマートフォン、タブレット、パソコンなど）から簡単・便利に手続を行うことができる環境構築を目指すなど、これまで以上に"納税者目線"を大切に、各種施策を講じることで、「あらゆる税務手続が税務署に行かずにできる社会」を目指します。

2　あらゆる納税者を想定した施策の推進
電話相談等のデジタル手続を補完するツールについても、使い勝手の改善を図ること等を通じて、デジタルに不慣れな方も含めたあらゆる納税者に対して、効率的で使い勝手の良いサービスを提供することを目指します。

3　データの活用の徹底
データの活用により事務の効率化・高度化を図り、組織としてのパフォーマンスを最大化することを目指します。

4　業務改革（BPR）の徹底
既存の制度や業務を前提にそのデジタル化を図るのではなく、業務の在り方そのものや職員の働き方を不断に見直すことで、デジタルの利点を最大限生かした業務改革（BPR）に取り組みます。

5　納税者情報の取扱い・情報セキュリティの確保
特にデータの分析の場面などにおいて納税情報を含む守秘性の高いデータを取り扱うことから、納税者情報の取扱いや情報セキュリティの確保には万全を期します。

（出所）　国税庁「税務行政のデジタル・トランスフォーメーション―税務行政の将来像2023―」（2023年6月23日）8頁

12　Part Ⅰ　わが国の税務行政のDXの動向

とすると、デジタル化によりかえって業務が非効率となる場合もあるので注意が必要である。

4 納税者の利便性の向上

(1) カスタマージャーニーの具体化

　納税者の利便性を向上させるためには、納税者が実際に税務手続を行う際、何がきっかけとなり、どのように調べてどのように手続を行うのかといった一連の流れを明確にする必要がある。一般に、商品やサービスに関し、顧客が体験する一連の流れのことを旅にたとえて「カスタマージャーニー」と呼ぶことがある。国税庁が提供するサービスについても同様に、納税者の体験をカスタマージャーニーとして具体化し、その全体を俯瞰したうえで、システムの使い勝手やそこで得られる体験を最適化していくという発想が必要となる。

　たとえば、所得税には住宅ローン控除という制度がある。個人がローンにより住宅を購入した場合、一定の条件のもと、一定の年数、一定の金額が税額から控除される（その分税額が少なくなる）という制度である。あくまで将来的な理想像ではあるが、個々の納税者の状況に応じ必要な情報（ここではローンで住宅を購入すると税額を少なくすることができるという情報）がスマートフォンなどに通知されれば便利である。その通知を受けた納税者は、控除を受けるためにはどのような条件を満たせばよいのか、どのような書類が必要かといったことを調べるだろう。そのうえで実際に確定申告の手続を行うわけだが、重要なのは、こうした一連の動きを迷うことなくスムーズにできる環境を整備することである。そのためには、ホームページの内容をよりいっそう充実させることや、e-Taxの使い勝手をより便利なものにすることなどが必要と考えられるが、いずれにしても全体最適の観点からサービスの改善に取り組んでいくことが重要である。

⑵　納税者の利便性の向上に向けた取組み

　将来像2023では、納税者のカスタマージャーニーも念頭に置いたうえで、以下の九つの取組みを利便性向上策の例として取り上げている。

・給与情報等の自動入力（申告手続の簡便化）
・e-TaxのUI/UX改善
・年末調整手続の簡便化
・キャッシュレス納付の推進、公金受取口座を利用した還付
・e-Taxの「マイページ」の充実
・納税証明書のオンライン取得・納税情報の添付自動化
・オンライン相談の充実
・電話相談の高度化・利便性向上
・SNS（国税庁公式LINE）を利用した情報の配信

　このうち、会社員や公務員を含む多くの納税者にとって影響を及ぼす施策である「給与情報等の自動入力（申告手続の簡便化）」「年末調整手続の簡便化」「キャッシュレス納付の推進、公金受取口座を利用した還付」について以下解説する。

⑶　給与情報等の自動入力（申告手続の簡便化）

　日本では、年間2,000万人を超える納税者が、所得税の確定申告を行っている。確定申告を行う際には、所得や税額の計算のためにさまざまな情報が必要となる。たとえば、給与や年金の収入金額、医療費や生命保険料の支払額などがこれに当たる。手書きで申告書を作成する場合にはそれらの情報を一つひとつ該当欄に書き込んでいく必要があるし、国税庁ホームページの「確定申告書等作成コーナー」を利用して申告書を作成する場合にも一つひとつ入力していく必要がある。

　これに対し、それらのデータを自動で取り込んだうえで申告書を作成できるようになれば、書く手間も入力する手間も必要がなくなる。こうしたデータの自動入力による申告書作成は海外で先行して導入されており、「記入済み申告書」と呼ばれている。将来像2023では、その日本版として、数回のク

14 ｜ Part Ⅰ　わが国の税務行政のDXの動向

リックやタップで確定申告が完了する仕組み（「日本版記入済み申告書」）の実現を目指していくという方針が示されている。

確定申告に必要な情報のうち、公的年金の収入金額や医療費（保険診療分）などについては、将来像2023が公表された2023年6月の時点ですでに自動入力が可能となっていた。生命保険料や地震保険料、あるいはふるさと納税の寄付金額も同様に自動入力できるが、これらについては、保険会社やふるさと納税の仲介業者において、対象となるデータを電子的に発行していただくことが必要となる。国税庁としては、そうした対応をしていただく保険会社等が順次拡大するよう取り組んでいく方針である。

将来像2023では、上記の各情報に加え、「給与所得の源泉徴収票」に含まれるデータの自動入力についても2024年2月以降に可能とするという旨がアナウンスされた。自動入力の対象となるデータについて、当初は、雇用主（給与支払者）からe-Taxで税務署に提出された源泉徴収票に限定されているが、2027年2月以降は、地方に提出される給与支払報告書のデータも対象となる見込みである（**図表1－6**）。

▌図表1－6　給与情報等の自動入力の実現（申告手続の簡便化）

（出所）　国税庁「税務行政のデジタル・トランスフォーメーション―税務行政の将来像2023―」（2023年6月23日）11頁

確定申告を行う納税者のうち約半数は給与所得者である。給与所得の源泉徴収票の自動入力は、「日本版記入済み申告書」の実現に向けた大きな前進といえる。

⑷　年末調整手続の簡便化

従業員の1年分の所得税を精算するために企業などにおいて行われる年末調整手続についても、さまざまな情報が必要となる。主なものとしては、生命保険や地震保険の保険料支払額があげられるが、従業員はこれらの情報を記載した年末調整関係書類（保険料控除申告書等）を作成し、勤務先に提出する必要がある。

年末調整関係書類を書面で作成する場合、電卓などを用いて控除額等の計算を行い、算出された額を該当欄に書き込む必要がある。年末調整の担当部署においては、提出された書類の内容を確認したうえで後続の事務を進めることになる。具体的には、所得税の過不足額を計算し、その調整を次回以降の給与支払時において調整するという作業が必要となる。これら後続の事務については、給与計算などのシステムを利用して行われている場合も多いが、年末調整関係書類が書面で提出されている場合、必要な情報の入力は手作業で行う必要がある。このように書面による手続では従業員と勤務先の双方にとって相応の事務負担が生じることとなるため、デジタルを活用し、その縮減を図っていくことが重要である。

国税庁は、従業員が勤務先に提出する年末調整関係書類を、パソコンやスマートフォンを利用してスムーズに作成することができるアプリ（「年調ソフト」）を無償で提供している。年調ソフトを使用すれば、扶養親族の年齢や控除が受けられるかどうかの判定が自動的に行われるほか、各種控除額についても自動で計算される。また、生命保険料の控除証明書などのデータがあれば、保険料支払額など必要な情報を自動で入力したり、それらの証明書データを電子的に提出したりすることもできる仕組みとなっているため、従業員の事務負担は大きく軽減される。

年末調整関係書類がデジタル形式で提出されれば、年末調整の担当部署に

図表1-7　年末調整手続の簡便化

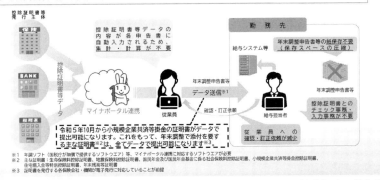

（出所）国税庁「税務行政のデジタル・トランスフォーメーション─税務行政の将来像2023─」（2023年6月23日）14頁

おける後続の業務も効率的に行うことが可能となる。具体的には、それまで手作業ないしは目視で行っていた添付書類の確認や控除額の検算などの事務負担が軽減されるほか、書類の保管コストなども削減することが可能となる。

このように年末調整のデジタル化は、従業員および勤務先の双方にとって大きなメリットが期待されるため、国税庁としても引き続き積極的な周知・広報などに取り組んでいくこととしている（**図表1-7**）。

(5) キャッシュレス納付の推進、公金受取口座を利用した還付

たとえば所得税の確定申告を行う場合、その内容に応じ、新たに税金を納める人もいれば、すでに納めている分のうち一定額を返してもらう人もいる。税金を納める手続が「納付」であり、返してもらう手続が「還付」である。

国税の納付については、2022年度の数値でみると、全体の約7割が金融機関やコンビニ、税務署の窓口で行われている。国税庁では、納税者の利便性

向上と現金管理に伴う社会全体の事務コストの縮減を図る観点から、2025年度までに国税のキャッシュレス納付割合を4割とすることを目指して、キャッシュレス納付の利用拡大に取り組んできている。

キャッシュレス納付とは、①ダイレクト納付（e-Taxによる口座振替）、②振替納税、③インターネットバンキング等による電子納税、④クレジットカード納付、⑤スマホアプリ納付の五つを指すが、特に、毎月の源泉所得税など頻繁に納付手続を行う法人に対しては、①ダイレクト納付を、毎年所得税の確定申告を行う個人に対しては、②振替納税を中心に、キャッシュレス納付の利用をお勧めしている。

ダイレクト納付については、従前、e-Taxによる電子申告を行った後で別途ダイレクト納付を利用する旨の操作を行う必要があった。これに対し、2024年4月以降は、e-Taxで電子申告を行う際にダイレクト納付を行う旨の意思表示（チェックボックスへのチェック）を同時に行うことで、法定納期限当日（法定納期限当日に申告手続をした場合は、翌取引日）に自動で口座引落しを行うことができるようになっている。この仕組みを「自動ダイレクト」と呼んでいるが、こうした利便性の向上により、キャッシュレス納付の利用がさらに拡大していくことが期待される。

次に還付について、従前は確定申告のたびに還付金を振り込むための口座情報（金融機関名・支店名・預貯金の種類・口座番号）を記入（入力）する必要があった。一方、公的な給付金等を受け取るための預貯金口座を国（デジタル庁）にあらかじめ任意で登録できる制度（公金受取口座登録制度）が2022年に開始された。国税の還付についても、同年分の所得税の確定申告から公金受取口座を振込先として選択できるようにしている。この場合、公金受取口座を選択する旨のチェックを入れればよく、毎回口座情報を記入（入力）する必要はない（**図表1－8**）。

従前と比べれば簡便であることは間違いないので、還付における公金受取口座の利用についても、今後さらに普及していくことを期待したい。

18 ｜ Part Ⅰ　わが国の税務行政のDXの動向

図表 1 − 8　キャッシュレス納付の推進、公金受取口座を利用した還付

(出所)　国税庁「税務行政のデジタル・トランスフォーメーション―税務行政の将来像2023―」（2023年 6 月23日）13頁

5　課税・徴収事務の効率化・高度化等

(1)　課税・徴収事務の効率化・高度化等に向けた取組み

　データは、知恵・価値・競争力の源泉であるとともに、課題先進国である日本の社会課題を解決する切り札と位置づけられている。税務行政においても、データの活用を前提として事務を効率化・高度化し、業務改革（BPR）にも取り組んでいくことが重要であると考えている。

　将来像2023では、「データ活用の徹底」という指針を掲げたうえで、以下の五つを課税・徴収事務の効率化・高度化等に向けた取組みの例として取り上げている。

・AI・データ分析の活用
・オンラインツール等の活用
・関係機関への照会等のデジタル化
・外国税務当局との情報交換により得られるデータの活用

・税務データの学術研究目的活用

　このうち、「税務データの学術研究目的活用」については、課税・徴収事務以外の業務におけるデータ活用の取組みであり、これを含む場合には「課税・徴収事務の効率化「等」」という用語を用いている。以下、課税・徴収の効率化・高度化に向けた主な取組みである「AI・データ分析の活用」と「関係機関への照会等のデジタル化」について、その内容を簡単に紹介する。

(2)　AI・データ分析の活用

　課税や徴収については、AIも活用しながら幅広いデータを分析することにより、申告もれの可能性が高い納税者の判定や、滞納者の状況に応じた対応方法の判別を行うなど、事務の効率化・高度化に取り組んでいる（**図表1－9**）。

　課税の分野においては、納税者本人から提供される申告・決算情報のほか、第三者から提供される資料情報、さらには実際に税務調査を行った際の情報といったさまざまなデータを活用している。具体的には、これらのデー

図表1－9　AI・データ分析の活用

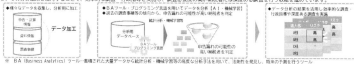

（出所）　国税庁「税務行政のデジタル・トランスフォーメーション―税務行政の将来像2023―」（2023年6月23日）21頁

タを分析用に加工したうえ、BAツール（データを活用して将来予測を行うIT
ツール）やプログラミング言語を用いて統計学的手法ないしは機械学習など
の手法により分析し、申告もれの可能性が高い納税者の判定を行っている。
その分析結果を活用することにより、効率的な税務調査や行政指導の実施に
取り組んでいる。また、特に必要度の高い事案に対して深度ある税務調査を
行ううえでも、そうした分析結果の活用は有用である。

　徴収の分野において、国税局や税務署では、滞納している納税者に連絡を
とる必要があるが、臨場や架電してもさまざまな理由により接触できない場
合がある。そこで、滞納者との接触方法について、各種の情報（過去の接触
事績、申告書データ、業種等）をもとに、電話催告、臨場催告および文書催告
のうち、接触できる可能性の高い方法を予測することで、滞納整理事務を効
率的に実施することを目指している。

(3)　関係機関への照会等のデジタル化

　国税当局と地方税当局との間では、さまざまな情報のやりとりが行われて
いる。たとえば、所得税（国税）の確定申告書の情報は、地方税当局におい
て住民税（地方税）を賦課する際の基礎情報となるため、国税当局から地方
税当局に提供されている。また、年末調整や確定申告において適用された扶
養控除（一定の条件を満たす扶養親族がいる場合に一定の金額を所得から差し引
くことができる制度）に誤りがある場合、その情報は地方税当局から国税当
局に提供される。これらのほか、法人税申告時に提出される財務諸表など定
期的にやりとりが行われる主な情報については、データによる連携が行われ
ている。

　一方、税務調査等の過程で必要となる個別の情報の照会やそれに対する回
答など、書面で行われているやりとりもまだ残っている。国税庁において
は、総務省等の関係機関と協力して、データ連携の対象となる情報の範囲を
拡大すべく、必要な検討を進めているところである。

　このほか、税務調査や滞納整理においては、金融機関に対して預貯金口座
の取引情報等を照会することがある。この照会やそれに対する回答は、従前

Chapter 1　国税庁が進める税務行政のDX　21

■ 図表1-10 関係機関への照会等のデジタル化

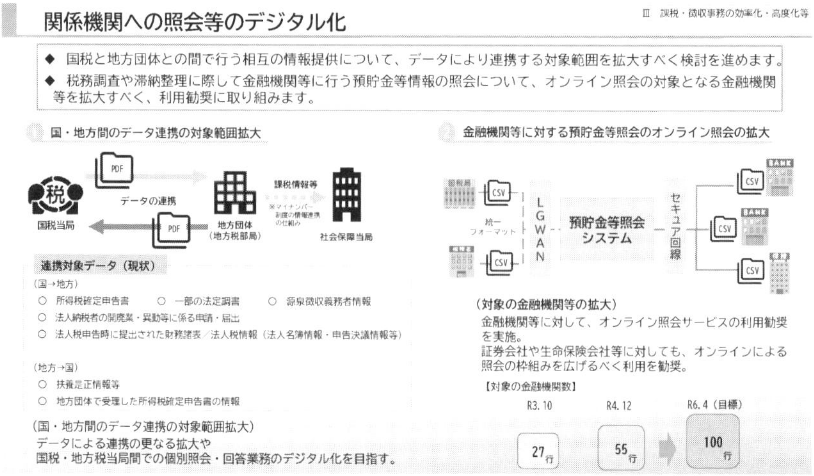

（出所）国税庁「税務行政のデジタル・トランスフォーメーション―税務行政の将来像2023―」（2023年6月23日）23頁

は書面や対面により実施されていたが、2021年10月以降、セキュリティが確保された預貯金等照会システムによりデータの授受ができるようになっている。書面による照会では金融機関から回答を受領するまで数週間かかっていたが、預貯金等照会システムを使用すれば、基本的に数日で回答が得られる。

また、書面や対面での対応が不要であるため、国税当局および金融機関の双方において事務負担を軽減することが可能となる。預貯金等照会システムを利用できる金融機関は2022年12月の時点で55行に限られているが、国税庁では、その数を拡大すべく金融機関への利用勧奨等に取り組むこととしている（図表1-10）。

6 事業者のデジタル化促進

(1) 事業者のデジタル化促進に向けた取組み

企業や個人事業者は取引先との間でさまざまな書類のやりとりを行ってい

る。見積書や注文書、納品書のほか請求書や領収書などが代表的なものとしてあげられるが、それらの授受は書面により行われる場合もあればデータで送受信される場合もある。後者の場合、電子メールへの添付のほか、専用のシステムが利用される場合がある。それらの書類に含まれる取引先名や商品・サービスの内容、請求金額などの情報をもとに経理が行われる。そして、一定期間の経理の情報をもとに決算手続が行われ、さらには税務申告へとつながっていく。

これら事業者の業務全体のデジタル化を推進していくことは政府全体の重要課題の一つであり、「デジタル社会の実現に向けた重点計画」（2023年6月9日閣議決定）においても、「IT導入補助金を通じて、電子インボイスへの対応を含む取引全体のデジタル化、会計・経理全体のデジタル化等を強力に推進し、クラウドサービス利用やハードの調達を支援するとともに、複数社で連携した取組や、人手不足への対応も含む労働生産性の向上を目的とする業務効率化やDXに向けて行うITツールの導入を支援する」との方針が示されている。

事業者が日頃行う事務処理（経済取引に関するもの、バックオフィスで処理するもの）について、一貫してデジタルで完結することを可能とすることにより、事業者は単純誤りの防止による正確性の向上や事務の効率化による生産性の向上等といった大きなメリットを享受できると期待される。このため、国税庁は、税務手続のデジタル化とあわせて、事業者のデジタル化を促す施策にも取り組んでいくこととしている（**図表1−11**）。

以下、その具体的な施策である「デジタル関係施策の周知・広報」と「各種団体等との連携・協力」について説明する。

⑵　デジタル関係施策の周知・広報

従来、国税庁においては、デジタル化関係施策について、担当部署から施策ごとに情報発信されていることが大半であり、デジタル化に前向きな事業者に対し、必要と考えられるほかの施策とあわせて周知・広報することが必ずしもできていなかった面がある。

■ 図表1−11 事業者の業務のデジタル化（概念図）

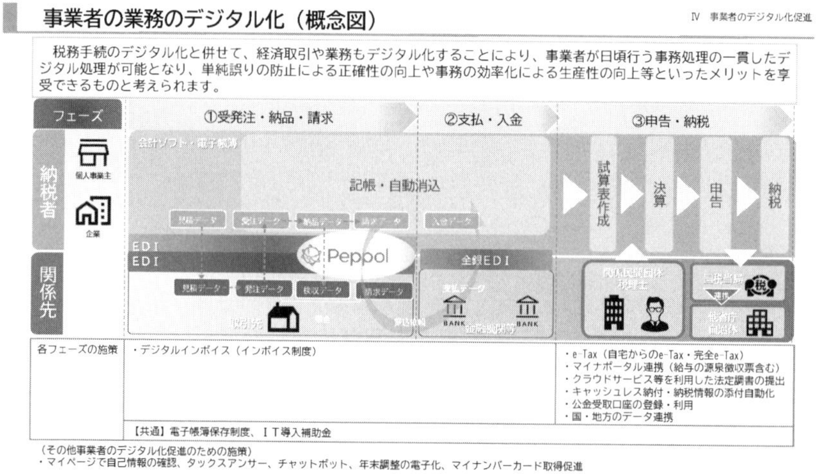

（出所）　国税庁「税務行政のデジタル・トランスフォーメーション─税務行政の将来像2023─」（2023年6月23日）27頁

　そこで、事業者のデジタル化を促進するため、デジタル関係施策について網羅的でわかりやすい周知・広報を実施していく方針である。その一環として、「大企業」「個人事業主」といった納税者の属性ごとに周知・広報する施策をカスタマイズするなど、納税者が必要とする情報にアクセスしやすくなるよう整理した専用のページを国税庁のホームページ内に設けている（**図表1−12**）。

　この専用ページでは、「手作業が減って、煩雑な業務から解放」「ミスが減って業務がスピードアップ」といったように、デジタル化による一貫した事務処理が実現した場合のメリットに関するメッセージを発するとともに、デジタルインボイスなどの関連施策に関する外部サイトへのリンクを掲載している。

(3)　各種団体等との連携・協力

　前述3(1)のとおり、税務行政は、税理士や関係民間団体をはじめとする多様な関係者がかかわることによって成り立っているが、特に事業者のデジタ

■ 図表 1 − 12　デジタル関係施策の周知・広報

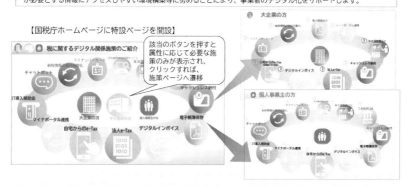

（出所）　国税庁「税務行政のデジタル・トランスフォーメーション─税務行政の将来像2023─」（2023年6月23日）28頁

ル化促進については、そうした関係者との連携・協力をよりいっそう図っていくことが重要となる。

　全国の国税局や税務署では、これまでも関係民間団体等と連携・協力し、デジタル化共同宣言やキャッシュレス納付推進宣言を行うなど、事業者のデジタル化に向けた機運の醸成に努めてきた。今後も、こうした取組みを継続するとともに、デジタルインボイスや各種補助金の周知あるいは利用勧奨など他省庁との連携・協力を強化することを通じて、社会全体のデジタル化に取り組んでいくこととしている。

7　おわりに

　以上、将来像2023の概要について説明してきたが、こうした税務行政の方向性は国際的な潮流にも合致するものである。たとえば、経済協力開発機構（OECD）が2020年に公表した「税務行政3.0」（OECD、Tax Administration 3.0）においては、税務行政DXが進んだ社会の姿として、税に関する手続が

納税者の日常の生活や業務の延長線上に組み込まれていくとの構想が描かれている。そして、こうしたことが実現できれば、税務手続の簡便化、手続的な負担の軽減、誤りの防止、税務コンプライアンスの向上、官民双方のコスト削減、生産性の向上が期待できるのではないかとされており、各国においても税務行政のDXの取組みが進められている。

　国税庁としては、こうした諸外国における取組みなども参考としつつ、納税者の皆さまをはじめ、税務に関連する多くの方々の声に耳を傾けながら、デジタルの利点を最大限に生かし、本来の任務である「適正・公平な課税・徴収の実現」に加えて、「社会全体のDX推進」の観点からも社会に貢献していきたいと考えている。

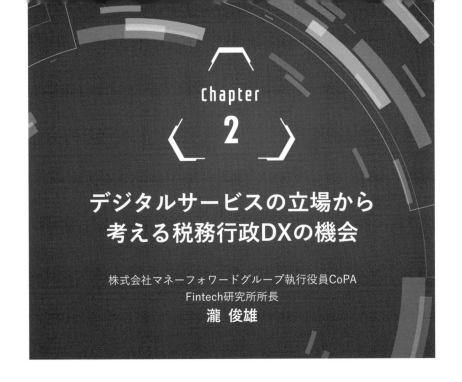

Chapter 2

デジタルサービスの立場から考える税務行政DXの機会

株式会社マネーフォワードグループ執行役員CoPA
Fintech研究所所長
瀧 俊雄

 はじめに：SaaSが拓いた新たな可能性

　筆者が所属するマネーフォワードは、2012年に家計簿サービスを提供する会社として創業し、2013年よりクラウド会計・確定申告をはじめとする事業者向けのバックオフィスサービスの展開を始めるなど、多様な事業を手がけているソフトウェア企業である。特に当社はSaaS（Software as a Service）という類型の企業として位置づけられており、バックオフィスのあり方の変化を提唱し、実際にその担い手となってきた。

　SaaSは用語として本来、買い切り型ではなく、使用量に応じた費用を支払うタイプのソフトウェアを指す。SaaSは、典型的にはインターネット上のクラウドサーバーでサービスが稼働するためにクラウド型と呼ばれ、ブラウザやスマホアプリで利用できることから、利用開始時のハードルを下げ、一気に普及した。サービスの機能としては、利用者ごとのカスタマイズは行わないことが多く、さらに、サービス体験としては利用者であり続ける限

り、制度対応等については自動的なアップデートが図られることが典型である。

　なお、クラウド型の対義語としてオンプレミス型という表現があるが、オンプレミス型のソフトは特定の端末や組織内のサーバーにインストールされ、利用開始時一括での支払が行われることも多く、制度対応などについては逐次追加的な開発が必要となるのが一般的である。ソフトウェアの世界では、インターネットが登場しブロードバンド化が実現されるまでは、オンプレミス型のみが可能な選択肢であったが、2000年代後半以降、AmazonやMicrosoftに代表される大規模事業者によるクラウドサーバーが提供され始め、また、スマートフォンの普及が生活・事業の両面において進んだことから、今日、新たなソフトウェアサービスのほとんどはクラウド型として提供されるようになってきている。

　サービスがクラウドサーバーにおいて稼働していることには複数の重要なメリットがある。

　一つは、業務のリモート化である。ブラウザは、ほぼすべてのパソコンや端末に具備された機能であるだけでなく、作業をすることになる端末の種類やOSをほぼ問わない性質がある。したがって、業務時間や物理的なオフィスの外であっても作業をすることが可能になる。コロナ禍を経ていまや当たり前になった感もあるが、作業をどこからでも行え、証跡をどこからでも確認できるということは、人手不足が進むなか、特にひっ迫していくバックオフィス人材を世界中に求めることができる点で、大きなメリットである。また、経費精算のように多く社員が用いることになるSaaSは、ブラウザのみならず、スマートフォンやタブレット上のアプリとしても提供される。このようなアプリは、移動や面談の途中であっても、細切れの時間で操作できるため、大きな時間の節約につながる。

　二つ目には、業務の非同期化がある。会計業務に限らないが、リモート化を前提とした業務ルーティンにおいては、情報を物理的に伝達する（ディスクの受渡しのみならず、電話・面談も含めて）プロセスを、SaaS内の機能やSlackやTeamsに代表されるような企業内チャットツールにて代替しようと

する流れを生む。業務の締め切りは、定例的な会議や業務上の往訪などを区切りとして組まれることも多いなかで、そもそも会議や往訪という制約を廃することで、さまざまな作業を中断せずに進められるようになる。バックオフィス業務では、請求書支払一つをとっても、請求書の授受から会計処理、稟議から送金といったプロセスを別々の担当者が担っていることも多い。これらのプロセスにおいて、物理的な確認を挟むことが不要となれば、前の工程を待つためのプロセスや、催促といった行為も不要化でき、後工程に向けたスムーズな業務フローをつくることができる。

　そして三つ目はデータ連携の容易さである。サービスがインターネット上のサーバーで稼働していることは、社内・社外との自動化されたデータの送受信を可能とする。オンプレミス型のソフト間においてデータの送受信は、ソフトAからデータをエクスポートし、メールに添付したりUSBドライバーに保存を行ったりし、ソフトBの場所でインポートする、という手作業を伴う。一方で、クラウド型のソフトでは、API（Application Program Interface、異なるソフトウェアやアプリケーション間で機能を共有するための仕組み）連携によるデータの送受信が一般的である。

　データの受信の側面をみると、たとえば会計ソフトでは、外部の給与計算や経費精算を提供するSaaSとAPI連携を行い、データを受信し、細目を含めた情報を正確に、最新の状態で受け取ることが可能となる。また、仕訳を起こす手前の情報として、近年は銀行口座においてもAPIが利用可能となっており、リアルタイムに預金口座の情報が帳簿に反映され、入出金の仕訳がアルゴリズムにより作成される、といったことが可能となる。

　一方でデータを送信する側では、会計ソフトで作成した財務諸表を、税務申告サービスや予算管理サービスに正確に反映することなどが可能である。これらは、入力の代替ととらえることも可能だが、その手間が減るだけでなく、遅延なく次の工程に情報が反映されることは、経営上の意思決定の待ちや「やらない理由」を排するものでもあり、より早く意味ある意思決定や行動ができる点で、企業の競争力に大きな示唆をもつものといえる。

2 クラウドサービスから考える 税務行政のこれから

　SaaSがもつ利便性やハードルの低さ、これからの人材採用に向けた相性のよさに鑑みれば、その活用は加速度的に進んでいくと考えられる。電子メールの世界でGmailがもたらした変化を例として引くまでもなく、よりアクセシブルで自動化されたツールは自然と普及していく側面があり、また、人間の側がツールにあわせた働き方に慣れていくことで、デファクト化していく現象がさまざまな業界でみられている。

　そして、SaaSがもたらす新しい働き方の行動様式と、情報の正確・迅速な送受信は、税務面での業務や行政に向けて新たな可能性を拓いていくものと考えている。本節では、SaaSが行政にもたらしていく可能性について、さまざまなバックオフィス業務の例から述べてみたい。

(1)　生活者の確定申告

　生活者（事業性のない個人）の確定申告に着目すると、生活者は1年を通じてほとんど税務申告を意識しないで生活し、春になって年に一度の大作業を迎えているのが、是非はともあれ一般的である。申告期限前に各所で聞かれる嘆きを引用するまでもなく、その作業は非日常的でむずかしく、終わりがみえづらいという印象があるのではないか。

　家賃収入であれ、さまざまな控除や寄付の対応であれ、生活者における確定申告手続は、必要な書類・資料を探し、整理することから始まる。前もって準備ができる納税者であればよいものの、多くの納税者はその段階で過去の資料を物理的に探すといったこととなる。特にこの状況が、意図せぬ、ないし、初めての確定申告である場合には困難を極める。具体的には、副業で20万円以上の収入を得てしまった、住宅ローンを初めて組んだ、ふるさと納税を6件以上に申し込んでしまった、資産運用では通年で損が出た、といった場合があるが、このようなケースで前年初頭からの証跡を見つける作業は

30 ┃ Part I　わが国の税務行政のDXの動向

重い。

　だが、近未来の確定申告においては、これらの作業の大幅な負荷軽減が期待されている。すでに一部の取組みが始まっているが、マイナポータルを経由した確定申告に関連する資料の取得連携が徐々に広がりつつある。本稿執筆時点（2024年3月）においても、保険料、小規模企業共済、住宅ローン、ふるさと納税、証券口座の年間取引報告書、公的年金の源泉徴収などがデータ連携の対象となっている。これらの情報が、単に資料としてだけでなく、申告書の入力そのものを代替するデータとしてクラウド確定申告ソフトに連携される状況の実現が早晩期待される。そして、入力をほとんど伴わない確定申告が実現するストレスの改善だけでなく、自動化によるミスや恣意性の排除により、税務リスク自体も減ることとなる。

　また、より影響範囲が広がる話として、企業が行っている年末調整業務の不要化という論点がある。給与計算等が確定された時点で個人の確定申告基盤に連携されると、米国のように大半の給与所得者が確定申告を行う世界観も考えられる。このようなビジョンは2021年に社会的システム・デジタル化研究会が「デジタル化による年末調整の新しいあり方に向けた提言」として発表している。

　今後の社会では副業・兼業も当たり前となり、企業ではなく個人のレベルで情報を集約する必要性は高まっていくと考えられる。企業がこれまで、政府や個人の納税業務を肩代わりしてきた状況を自然体に戻し、生活者が自動化の助けを得ながら、主体的に納税を行っていくことは、本来あるべき姿の実現ともいえるのではないか。

(2)　個人事業主・法人の会計業務

　生活者の確定申告が年1回の煩雑さというペインとして認識されることに比べると、個人事業主にとっての確定申告、小規模法人にとっての会計は、最低限でも税務申告のために一定のルーティンが形成されているものではある。もっとも、多くの事業者が本業に集中するために、業務を税理士にアウトソースしている実態がある。

このアウトソースの結果として生じてきたのが、会計データがもっぱら税務申告のタイミングに向けてのみ、用いられる目的性である。日本の平均的な中小企業の姿として、クラウド化されていない業務環境では、会計業務のために必要な領収書や請求書等を収拾し、入力と確認を経て、経営者にフィードバックされるまでに2カ月以上のラグがあることも多い。車の運転にたとえれば、かなり小さなサイズのバックミラーをみて、運転をしている状況であり、経営者は確認程度に会計データを用いて、もっぱら他の情報ソース（足元の売上や仕入れの動向、予約の入り具合等）を頼りに経営を行うこととなる。

　事業の規模や構造が変わらない間は、その弊害は小さいかもしれない。だが、事業規模が拡大・縮小したり、商品・サービスの売れ行きが変化するケース、従業員の退職や新規採用といった対応が発生するのであれば、試算表や予算管理を経営者がどのくらい高頻度で行えているかで、事業の持続可能性も大きく変わってくるだろう。この対応力を強化するさまざまなクラウドツールの存在が、事業支援の観点で行政にとっても重要な位置づけを帯びることとなる。

　コロナ禍ではその側面がより顕在化した。当社を含む複数のクラウド会計ソフトは、2020年に緊急経済対策として実施された持続化給付金につき、その支給対象であるかを自動算定する機能を開発し提供した。支給対象であるかの確認が、税理士業がそれぞれ抱える多数の顧問先から一気に質問されるなか、自動化された計算であればソフトウェアがそれを代替できた事例であり、何より制度が適用できるか、できないかという経営上のストレスを軽減できたことは、当時の利用者からのフィードバックにおいてもおおいに意味のあるものであった。このように、クラウド化された財務情報は、緊急時における企業救済や、経済状況を速報的に把握していく際に大きな武器になるといえる。

(3)　会計データの証憑

　会計業務全般がかかわるデータの信頼性向上についても、さまざまな可能

性がある。近年、制度としての利便性が高まる電子帳簿保存法は、データの保存形式として、紙で受領したファイルの電子的保存（スキャナ保存）と電子的に受領した資料（電子取引）を区別しているが、その電子取引のなかにおいても、方法によって信頼性や検索性には差がある。

データの送達やエラーが発生するリスクについて、二つの事業者間でデータがやりとりされるケースを例に、情報保存のあり方を比較してみたい。いずれも、取引先からデータを受領し、自社で会計処理を行った後、事後的な調査が必要になるケースを想定している（**図表２－１**）。

まず、①PDFデータの電子保存を行うケースがある。この例として、請求書のPDFファイルなどがメール添付されるケースであるが、このようなケースではPDFが無事に送達されない（迷惑メール扱い、容量オーバー等で不達となる場合や、意図せぬ廃棄が行われる場合など）リスクや、入力時にエラーが起きるリスクもある。最終的にタイムスタンプ付きでの資料保存が行われたとしても、画像データは検索性には劣るため、丁寧なファイル管理を行わないと、事後的な調査にもコストがかかることになる。

■ 図表２－１　電子取引の細分化イメージ

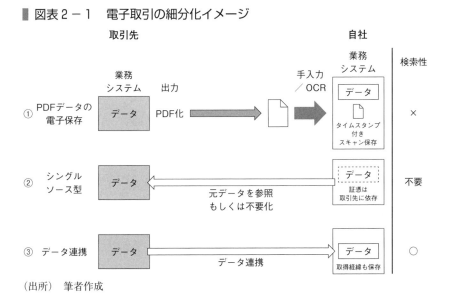

（出所）　筆者作成

次に、②シングルソース型のデータ連携がある。例としてキャッシュレス決済のデータなどが該当するが、そもそも資料を自社として保存することを不要とし、外部において保存されているデータに依拠できるケースがあげられる。キャッシュレス決済の場合には、取引先（この場合は決済サービス業者）側に保存されるデータの信頼度が高いことにより成立する制度といえるが、同様に、規制業種や政府が運営するシステム内に証憑が保存されるケースが増えてくれば、このタイプの選択肢の使い勝手も増すものと期待される。

そして、API等を経由した、③データ連携が行われるケースである。次項に述べるデジタルインボイスなどが事例となるが、取引先などから規格化されたファイルが受け手に向けて送達され、そのデータが自動的に自社のデータベースに格納されるような構成をとる場合には、入力のエラーがない状況を期待することができる。このような連携データは検索性にも優れており、事後的な調査を自動化することなども可能となってくる。

世の中の事業は多様であり、②が適用可能なケースは当面は限定的であろう。一方で、③のデータ連携はさまざまなかたちで発達するものと考えられる。その際にOECD（2014）等における税務DXの考え方として示されるのが、セキュアード・チェーン・アプローチと呼ばれるものである（**図表2－2**）。

これは、外部から連携したデータについて、たとえば仕訳を作成し、財務諸表を生成し、そこから税務申告書として提出するまでの処理が自動化されていれば、その内容にはごまかしや誤りがないことが期待される状況を表し

図表2－2　セキュアード・チェーンのイメージ

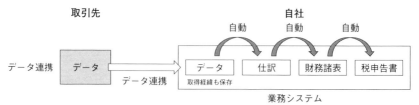

（出所）　筆者作成

た用語といえる。このようなデータの連携が図られることは、事後的な調査の必要性を大幅に下げることにつながっており、オーストラリア等の国で実践されている例となる。

(4) インボイス

図表2−1③のデータ連携においては、今後、デジタルインボイスの推進による二段階の可能性が示唆される。

デジタルインボイスとは、紙のインボイスが電子化されたものではなく、標準化された仕様にのっとった請求データの送受信を指す。そのメリットとして、仮に売り手と買い手が異なる請求書管理ソフトを使っていたとしても、標準規格に準じた送信・受信機能が伴っていれば、取引先や数量・価格、法人マイナンバーといったさまざまなデータを正確にやりとりできる状況が実現する。日本におけるデジタルインボイスの標準化は、2023年のインボイス制度施行と前後して始まっており、デジタル庁がデジタルインボイスの標準仕様としてJP PINTを公表し、同仕様に沿ったデジタルインボイスの送信・受信を確認する主体（アクセスポイントと呼ばれる）の認証を行っている。

デジタルインボイスの流れは、4コーナーモデルと形容される（**図表2−3**）。売り手（請求書の送り主、コーナー1（C1）と呼ばれる）は、アクセスポイントと呼ばれる標準化したインボイスを送信する機関（C2）と、受信側でのアクセスポイントC3を経由して、買い手の業務ソフトであるC4で受信するという流れをとることとなる。C1からC4へのファイル伝達過程が自動化

図表2−3　デジタルインボイスの4コーナーモデル

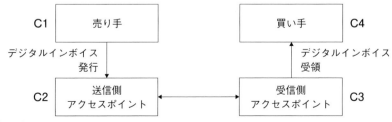

(出所)　筆者作成

されているため、税務における証憑として価値も高いものとなる。これが一つ目の段階における信頼性確保といえる。

そして、二つ目の段階として、海外の一部の国で用いられているのが、C5と呼ばれるデジタルインボイスのコピーが政府側にも送付される仕組みである（図表2-4）。韓国の制度を例にとると、CTC（Continuous Transaction Control）モデルと呼ばれる報告制度が導入されており、デジタルインボイスを発行した事業者は原則として翌日までに、取引内容を税当局にデジタルな手法で報告することが義務化されている。

この仕組みは、政府側がより多くの情報を保有することで、納税者側の計算負担を楽にすることが期待できる仕組みでもある。構造的には事業者側が自動化による透明性確保を行うセキュアード・チェーン・アプローチとは対照的に、政府側が商取引の情報にアクセス権をもつ仕組みでもあるため、集中データアプローチと呼ばれるタイプの税務デジタル化といえる。

このような仕組みは、税務上は最終的な申告書というサマリーデータだけでなく、原データの分析を通じて、より正確で自動化された納税のあり方を示唆するものでもある。いうまでもなくデータはより大量のものとなるが、それがクラウド上で連携取得され、アルゴリズムや機械学習を通じて自動で計算処理されるからこそ、可能となる。

■ 図表2-4　C5モデル

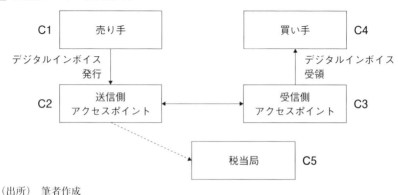

（出所）　筆者作成

世界を単純化してみれば、あらゆる経済活動は、異なる経済主体の間での売買によって成り立っている。C5に集積されるデータには社会の総勘定元帳のような機能を果たせる可能性がある。後述するように、機密性やプライバシー、意図せぬ利用からの保護といった観点は不可欠であるが、適切な制御を前提にその可能性は非常に大きいことを述べておきたい。

(5)　勤怠管理・給与計算

　クラウド会計ソフト等と並んで、バックオフィスSaaSにおける大きな市場が、給与計算や勤怠管理の分野である。この分野のSaaSが提供する機能は、表面的にはオンプレミス型のソフトウェアとの大差はないものといえる（相対的に、クラウド会計ソフトなどではデータの自動連携において機能上の差が大きい）。それは主たる機能である、出勤・退勤の打刻から集計を行い、企業ごとの制度に即して給与や、社会保険料、年末調整等の計算を行う、などの業務で、入力の自動化があまり進んでいないためでもある。

　とはいえ、この分野においても大きく3点、将来に向けたクラウド化による政策への寄与が見込まれる。

　1点目は、多様化する働き方のなかで、その変化をポータブルな情報として、ないしは、統計として早く把握できるようになることである。ポータブルな情報としての労務管理としては、(1)でも触れたが、兼業・副業が今後とも進み、個別の企業が働く側の総労働時間を管理しきれない状態がすでに発生している。また、フリーランスの働き方については世界的にも、たとえばデジタル・プラットフォーム上でのフードデリバリーなどで働く場合に、個人事業主とも労働者とも分類しきれない、保護の必要性と自由度の両方を確保できる新たな制度の必要性が問われている状態がある（水町（2024）『労働法』）。このようなケースでは、個別の働き手が自らのデータを持ち歩き、複数の職場側での労働時間の通算であったり、自らの健康管理に用いたりすることができるようになると期待される。

　また、2点目として雇用統計としての側面がある。米国かつ民間の例となるが、給与計算代行サービスとして最大手であるオートマティック・デー

タ・プロセッシング（ADP）は、ADP雇用統計（National Employment Report）と呼ばれる指数を、米国労働省における雇用統計の2営業日前に発表する取組みを長年実施している。これは、ADP社が関与する50万社以上、2,500万人以上の従業員データを匿名化・統計化したうえで、経済の予測に役立てているものとなる。同統計では新規就業者が統計としては、最も注目されるが、それだけでなく賃金の水準を地域・産業などのクロスで分析できることも重視されている。雇用者側の同意等が前提とはなるが、このようなマクロでみた際の統計作成を高頻度で行えることは、クラウド化が進んだ給与計算ソフトの世界がもつ政策高度化に向けた重要な示唆といえる。

　3点目には、企業からみた税・社会保障手続のワンスオンリー化（一度提出した情報は、二度提出する必要がない）がある。オーストラリアにおいて実現されている著名なワンスオンリー制度として、Single Touch Payroll（STP）がある。同制度で雇用者は、STPの規格を取り入れた給与計算ソフト上で計算を実施し、同国の国税局に一括で給与・税および年金に関する情報を毎月送信する。すると、税の計算のみならず、同国の確定拠出型年金制度であるスーパーアニュエーション・ファンドへの拠出報告も一元して行われることになる。このようなワンスオンリー型の制度は、企業側の負担や業務上のミスを大きく減らすことにつながるものであるのと同時に、政府の側からは月次で雇用の動向を把握でき、税計算に用いられる原データにもアクセスを有することとなる。そして、複数の制度をまたいだ情報にアクセスすることで、たとえば社会保険への未加入状況の確認といった、制度本来の姿との確認にも情報を生かすことが可能となる。

電子化ではなく、クラウド化と標準化が必要な理由

　前節ではこれからの社会におけるデジタル化の可能性を上げる要素として、検索性の向上、自動化による恣意性・不正余地の排除、といったアイデアが含まれていた。このような状況をもたらすためには、世の中でいわれて

いるようなデジタル化について、電子化のみならずクラウド化と標準化がカギとなることをいま一度強調しておきたい。

DXが概念として叫ばれるなか、筆者はDXの達成は標準化されたデータが流通している状況とほぼ同義と考えている。完全にアナログな職場がその状況に達するまでには、**図表２－５**にあるとおり、三つの壁を乗り越える必要がある。

一つ目の壁は、アナログから電子化の壁である。これはもはやレトロな変化にも感じるが、1990年代後半から始まっていた変化でもある。電子化自体は、物理的なやりとりを廃することによって、ヒューマンエラー（書類・資産の紛失・破損等）を防ぎつつ、オフィス内の書類保存を不要としたり、台帳管理の容易さを確保したりする点を目的としていた。しかし、多くの人の実感として、この一つ目の壁を越えるメリット単体だけでは、なかなか行動変容につながらなかったのも事実である。

二つ目のクラウド化の壁を越える取組みは、一つ目に比べて組織内のデジタル化の意義を格段に高めた。たとえば、紙の契約書を捺印しスキャンする、という状況に比べて、クラウド型の電子契約ソフトで業務手続を進めることができれば、二者間での契約書のやりとりや、それぞれの組織内でのワークフローへの対応、事後的にみた検索・情報共有の容易さにおいて、さまざまな工程や確認作業の不要化や、社内での監査が可能といったメリットが強調される。ソフトウェア上で業務情報が扱われれば、データには必然的に構造化が伴うことになるので、データを検索して異常値を発見することも

■ 図表２－５　企業のデジタル化における三つの壁

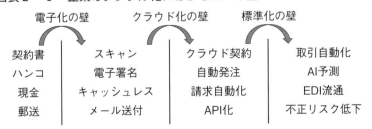

（出所）　筆者作成

Chapter 2　デジタルサービスの立場から考える税務行政DXの機会

容易となるし、後工程（請求書を受領した後、振込みのワークフローを申請するなど）に向けたデータの連結も容易となってくる。最初の節でみたとおり、これらのメリットに加えてリモートワークや入力の自動化は、ほぼすべてのデスクワーカーにとっても実感しやすいメリットともいえるため、第一の壁と第二の壁は、クラウドツールを導入することで一気に乗り越えられてきた印象がある。特に、チャットツールの導入は、「口頭の確認」という究極的なアナログ情報手段を、事後的に検索でき、場合によっては証跡ともできる状況へと変化させた。いまや多くの職場において、これらが利用可能になっていることは、不可逆的なクラウド型の変化といえる。

　そして三つ目が標準化の壁である。第一、第二の壁はある意味、同一組織内におけるデジタル化の要素であるのに対し、標準化の壁は、組織間もしくは企業間での生産性向上を促す壁といえる。前節でもみたデジタルインボイスはその好例であり、企業間取引において売り手企業と買い手企業が異なる請求書の送受信ツールを使っている場合、標準化のない状況ではPDFファイル等のかたちでデータが送付され、手入力によるエラーや、入力の待ちといった、業務の分断が発生してしまう。一方で、標準化されたデジタルインボイスの仕様に沿ったデータの送付であれば、データの送受信は自動化され、企業の業務ソフトには常に最新の情報が格納された状態となる。このような状態は、後工程に向けた処理（デジタルインボイスであれば、組織内の債務管理と支払処理のワークフロー）の自動化も実現する。さらに、このような標準化されたデータが行き交うことがあらゆる事業者の前提となれば、さまざまな商流における分析や、反復的な取引の省略、受発注の予測と自動化といった、業務を先回りした動きがみられるようになる。これらは平たくいえば、仕事の仕方の当たり前を大きく変えることとなる。

　企業間における標準化されたデータのやりとりには長い歴史がある。EDI（電子データ交換）を用いた取組みは、インターネット登場前の専用線の時代から、製造業の系列取引などにおいておおいに活用されてきた。これらのケースは、固定的な取引関係のなかで、多頻度で情報をやりとりするためのものであった。一方で今般の企業間における標準化の議論は、より不特定の

相手方と、頻度も必ずしも高くないかたちでデータを送受信する際にも、そのメリットをもたらすこととなる。専用線ではなくインターネットを経由したやりとりは、普及においてはネットワークとしての価値がもたらされるまでは地道な努力や支援が求められるものでもある。だが、それを一度乗り越えることができれば、系列企業間で発揮されてきたさまざまな密連携や効率性を、関係性が疎な企業の間でも発揮できるようになる期待がある。

　三つの壁が越えられた世界では、さまざまなデータが正確かつ迅速にシステム上に反映され、予測や調整、マッチングにも用いられている状況を享受することができる。その前提を自社のみならず他社も共有することができれば、取引先も含めたリソースの最適化を図ることができたり、商流全体での予測精度を高めたりすることもできる。また、恣意性を排除した業務の記録が残ることから、不正のリスクも圧倒的に低下することとなる。

　このように、業務のあり方のデジタル化が段階を踏んで進化した後に、人間の働き方も変化することが、本来DXと呼ばれるべき現象といえる。上記は堅い表現の例であるが、身近な例をあげれば、アナログ時代には蕎麦屋の出前を電話で受け付けていたのが、フードデリバリーのサービスでは提供主のお店、消費者から宅配のルート設定、価格に至るまでが、デジタル・プラットフォーム上で決定されていく状況に変化することと同じである。働く人たちは技術の細部を理解せずとも、手元で使える端末を通じて、より多くの宅配機会を自らが請けたいと思える単価に応じて選ぶことができる。社会的にはお店の稼働度合いや人気と、おなかを空かせた消費者の間で価格を通じたマッチングの最適化が図られているわけであり、一度実現されれば前の世界には戻れない状況となる。同様の変化をバックオフィスにおいてもたらすことが、DXに向けた期待といえる。

 ## 4　これからの社会で求められる行政環境

　上記の世界をかなえていくために、今後社会に求められる変化を考えていきたい。

(1) 企業間データの標準化促進

　企業間で送受信されるデータの標準化の事例として、特に注目される対象として、前述のデジタルインボイスと、それ以外にも全銀EDIと呼ばれる送金データがある。これらの促進は、企業のバックオフィス業務の負荷を抑える面でも、会計等の書類の証憑としての有用性を確保するうえでも重要であり、また、現状は未普及であることから大きな課題である。

　標準化されたデジタルインボイスは、2023年のインボイス制度施行後の本稿執筆時点において、強制力やネットワーク性を推進する目的の政策が乏しい現状がある。その普及促進に向けた政策は大きく分類して、利用に一定の補助をつけるインセンティブ型と、デジタルインボイスの利用を義務とするパターンがあるが、OECD諸国においては過半数の国において後者の政策が採用されているのも事実である（図表2－6）。

　デジタルインボイスの義務化は、各国の制度的経緯によりその制度内容が異なるものの、大企業や公共事業における請求をまずは義務化の対象とし、徐々に中小企業にまで義務化のスコープを広げていく策がとられていく傾向がみられる。また、義務化にも2種類あり、デジタルインボイスが送られた場合に受け取る体制を義務化するタイプもあれば、請求をデジタルインボイスのみで送付可能とするタイプもある。

　欧州における代表的事例としてフランスを例にとると、2014年に欧州全体

▎図表2－6　OECD諸国におけるデジタルインボイス義務化の状況

（出所）　各国政府資料等（義務化予定の国も含む）より筆者作成

でのデジタルインボイスの利用を2020年までに義務化する指令が発せられた後、2017年から2019年にかけて公共事業が、そして、民間の取引も2026年から2027年を年限として、大企業から中小企業のすべての売上げについて義務化されていくロードマップが引かれている（**図表2－7**）。

このような、大口取引や公共事業を端緒として、標準化されたデジタルインボイスの普及が一挙に図られていくシナリオをどのように描くかは、日本の税制にとって重要な課題といえる。

全銀EDIシステム（以下「ZEDI」という）のケースについても触れておきたい。ZEDIは、2018年に稼働開始した、全銀ネットにおける総合振込にXML形式のファイルを添付可能とする仕組みであり、これらはデジタルインボイスとあわせて利用されることで、売り手企業における入金消込の自動化につながることが期待されるものである。

ZEDIにおいては、もともと汎用的な情報標準として、S-ZEDIと呼ばれる18項目のデータを規定してきたが、デジタルインボイスの活用と平仄をあわせて、そのなかでもコアといえる8項目を決めたDI-ZEDIという情報標準を公表している（**図表2－8**、**図表2－9**）。

これらの項目は、JP PINTにおける必須項目のうちの主要な項目でもあり、売り手が発出したインボイスのデータと、入金時に受け取るXMLファ

▌ 図表2－7　フランスにおけるデジタルインボイス義務化の流れ

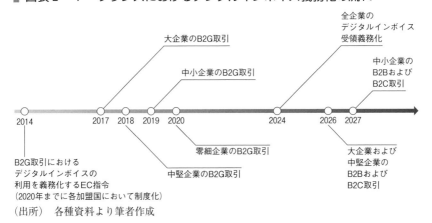

（出所）　各種資料より筆者作成

図表2－8　DI-ZEDIの各項目

DI-ZEDIの項目	入力	属性
請求書タイプコード［Invoice type code］	必須	半角数字3文字
請求書番号［Invoice number］	必須	全半角25文字以内
請求書発行日［Invoice issue date］	必須	半角10文字
請求金額（税込）［Invoice total amount with TAX］	任意（推奨）	半角18文字以内
売り手（受注）企業の登録番号［Seller TAX identifier］	必須	半角英数字14文字
買い手（発注）企業の登録番号［Buyer TAX identifier］	任意（推奨）	半角英数字14文字
振込手数料負担	必須	半角数字3文字
備考	必須	全半角140文字以内

（出所）　全国銀行資金決済ネットワーク資料より筆者作成

図表2－9　S-ZEDIの各項目

No.	項目名	概要
1	業界区分	業界ごとのEDI標準を判別するための区分です。全銀ネットに登録された指定コードを入力してください。S-ZEDIでは「Z01」を入力してください。
2	データ区分	業界区分ごとに、手続内容を判別するための区分です。全銀ネットに登録された指定コードを入力してください。S-ZEDIでは「001」を入力してください。
3	支払通知番号	支払通知書に付与された番号・発行日を入力してくださ
4	支払通知発行日	い。支払通知書がない場合は入力不要です。
5	請求書番号（入力推奨）	請求書に付与された番号を入力してください。
6	支払人企業法人コード（入力推奨）	支払人企業の法人番号を入力してください。代行会社による振込等、請求先と実際の支払人が異なる場合、実際の支払人企業（代行会社等）の法人番号となります。

44　Part I　わが国の税務行政のDXの動向

7	受取人企業法人コード	受取人企業の法人番号を入力してください。
8	請求先企業名	請求先企業（請求書の宛先企業）の企業名・法人番号を設定してください。代行会社による振込等、請求先と実際の支払人が異なる場合、実際の支払人企業（代行会社等）ではなく請求先企業の企業名・法人番号となります。
9	請求先企業法人コード	
10	支払金額（明細）	請求書単位の支払金額を入力してください。金額相殺や一部支払を行う場合、実際の支払金額となります。
11	金額相殺理由	手数料の控除等で請求金額と支払金額に差額が発生する場合の理由を入力してください。
12	相殺金額	金額相殺理由に記載した理由において発生した、請求金額と支払金額の差額を入力してください。
13	税額1	消費増税や軽減税率の導入に伴い、複数税率を併記する必要がある場合に利用します。適用する税率・税額を入力してください。例）8％の場合税率1：8
14	税率1	
15	税額2	
16	税率2	
17	税額（合計）	税額1、税額2の合計金額を入力してください。
18	備考	上記項目以外で必要な情報を任意に入力可能です。

（出所）　全国銀行資金決済ネットワーク資料より筆者作成

イル内のデータを突合することで消込を行うことができる。

　現状、ZEDIは企業間の自主的な導入にのみ依存するため、ごく一部の経済取引においてのみ用いられている。デジタルインボイスも同様だが、このような技術の利用開始は、商売上は劣位にある売り手が、買い手側の業務オペレーションに変更を迫る（総合振込み時に、ZEDIのデータ入力を行う）必要があり、現時点では各銀行がインターネットバンキング上の別プランとしてZEDI対応を行ったり、入力が手で行われたりする必要がある、といった困難が伴っている。このような状況は、業務ソフト内において銀行の送金APIおよびZEDI入力用のAPIを連携するようなことが可能となれば改善する可能性があることに加えて、デジタルインボイスが普及する過程で、バンドル

された技術として導入されていくことが期待される。

(2) 電子申請のワンストップ化促進

　クラウド化されたサービスの重要なメリットの一つは、データの送受信である。通常の民間サービスにおいて一度入力された情報は、利用者の離脱を防ぐ意味でも、再度入力をする必要がないように用いたり、ある程度利用規約において預かった情報の活用範囲を広くとったりすることで、結果的に優れたユーザー体験を実現していることが多い。

　だが政府手続の現実をみると、所得税、住民税、社会保障回りや補助金の申請などに至るまで、企業が政府になんらかの申請を行う場合には、e-Tax、eLTAX、e-Gov、gBizIDといったさまざまな申請ツールにアクセスし、相当に重複する情報入力を行っているのが現状である。

　世の中にある多くのソフトウェア上の体験に倣えば、いずれは、政府に向けて企業のバックオフィスからデータを電子申請するための統合プラットフォームをつくることが期待される。例として給与計算等の手続を一度アップすれば、政府内で各種の税、社会保障や場合によっては補助金支給に至るまで、適切な計算や処理が行われるようになるべきであろう。

　このようなプラットフォームは、一朝一夕には実現しないと思われるなか、まずは可能な範囲においてインフラの統合を進め、個別にはデータの提出形式も業務ソフトからエクスポートされたファイルのアップロードの形態をとることとなろう。だが、いずれソフトウェアから直接政府の窓口へのAPI接続が図れるようになれば、計算処理を政府の側でより担うことも現実的となり、民間側における業務そのものを減らすことも視野に入ってくる。さまざまな手続には、企業内のさまざまなデータが必要になるなかで、逐一個別の手続用のファイルフォーマットをエクスポートするのではなく、政府の側からリクエストされたデータにつき、送信することを認可していくほうがユーザーフレンドリーであることも間違いない（**図表 2 −10**）。

■ 図表2−10 バックオフィスの電子申請インフラの一元化イメージ

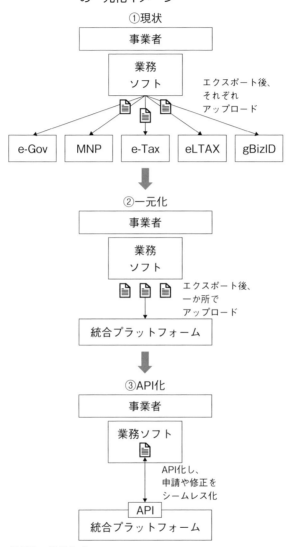

(出所) 筆者作成

⑶　政府機関間における情報共有とプッシュ型の行政の実践

前項にみた統合プラットフォームにおいては、ワンストップ化された政府窓口に入力された情報が、複数の政府機関の間で活用されていくことを意味している。

民間におけるソフトウェアの約款と同様のレベルで情報が活用されることには、利用者の意図せぬ利用による、監視社会的な、いわゆるビッグブラザーとしての懸念もはらむものとなる。不適切な情報利用が行われないための牽制が制度として機能していることが何より重要であるが、とはいえこのような懸念を完全に払拭することは不可能でもある。制度的な牽制と同程度に、政府の政策やツールを通じて、複数の政府機関の間でデータが共有されることが便利である、という実感により、理解を得ていく性質のものであろう。

そのような際に注目される視点が、プッシュ型の行政である。これは、申請型の行政手続と対比して、行政の側が積極的に必要な情報や政策へのアクセスを提供することであるが、数多ある政策のなかから、適切かつ受給資格のある情報が届くことが可能であれば、支援制度等のもらいそびれを防ぐことなどが可能となる。

たとえば、育児に関する支援制度は、妊娠・出産・子育て・教育といった政府・自治体の取組みをあわせると、類型化したとしても200以上の政策が存在している。ただ、それらのなかで子どもの年齢であったり、親の所得水準等を、居住する自治体の制度とマッチングしていくことで、国民の側は政策を探索する手間を省略することができる。そして、すでに情報が特定されたなかでの情報提供があることから、その申請を実施する際にも申告すべき情報が事前入力・連携されている状態を期待することができ、場合によってはオプトインを表明するだけのような利用者体験を、実現することができる（**図表２−11**）。

2021年のデジタル庁発足を機に、その用途や使い勝手が促進されているマイナンバー制度は、元は給付付税額控除等の政策を可能とするために検討されてきたものでもある。今後の同制度が、所得以外のさまざまな生活状況を

反映することができればより望ましいなか、一度提出された情報が横断的に活用され、本人の生活支援に役立てられることは、行政手続のクラウド化を通じて現実性を帯びるのである。

5 おわりに：デジタル化による政府と国民の新しい関係

　以上に、クラウド化する業務環境や、その延長で期待される企業や社会の変化をみてきた。人手不足で社会のさまざまな業務が自動化されていくなかで、デジタル的な処理が本来もつ、広範なデータ連携の可能性と、人による処理の手間やリスクの低減といったメリットは、より重要性を帯びていくものと筆者は考えている。そしてデジタル化の結果として、業務面では生産性の向上が、国民目線からは自身への政策のマッチング精度向上と申請コストの低下が、行政サイドからは執行やモニタリングに要するコストの低下が、それぞれ見込まれることとなる。

　デジタルな手続は、処理や伝達の各過程において事後的に検証できるデータが記録されることにもなるため、悪意のあるなしにかかわらず、行政・民間において不正やエラーをそもそも疑わなくてすむようになる。このこと自体、ある意味何も前向きな価値を生まないはずの、監視やモニタリングという作業から人間を自由にし、信頼しあえる社会を形成していくなかでとても価値のある変化といえるのではないだろうか。

　政策への信頼度向上も重要な要素である。**図表2−11**でみた育児支援策などは、個別の自治体のウェブサイトなどを検索すると、その膨大かつ、見つけづらい状況に圧倒されることも多い。自治体によっては、申請者全員が現金をもらえるような政策でさえ、それが周知・申請される段階において壁が存在しており、実際の執行率などに鑑みると政策が届かないことによる機会損失があり、そのことが政府自体の評価を毀損していることも課題である。

　特に本稿執筆時点（2024年3月）は政治資金問題で国会が揺れているときでもある。この問題の大元は、異なる団体における帳簿の突合から判明した

図表 2-11 育児への金銭的支援に相当する領域の類型

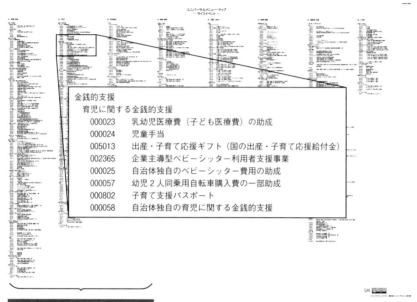

(出所) 一般社団法人ユニバーサルメニュー普及協会資料より筆者作成

ものでもあり、また、裏金が発生した状況は、仮にすべてが銀行口座ほかのデータが残る手段を経由して、自動的に出納が記録される状況を確保していれば存在しえないものでもあった。デジタル化が進む社会のなかで、データの透明性確保自体は所与としながら、必要であれば開示を限定するかわりに説明責任を果たす、そのプロセスを惜しむのであれば透明性を受け入れる、といった選択肢こそが、これからの時代に向けたお金の預かり方であり、この流れに抗うこともむずかしいのではないだろうか。

繰り返しになるが、データのデジタルな処理と、その適切な連携は、さまざまな透明性を社会にもたらしていくことが期待される。そして、それは政府からみれば生活支援を精緻化するリソースの確保につながることでもあり、国民からみれば自分たちが選んだ人々により代表される政府の行動への信頼につながるものである。人口が減少するなか、このような政府と国民の

間に新たな関係を築き、民主主義のコストを下げることに、デジタル化は役に立つ。

···· **参考文献** ··

OECD（2014）"Tax Compliance by Design: Achieving Improved SME Tax Compliance by Adopting a System Perspective", OECD.

水町雄一郎（2024）『労働法〔第10版〕』有斐閣

Chapter 3

インボイス制度および電帳法導入が実務に与えた影響についての論考

税理士法人K・T・Two代表社員
公認会計士・税理士
佐藤 敏郎

1 はじめに

　インボイス制度の運用開始が2023年10月、電子帳簿保存法（正式には、電子計算機を使用して作成する国税関係帳簿書類の保存方法等の特例に関する法律。以下「電帳法」という）の完全適用（宥恕（ゆうじょ）規定の期限到来）が2024年1月であったが、可視化できたか否かは別にして、経理実務は確実に電子化が進んでいる。これを体感できるのが、個人事業者の確定申告である。国税庁が公表しているe-Tax利用者の2022年（令和4年事業年度）までの推移でこれを確認することができる（図表3−1）。
　法人税の申告はすでに相当程度の電子化[1]が進んでおり、PCを業務に用

1　この項では「電子化」と「デジタル化」を使い分けている。「電子化」はそのプロセスが電子データであったか否かにかかわらず、アウトプットについて電子技術を用いた方法をいい、「デジタル化」はプロセスからアウトプットまで一貫して電子技術の方法によった場合をいう。

▌図表3−1　e-Tax手続の利用状況

(単位：%)

年度	2018	2019		2020		2021		2022	
	割合	割合	増減率	割合	増減率	割合	増減率	割合	増減率
法人税申告	82.1	84.9	103.4	86.7	102.1	87.9	101.4	91.1	103.6
所得税申告	44.0	47.5	108.0	55.2	116.2	59.2	107.2	65.7	111.0
キャッシュレス納付	23.2	25.6	110.3	29.3	114.5	32.2	109.9	35.9	111.5

（出所）　国税庁「令和4年度におけるオンライン（e-Tax）手続の利用状況等について」

いることのない完全手作業の事業者も一定程度想定されるものの、実際、このデータが示す以上に電子化が進んでいる印象がある。

　一方、個人事業者は、2020（令和2）年分からe-Tax利用者の増加が顕著である。この背景には、新型コロナウイルスの感染拡大という未曾有のパンデミックが関係していると考えるべきだ。新型コロナウイルスは2019年末に中国で感染者が報告され、その後は世界的なパンデミックとなり、わが国でも2020年1月の感染者確認から、新型コロナウイルス自体の変異とともに2023年5月に医療対応上の感染者区分が5類とされるまで、緊急事態宣言と行動制限が繰り返された。この事態が、税務行政においても大きく影響し、2021年3月に新型コロナウイルス感染拡大に伴い、2020（令和2）年分の所得税の確定申告の期限を2021年4月15日まで延長（その後、法人税の申告についても申告期限の延長）、翌年、すなわち、2021（令和3）年分の所得税の確定申告もオミクロン株の感染拡大で前年同様、2022年4月15日まで申告期限を延長するとともに、その後も柔軟な対応をとるとして、結果、2020（令和2）年分と2021（令和3）年分の確定申告書を同時に提出する納税者がいたことも事実である。この事態に国税庁は、新型コロナウイルスの感染拡大防止に最も有効な手段がe-Taxの利用推進であるとアナウンスをしており、この結果は、まさに国税庁の考え方が納税者に浸透したと証明している。

　一方で、この直前の2020（令和2）年分の確定申告から青色申告におけるe-Tax利用者以外の紙による青色申告特別控除額をこれまでの65万円から55万円に引き下げているが、利用者の増減推移だけをみれば、その効果はパン

Chapter 3　インボイス制度および電帳法導入が実務に与えた影響についての論考　53

デミックによる影響には勝らなかったともいえる。

　この事実は、今後の経理業務のDX推進を考える意味で、重要である。すなわち、経済合理性だけを考えれば、10万円の所得控除は納税者の適用される累進最高税率に10万円を乗じた金額だけ節税効果があることを意味するが、それ以上に新型コロナウイルスに感染しない選択が優先されたということである。

　以降は、インボイス制度および電帳法が納税者の経理実務にどのよう影響を与えたかを制度面、運用面の両方からみていくが、それにあわせて、経理業務のDX推進との関係で、それ以外の制度の影響についても言及していく。

2　インボイス制度および電帳法の概要
　　　──経理実務の観点から

(1)　歴史的な経緯

　電帳法の施行は、1998年であり、1997年12月に当時の税制調査会による「平成10年度の税制改正に関する答申」において、「帳簿書類の電子データ等による保存」のタイトルで以下の取りまとめがされたことがその起点である（下線は筆者）。

> **(2)　帳簿書類の電子データ等による保存**
> 適正公平な課税を実現するためには、**帳簿書類（法人税などの会計帳簿や決算関係書類等）の記録の確実性や永続性が確保される必要**があります。そのため、これまでは、納税者がコンピュータで会計処理を行い、会計記録を電子データで保存している場合であっても、紙の形で保存しなければならないこととしていました。しかし、情報化が進展し、コンピュータで会計処理を行う納税者が増加するとともに、取引のペーパーレス化も急速に普及しつつある中で、いつまでも帳簿書類について紙の形で保存することを求めることは、現実的でないばかりでなく、納税者に過度の負担を強いることにもなりかねません。こうした新しい時代の

流れに対応し、**納税者の帳簿書類の保存の負担軽減**を図るために**記録段階からコンピュータ処理によっている帳簿書類**については、**電子データ等により保存することを認めることが必要**であると考えます。その際には、**コンピュータ処理は、痕跡を残さず記録の遡及訂正をすることが容易である、肉眼でみるためには出力装置が必要であるなどの特性を有する**ことから、**適正公平な課税の確保に必要な条件整備を行うことが不可欠**です。また、電子データ等による保存を容認するための環境整備として、EDI取引（取引情報のやり取りを電子データの交換により行う取引）に係る電子データの保存を義務づけることが望ましいと考えます。

　当時は、バブル崩壊後の新たな金融秩序を構築するため、第2次橋本内閣における金融ビッグバンと称される金融システムを中心とした制度改革が宣言されていた。なかでもディスクロージャー制度充実の一環としての電子開示制度（EDINET）の本格稼働が資本市場の活性化の最重点課題と位置づけられており、その点で、企業の経理情報のデジタル化はある意味で当然の流れであったと思われる。

　一方、インボイス制度は、2012年2月17日に閣議決定された「社会保障・税一体改革大綱について」で「消費税率（国・地方）は、「社会保障の安定財源確保と財政健全化の同時達成」への第一歩として、2014年4月1日より8％へ、2015年10月1日より10％へ段階的に引上げ」るとともに、「単一税率を維持することや、中小事業者の事務負担等を踏まえ、いわゆるインボイス制度の導入は行わない」と明記されていた。しかしながら、2013年1月24日に公表された与党税制改正大綱において「消費税率10％の引き上げの際の軽減税率導入を目指す」と記載されたのを受けて、2013年2月に「与党税制協議会　軽減税率制度調査委員会」が立ち上がり、同年11月に「軽減税率についての議論の中間報告」が公表された。そこでは、軽減税率の導入には、「何を対象商品にするかで線引きをするので、税抜価格、税額、適用税率を明記したインボイスが必要になる」とされ、軽減税率の導入とインボイス制度がワンセットであることが明記された。その後、中小企業への事務負担増

■ 図表 3 － 2　消費税率と仕入税額控除枠の変遷

西暦	1989年 4 月	1997年 4 月	2014年 4 月	2019年10月	2023年10月
和暦	平成元年 4 月	平成 9 年 4 月	平成26年 4 月	令和元年10月	令和 5 年10月
税率	3 %	5 %	8 %	10%	10%
				軽減税率 8 %	軽減税率 8 %
仕入税額控除要件	帳簿保存方式	請求書等保存方式		区分記載請求書等保存方式	適格請求書等保存方式

（出所）　筆者作成

がクローズアップされ、インボイス制度の導入には多くの議論がされ、最終的には、2023年10月に運用が開始された（**図表 3 － 2**）。

(2)　その他の税制改正等に伴う経理業務のDX化のインフラ準備

　2017年に国税庁が公表した「税務行政の将来像～スマート化を目指して～」以降、以下のとおり、税務行政のインフラ整備に向けた取組みが進んでおり、2023年 6 月に公表された「税務行政のデジタル・トランスフォーメーション―税務行政の将来像2023―」では、税務行政のDX化を通じて、社会全体のDX推進に寄与するとされる。

2017年 6 月　「税務行政の将来像～スマート化を目指して～」

2018年 6 月　「「税務行政の将来像」に関する最近の取組状況」

2019年 6 月　「「税務行政の将来像」に関する最近の取組状況～スマート税務行政の実現に向けて～」

2021年 6 月　「税務行政のデジタル・トランスフォーメーション―税務行政の将来像2.0―」（2022年 2 月更新）

2021年12月　「税務行政DX～構想の実現に向けた工程表～」（2022年 9 月更新）

2023年 6 月　「税務行政のデジタル・トランスフォーメーション―税務行政の将来像2023―」

　たしかにこれらの取組みは、税務行政のDX化を推進する大きな動きではあるものの、税務行政のDX化を推進するためには、その前工程の納税者で

56　Part I　わが国の税務行政のDXの動向

■ 図表３－３　税務行政のDX化推進のイメージ

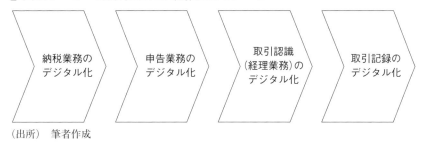

（出所）　筆者作成

ある個人もしくは企業における経理業務のデジタル化が推進されていなければならない。さらには、経理業務のさらに前工程である取引記録のDXが進まなければならない。これらをイメージすると図表３－３のようになるが、ここで重要なことは、取引記録のデジタル化がその後の工程のデジタル化の前提条件であり、取引記録に一部でも非デジタル（現金決済等）取引が含まれていると完全デジタル化は完遂しないということである。

(3)　電帳法の電子取引に係る青色申告承認取消要件

電帳法の第３類型[2]、すなわち、電子取引における領収書等の電子保存要件がクローズアップされたのは、電子取引等における領収書等を紙により出力保存しようとする場合に、法人税法、所得税法において青色申告承認取消要件に該当する、とされたことが要因である。この点は、第３類型のみならず電帳法全体に係る問題であることから、その構造についてここで検討しておく。

そもそも、電帳法の正式名称は、「電子計算機を使用して作成する国税関係帳簿書類の保存方法等の特例に関する法律」であり、何の「特例」か、を理解しないとその先の理解に進まない。その点で、電帳法の第１条は「所得

2　電帳法の第１類型＝帳簿等の電子保存（電帳法第４条第１項、第２項）もしくはマイクロフィルム保存（電帳法第５条第１項、第２項）、電帳法の第２類型＝領収書等のスキャナ保存（電帳法第４条第３項前段）、第３類型＝電子取引による領収書等の電子保存（電帳法第７条）。

税法、法人税法その他の国税に関する法律の特例」とされており、「その他の国税」とは、国税通則法第2条第1号に規定され、具体的には、「国が課する税のうち関税、とん税、特別とん税、森林環境税及び特別法人事業税以外のものをいう」とされていることから、消費税や相続税も含まれる。すなわち、電帳法の対象はおおむねすべての国税ということになる。そのうえで、第3条で「国税関係帳簿書類の備付け又は保存及び国税関係書類以外の書類の保存については、他の国税に関する法律に定めるもののほか、この法律の定めるところによる」とし、帳簿の電子保存、領収書等のスキャナ保存、電子取引による領収書等の電子保存についてその具体的な要件等が定められている。これらの前提で、法人税法上の青色申告承認取消要件についての条文構成について以下のフローチャートを用いて説明する。

法法127①	（青色申告の承認の取消し） 第121条①（青色申告）の承認を受けた内国法人につき次の各号のいずれかに該当する事実がある場合には、納税地の所轄税務署長は、当該各号に定める事業年度まで遡つて、その承認を取り消すことができる。この場合において、その取消しがあつたときは、当該事業年度開始の日以後その内国法人が提出したその承認に係る青色申告書（納付すべき義務が同日前に成立した法人税に係るものを除く。）は、青色申告書以外の申告書とみなす。 一　その事業年度に係る帳簿書類の備付け、記録又は保存が**前条第1項**に規定する**財務省令**で定めるところに従つて行われていないこと　当該事業年度

電帳法8③	（他の国税に関する法律の規定の適用） **前条**及び前二項の規定の適用がある場合には、次に定めるところによる。 三　法人税法127条①一（青色申告の承認の取消し）の規定の適用については、同号中「前条第1項」とあるのは、「前条第1項又は電子計算機を使用して作成する国税関係帳簿書類の保存方法等の特例に関する法律第4条第1項、第2項若しくは第3項前段（国税関係帳簿書類の電磁的記録による保存等）、第5条各項（国税関係帳簿書類の電子計算機出力マイクロフィルムによる保存等）若しくは第7条（電子取引の取引情報に係る電磁的記録の保存）のいずれ

	か」とする。

電帳法7 （**前条**）	（電子取引の取引情報に係る電磁的記録の保存） 所得税（源泉徴収に係る所得税を除く。）及び法人税に係る保存義務者は、電子取引を行った場合には、財務省令で定めるところにより、当該電子取引の取引情報に係る**電磁的記録を保存**しなければならない。

読替後の 法法127①	（青色申告の承認の取消し） 第121条①（青色申告）の承認を受けた内国法人につき次の各号のいずれかに該当する事実がある場合には、納税地の所轄税務署長は、当該各号に定める事業年度まで遡つて、その承認を取り消すことができる。この場合において、その取消しがあつたときは、当該事業年度開始の日以後その内国法人が提出したその承認に係る青色申告書（納付すべき義務が同日前に成立した法人税に係るものを除く。）は、青色申告書以外の申告書とみなす。 一　その事業年度に係る帳簿書類の備付け、記録又は保存が前条第1項又は電子計算機を使用して作成する国税関係帳簿書類の保存方法等の特例に関する法律第4条第1項、第2項若しくは第3項前段（国税関係帳簿書類の電磁的記録による保存等）、第5条各項（国税関係帳簿書類の電子計算機出力マイクロフィルムによる保存等）若しくは**第7条（電子取引の取引情報に係る電磁的記録の保存）**のいずれかに規定する**財務省令**で定めるところに従つて行われていないこと　当該事業年度

法規59① （**財務省令**）	（帳簿書類の整理保存） 青色申告法人は、次に掲げる帳簿書類を整理し、起算日から7年間、これを納税地（第三号に掲げる書類にあつては、当該納税地又は同号の取引に係る国内の事務所、事業所その他これらに準ずるものの所在地）に保存しなければならない。 一　第54条（取引に関する帳簿及び記載事項）に規定する帳簿並びに当該青色申告法人の資産、負債及び資本に影響を及ぼす一切の取引に関して作成されたその他の帳簿 二　棚卸表、貸借対照表及び損益計算書並びに決算に関して作成されたその他の書類 三　取引に関して、相手方から受け取つた注文書、契約書、送り

Chapter 3　インボイス制度および電帳法導入が実務に与えた影響についての論考　59

> 状、領収書、見積書その他これらに準ずる書類及び自己の作成したこれらの書類でその写しのあるものはその写し

　上記のとおり、電子取引による領収書等の電子保存については法人税法施行規則第59条第１項第３号に領収書等を電帳法第７条の定めにより、電子保存しない場合には、法人税法第127条第１項の読替えによって、青色申告の承認取消事由に該当すると読むことになる。

3　中堅中小企業における経理および財務実務の実態

(1)　経理人材の現状

　株式会社MM総研が毎年公表しているクラウド会計ソフト（パッケージ）の利用状況調査によると個人事業主が会計ソフトを利用する比率は2024年３月末の調査時点では40.2％で、2020年４月末の33.9％から毎年増加傾向であることが見て取れる。当然に会計ソフトを利用していないとした個人事業主は減少しているが、注目するべきは会計ソフトの代替的な記帳手段の推移を示したデータにおいて、表計算ソフトの利用がおおむね横ばいであるのに対して、税理士や会計事務所への外部委託は漸増傾向にある点である（**図表３－４**）。

　個人事業者といっても規模には格差がある。販売から経理まですべての業務を事業者１人による対応をしている場合もあれば、数名のパート社員を雇用している飲食店等を運営する個人事業者も多い。ちなみに、中小企業基本法では、中小企業者に該当しない、小規模事業者をおおむね常時使用する従業員の数が20人（商業またはサービス業に属する事業を主たる事業として営む者については、５人）以下の事業者と定義している。こうした事業者では、経理担当者を雇用する余裕はなく、また、経理業務の一部を事業者本人が担っていたとしても記帳するまでの段階には至っていないのが現状である。

　図表３－４のデータは個人事業者における調査であることから、この統計

がそのまま法人に当てはまるものではないが、共通していえることは、中堅中小企業における最低賃金の引上げに伴う人件費の高騰による慢性的な経理業務に従事する人材の不足が背景にみてとれるということである。加えて、中堅中小企業においては、会計ソフトの普及が相当程度進んでいることが想定され、単純な簿記や会計の知識に加えて、会計ソフトを活用する能力、その前提となるITに対するリテラシーも要求されることから、これまで以上に企業における経理業務の硬直化が進んでいる。そのため、同一企業内で仕事をローテーションすることも、人件費の高騰によって、後進育成を前提と

▌図表3－4　クラウド会計ソフトの利用状況

（単位：％）

年度		2020年4月末	2021年4月末		2022年4月末		2023年3月末		2024年3月末	
		割合	割合	増減率	割合	増減率	割合	増減率	割合	増減率
会計ソフトを	利用している（注1）	33.9	35.3	104.1	36.5	103.4	38.0	104.1	40.2	105.8
	クラウド会計ソフトの利用	21.3	26.3	123.5	29.8	113.3	31.0	104.0	33.7	108.7
	PCインストール型会計ソフトの利用	67.7	61.1	90.3	58.0	94.9	55.0	94.8	49.8	90.5
	わからない	11.0	12.6	114.5	12.2	96.8	14.0	114.8	16.5	117.9
	利用していない（注1）	57.1	56.9	99.6	55.6	97.7	52.6	94.6	51.8	98.5
	市販の帳簿やノートなどへの手書き	42.1	41.7	99.0	40.8	97.8	39.8	97.5	38.4	96.5
	エクセルなどの表計算ソフトに入力	35.1	35.3	100.6	36.3	102.8	35.6	98.1	38.0	106.7
	税理士や会計事務所への外部委託	17.9	19.1	106.7	19.0	99.5	20.4	107.4	20.7	101.5
	その他・不明	4.9	3.9	79.6	3.9	100.0	4.2	107.7	2.9	69.0
	わからない	9.0	7.8	86.7	8.0	102.6	9.3	116.3	7.9	84.9

（注1）　「利用している」「利用していない」のなかの各内部比率は、それぞれ「利用している／いない」を100％とした場合の割合。

（注2）　「利用している／いない／わからない」の合計は、端数処理により100％とならない場合がある。

（出所）　株式会社MM総研「クラウド会計ソフトの利用状況調査（2024年3月末）」「クラウド会計ソフトの利用状況調査（2023年3月末）」「クラウド会計ソフトの利用状況調査（2022年4月末）」「クラウド会計ソフトの利用状況調査（2021年4月末）」「クラウド会計ソフトの利用状況調査（2020年4月末）」

Chapter 3　インボイス制度および電帳法導入が実務に与えた影響についての論考　61

する複数人体制を敷くことも容易ではない。そうすると、この分野は、人が関与する業務範囲を限定する、つまり、会計ソフトの機能で代替できるところは積極的に代替することが必須ということになる。

(2) 経理業務を税理士や会計事務所に委託することに伴う期待ギャップ

図表3－4にある、経理業務を税理士や会計事務所へ委託することができるのは、記帳代行業務を担当する経理事務スタッフを雇用できない小規模零細事業者のレベルであって、中小規模以上の法人における経理業務を委託することは想定以上のストレスが双方にたまる結果となる。具体的には、会社側の経理業務の委託に期待する潜在的な要望と、税理士もしくは会計事務所が遂行しうる経理業務には根本的なギャップがあり、それが埋まらないことが当該ストレスの要因である。委託する企業側は、機能としての経理、すなわち、他の部署からの質問対応や経営者からの資料作成対応等の「常駐性」を基本とする「即時性」を求めるのであるが、税理士や会計事務所は、業務としての経理、すなわち、業務の「代替性」を基本にしている。職業会計人の立場からすると、「常駐性」を基本とする「即時性」を求められるのであれば仕事として受けられないということになる。その期待ギャップを当初から認識して仕事として委託を受けなければならない。

また、仮に期待ギャップを埋めたうえで、経理業務を税理士や会計事務所に委託することができたとしても、他の部署からの質問対応や経営者からの資料作成対応等の「即時性」を充足することはむずかしく、企業内のどこかの部署で、もしくはだれかがその役割を果たさなければならない。そうすると、そのための時間を捻出する＝人が関与する業務範囲を限定することにならざるをえない。

(3) 経理業務の現状

中堅中小企業における財務を含む経理業務は、従来、日次、週次、五十日（毎月5のつく日、10、20日）次、月次、半期、年次に発生する業務を整理し、

業務自体をルーティン化することで、一定の効率化が実現できている。また、1日の業務もパターン化し、たとえば、10日の朝一番から10日払いの振込実行[3]、終了次第、伝票入力、その後、前月末締めの請求書等の伝票入力をする等、「いつ」「だれが」「何を」するかが明確にされていることが多い。また、月次の試算表、もしくは年度の決算に関しては、会計事務所の監査との関係で年間を通じてスケジュール化されている。多くの中堅中小企業で会計パッケージが活用されており、パッケージ自体がここ数年で大きな進化を遂げており、その結果、会計処理も仕訳登録によるパターン化の時代を経て、いまやCSVフォーマットによる各種データ（請求、支払、振込み、給与等）連動による自動仕訳が標準仕様になりつつあり、処理の効率化がいっそう進んでいる。

　会計事務所の監査手法も、これまでの往査型から、会計データのサーバー等での管理をベースにしたデータ共有リモート型に変化をしつつある。これによって、往査のための準備が必要なくなり、前後の時間も効率的に活用できるようになった。ただし、これは企業における経理業務を実際に行う社員等の年齢層によって大きく異なると思われる。すなわち、共働きの子育て世代である40代前半までの世代では、コロナ禍で子どもが長期間学校に通うことができず、自らの業務をリモートで対応せざるをえなかった事実がある。そのため、データ共有リモート型による会計事務所との関係にまったくストレスなく対応ができる。一方で、40代後半以上の世代は、こうした仕事に対する制約条件がなく、コロナ禍でも在宅より出勤を選択することが可能であった。また、これらの世代は企業における役職も上位者、すなわち、意思決定をするレベルにいることもありリモートワークがなじまない業務遂行形態という実態もあり、対面による往査式の監査手法から大きな変化がない。

　経理以外のバックオフィス業務はどうだろうか。特に間接人員を複数配置できない中小企業では、1人が経理も総務も庶務も兼任するというケースが多いのであるが、コロナ禍で、セーフティネットによる資金調達、補助金や

3　実務では、おおむね3営業日前までに資金残高管理の観点から振込予約をして、当日は自動での実行確認をするのみ。

Chapter 3　インボイス制度および電帳法導入が実務に与えた影響についての論考　63

助成金の申請、就業規則の見直し、リモートワーク対応のためのネットワーク環境の整備、感染予防対策等ルーティン業務以外の対応に迫られた。また、コロナ禍以降も制度の変化への対応が求められ、突発的な業務への対応力が常に求められるようになった。そのための時間を捻出する＝アウトソーシングの活用を優先する、という構図も鮮明になっている。たとえば、残業代の計算を含む給与の支払に関しては、かつては、会社の総務で計算をすることが通例であったが、そもそも、締め日前後での業務集中に加えて、終身雇用形態が一般的であった時代とは大きく異なり、中途入退社が増加し、社会保険料関係の事務作業も頻繁に生じることから、社会保険労務士事務所に計算と振込データの作成まで依頼する企業が増加している。給与データ管理

▍図表3－5　人事・総務関連業務アウトソーシング市場規模推移（主要14分野計）

（注1）　事業者売上高ベース。
（注2）　2023年度は予測値。
（注3）　本調査における人事・総務関連アウトソーシング市場とは、シェアードサービスセンター、学校法人業務アウトソーシング、給与計算アウトソーシング、勤怠管理ASPサービス、企業向け研修サービス、採用アウトソーシング（RPO）、アセスメントツール、従業員支援プログラム（EAP）、健診・健康支援サービス、福利厚生アウトソーシング、オフィス向け従業員サービス（オフィスコーヒーサービスや菓子の配置販売等）、人材派遣、人材紹介、再就職支援の14分野を指す。
（出所）　株式会社矢野経済研究所「人事・総務関連業務アウトソーシング市場に関する調査を実施（2024年）」（2024年4月22日）

の秘匿性の点でも内製化しないほうがよいと考える経営者も多いと思われ、株式会社矢野経済研究所「人事・総務関連業務アウトソーシング市場に関する調査を実施（2024年）」によると人事・総務関連業務アウトソーシング市場規模は事業者売上高ベースで2023年度は2022年度比7.0％増加したと予測されている（**図表3－5**）。

(4) 中堅中小企業における財務業務の実態

　わが国では古くからメインバンクシステムが機能してきており、資金調達市場は金融機関の統廃合もしくは資本市場からの調達が増加しているもののその大きな構造に変化はなく、むしろ、コロナ禍での無担保無保証でのセーフティネット融資の活用が全国規模で広がったこともあり、中堅中小企業と金融機関の結びつきはこれまで以上に強くなっているように思われる。この分野では、歴史的に、専門的な人材を配置することはなく、経理担当が金融機関の担当者と協議をしながら、短期および中長期的な資金繰りを検討しつつ、必要な調達計画を金融機関の担当者の協力を得ながら練り上げるというのが慣例で、返済能力に疑念が生じるような余程の業績不振企業でない限り、金融機関が事実上の財務業務機能を果たしてきたといっても過言ではない。この財務業務は電帳法の宥恕規定の期限到来に際し、今後は、業務フローを見直す必要が出てくると思われる。これについては、次節で検討する。

4　会計パッケージ等のDX化対応

(1) 会計パッケージ（ソフト）の歴史的な発展経緯

　会計パッケージに明確な定義は存在しないが、「仕訳入力から計算書類の作成までの一連の業務をPC上の一つの処理システムとして人による業務を代替するカスタマイズ不要のソフトウェア」と考えるとわかりやすい。すなわち、人は常にPCの画面と対峙し、必要な処理をPCに指示し、当該指示を受けてソフトウェアが人にかわって記録、計算、転記、集計し、財務会計も

▌図表3－6　会計パッケージの販売形態と進化

購入形式	利用形式	データ記録・保存	法定帳簿・書類	アップデート
FD	インストール	自社PC	出力	FD追加購入
アクセスキー	インストール	自社PC	出力・PDF	保証期間内自動
年間使用権	インストール	自社PC	出力・PDF	自動
使用権	クラウドアプリアクセス	クラウド	PDF等で自社PCデータ保存	不要

（出所）　筆者作成

しくは管理会計に必要な帳簿等に記録し、経営者等の求めに応じて出力可能にする。

　こうした機能を果たす会計パッケージはここ数年無類の進化をみせている。もともと、会計パッケージが記録されたフロッピーディスクを購入してPCにインストールして使用する形式から、その後は量販店等でアクセスキーの記載された単なる「箱」を購入する方式を経由して、その後は当該パッケージ会社の販売サイトにアクセスしソフトウェアをダウンロードし、購入したアクセスキーで使用許可を得る形式となり、いまやクラウド上でアプリ化している会計パッケージの使用権だけを購入し、PCは単に作業をする端末の役割というパターンが大半である（**図表3－6**）。この歴史的な発展には、データの管理や保存の安全性という点で相互に合理性がある。

　ここで重要なことは、クラウド型に進化した会計パッケージの法定帳簿等の保管形式が自動的に電帳法の第1類型、すなわち、帳簿等の電子保存の形式に合致しているという点だ。

(2)　会計パッケージの対象業務

　次に会計パッケージが企業のどの業務分野を対象としているかを確認する。最初に企業における業務関連図をみてみる（**図表3－7**）。

　図表3－7は製造機能を有さない一般的な企業の主要な業務である。もちろん、これ以外にも総務、庶務、法務等間接部門の業務も存在するのであるが、これらは多くの場合、取引を対象としない。そのため、つどの経理処理

66　Part Ⅰ　わが国の税務行政のDXの動向

■ 図表3－7　会計パッケージの対象業務（機能別）

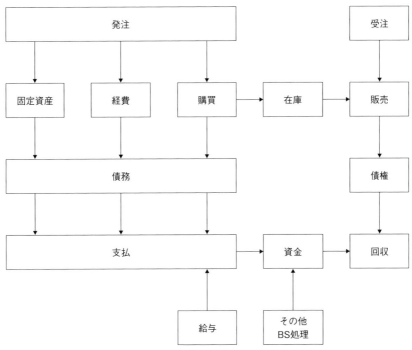

（出所）　筆者作成

は必要なく、費用の発生等も月次単位かつ固定費的なものとなることが多い。一方で、**図表3－7**で示した業務はつど、取引が発生し、その取引をなんらかのかたちで会計帳簿に記録する必要がある。これを具体的に理解するためには、**図表3－8**のように会計帳簿に記録する際の勘定科目に置き換えるとわかりやすい。

会計パッケージは、基本的に「仕訳入力から計算書類の作成までの一連の業務をPC上の一つの処理システムとして人による業務を代替するカスタマイズ不要のソフトウェア」であるが、勘定科目として認識できるもの以外はその対象にならない。そうすると、たとえば、売掛金の回収管理、在庫の数量管理、支払管理等はおおむね、エクセル等会計パッケージの埒外で下記のパターンAもしくはBとして管理することになる（**図表3－9**）。

■ 図表3-8　会計パッケージ

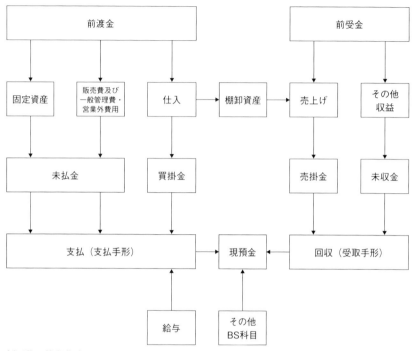

(出所)　筆者作成

　その場合は、会計パッケージとの連携は手入力か、もしくはエクセルデータをCSVフォーマットに変換して会計パッケージに取り込むかのどちらかであるが、データの連携に誤りがないかはいずれにしても人間の作業を介することになる。
　このエクセルによる業務管理は会計パッケージのサブパッケージで代替することができる。これらのサブパッケージもそれぞれ「会計パッケージの販売形態と進化」にあるのと同じ進化を遂げてきた。ただし、会計パッケージとこれらのサブパッケージの違いは、サブパッケージを使用するということは、カスタマイズ不要、すなわち、企業の業務をパッケージにあわせて変更することになる。このことは、ERPの出現とともに、ベストセラーになった『リエンジニアリング革命』[4]でことのほか有名になった業務改善手法の一つ

図表3-9 エクセルで管理する業務

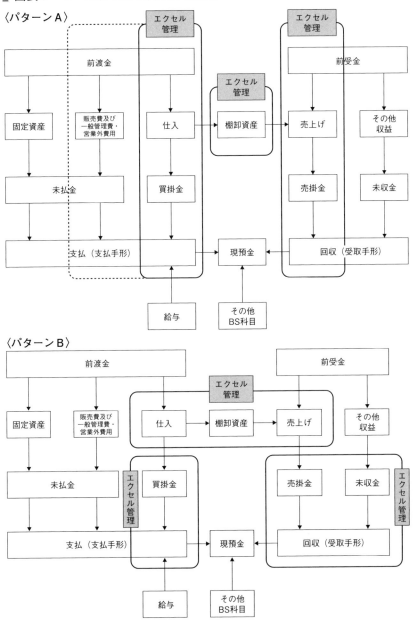

(出所) 筆者作成

Chapter 3 インボイス制度および電帳法導入が実務に与えた影響についての論考 | 69

図表3-10 サブシステムで管理する業務

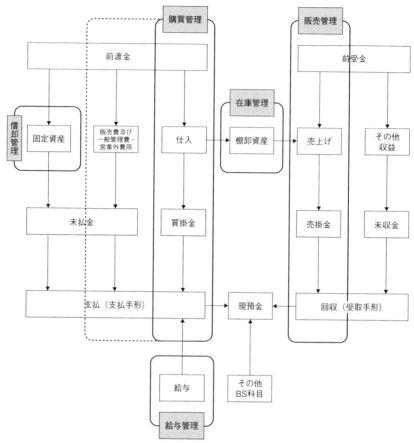

(出所) 筆者作成

であるが、一方で、日本企業においては業務を変えることへの抵抗勢力がそこで働く社員・従業員であって、それも自分の仕事を変えたくないというネガティブなインセンティブからくるもののみならず、業務を変えることによってミスが誘発されるという経験曲線というポジティブな要素を否定するという経営者にとっても望ましくない理由が掲げられ、加えて、当時のERP

---

4 マイケル・ハマー、ジェイムズ・チャンピー (1993)「リエンジニアリング革命―企業を根本から変える業務革新―」日経BPマーケティング

のパッケージ自体が高価であったことから、結果、特に中堅中小企業で導入されることはほぼなかった。しかしながら、その後サブパッケージの一般化に伴い、一定量以上の取引記録を有する中堅中小企業では、管理をエクセルで行うことによるデータ連携上のミスを回避するために、サブパッケージを積極的に活用し始めている。その場合の、イメージは**図表3－10**のとおりである。

　比較的業務量が多く、データ管理と連動が自動的に行われることでミスを減少させるという意味では、従来エクセルで管理されてきた購買・販売・在庫管理以外に償却資産管理と連動する償却管理や給与管理でもサブパッケージの利用が進んだ。このことは、電帳法の第3類型、すなわち、電子取引に基づく領収書等の電子保存推進のインフラとなる段階であったと考えることができる。

⑶　会計パッケージによる経理業務の代替機能と電帳法の完全適用

　2023年12月末をもって電帳法の宥恕規定が効力を失い、電帳法の第3類型である電子取引等における領収書等は紙による出力保存が事実上認められなくなった[5]。

　これに伴い、取引先等と電子取引を実施している場合、仕訳入力する勘定科目の基礎データに関し、電子保存しなければならないが、一方で、紙ベースで請求書等が送られる場合、スキャナ保存するか紙保存するかは会社の任意で決めることが可能である。たとえば、購買業務だけを抜き出して業務フローをまとめると、紙ベースの場合、一般的に**図表3－11**のような流れになっている。ポイントは、特に中小企業においては、請求書が稟議書の代用となって、押印をされるプロセスで経理の入力、そのうえで、支払に回って

5　なお、出力保存が認められなくなった、との記載が多いが、条文上は、電帳法第7条で「所得税（源泉徴収に係る所得税を除く。）及び法人税に係る保存義務者は、電子取引を行った場合には、財務省令で定めるところにより、当該電子取引の取引情報に係る電磁的記録を保存しなければならない」とされている。この点は、2⑶参照。

Chapter 3　インボイス制度および電帳法導入が実務に与えた影響についての論考　71

■ 図表 3－11 請求書業務フロー（紙ベースの場合）

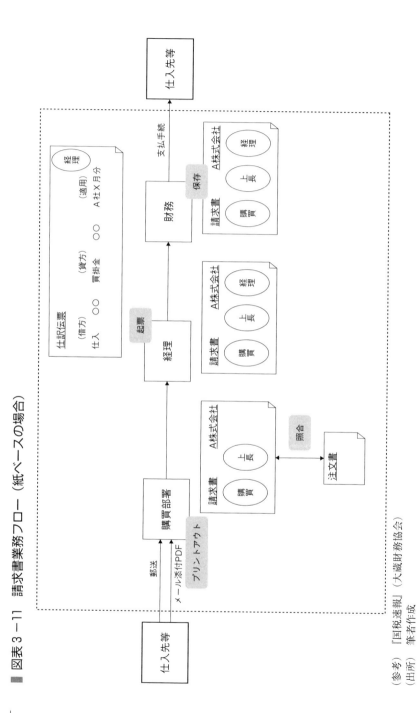

（参考）『国税速報』（大蔵財務協会）
（出所）筆者作成

■ 図表 3 −12 請求書業務フロー（デジタル化した場合）

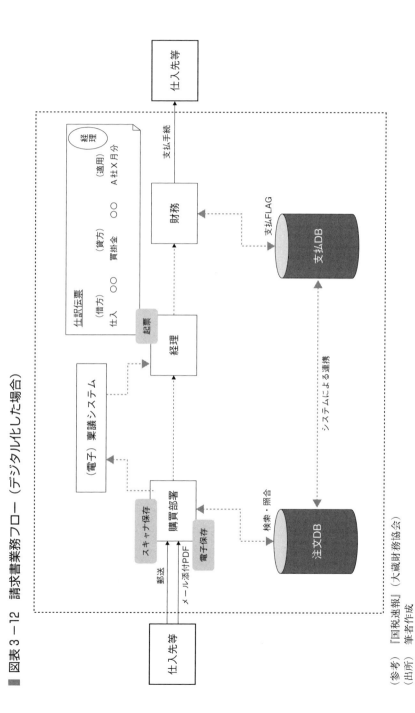

（参考）『国税速報』（大蔵財務協会）
（出所）筆者作成

Chapter 3　インボイス制度および電帳法導入が実務に与えた影響についての論考　73

■ 図表3-13 請求書業務フロー（紙ベースとデジタルの併用）

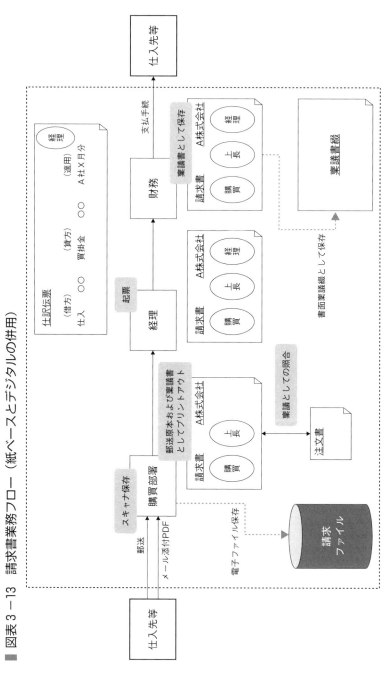

(参考)『国税速報』（大蔵財務協会）
(出所) 筆者作成

いくという運用形態が少なくないということである。

電子取引と紙ベースで納品書が混在する場合には、2通りの運用が想定される。一つは、紙ベースで送付されて受け取る納品書もすべてスキャナ保存するとともに、稟議を電子稟議化し、一気にデジタル化を進める場合には、業務フローを**図表3−12**のように変更する必要がある。一方で、紙ベースの請求書を稟議書として引き続き運用する場合には、**図表3−13**のような業務フローが想定される。

 経理実務のデジタル化推進要件

(1) ペナルティとノベルティ

本稿とは関係ない議論であるが、従来、権力上位者による指導等の方法で「飴と鞭」という言葉が使われる。サーチエンジンで検索するとさまざまな定義が見受けられるが、weblio辞書では、「支配や指導の方法で、甘い扱いをして譲歩する一方で厳しく締めつけることのたとえ。社会保険制度で労働者を優遇するとともに社会主義者鎮圧法を制定して支配した、ドイツのビスマルクの政策を評した言葉」と定義されている[6]。

国の施策を実現させる場面においてこの考え方が必ずしも妥当するわけではないが、少なくとも「飴」政策はわかりやすいかたちで、国民の目に留まることが多い。一例であるが、ここ数年の間に、「マイナポイント第1弾及び第2弾」などはマイナンバーカードの普及に大きな役割を果たしたことが推定され、ニッセイ基礎研究所が2023年3月2日に公表した資料で明らかに「飴」政策が機能したことを証明している（**図表3−14**）。

一方、消費税率の引上げは最終転嫁者である消費者にとっては「鞭」政策の代表例である。2014年の5％から8％、2019年の8％から10％の税率引上げ前後で景況感に与えた影響を示す内閣府の資料を確認すると2014年と2019年とでは2014年のほうが影響は大きかったようだが、いずれも一定の駆込需

---

6 Weblio辞書 https://www.weblio.jp/content/%E9%A3%B4%E3%81%A8%E9%9E%AD

■ 図表 3 −14　マイナンバーカード交付率と対前月交付率の伸びの推移

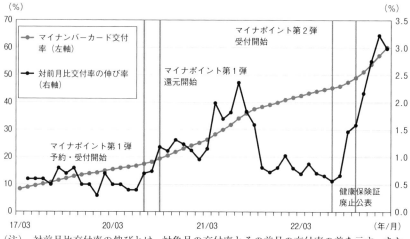

（注）　対前月比交付率の伸びとは、対象月の交付率とその前月の交付率の差を示す。また、対前月比のうち、2020年 3 月以前は、毎月ごとの公表が実施されていないため、対前回公表比の数字。
（資料）　総務省「マイナンバーカードの交付状況について」
（出所）　ニッセイ基礎研究所総合政策研究部　研究員　河岸　秀叔「研究員の眼　マイナンバーカードの今後の注目点　1 月交付率は過去 2 番目に高い伸び」（2023年 3 月 2 日）

要があったと推察される（**図表 3 −15**）。すなわち、経済活動における、消費者にとっては消費税を含めた税込価格が対価であって、対価の上昇予測は将来の「鞭」が振るわれる前に購買活動を促進させる効果をもつことにほかならない。

租税の世界でも、同様の議論は存在する。たとえば、2022年度の税制改正では、賃上げ税制がその俎上にあった。具体的には、賃上げに積極的な企業に事実上の法人減税措置となることをもって「飴」、積極的でない企業はそれとの対比で「鞭」という表現で解説された。しかしながら、この使われ方は、上記の定義からすれば、少なくともこの税制が「締め付け」ではないことから「鞭」でないことは明らかである。別の言い方をすると、租税政策においては、「飴と鞭」という表現は正しくなく、むしろ法律であることから「ノベルティ」と「ペナルティ」という整理が正しいように思われる。租税法では、「ペナルティ」は法律を遵守しない場合に課されるものであって、

■ 図表3−15　消費税率引上げ前後の現状判断DIの推移

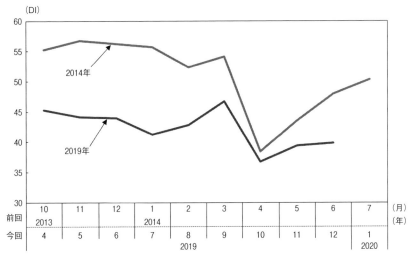

(出所)　内閣府政策統括官（経済財政分析担当）「地域の経済2019──人口減少時代の成長に向けた土台づくり」（2020年2月）22頁コラム図1−2−1

「ノベルティ」は特定の政策に合致する企業に特典を与えるというものである。

　その点で、電帳法の電子取引に関しては、紙保存が認められないという制度は「ペナルティ」ではない、むしろ、優良な電子帳簿保存要件を充足する場合の、過少申告加算税の軽減措置や先述した青色申告特別控除65万円控除と一般の青色申告特別控除55万円控除と差を設けたことはまさに「ノベルティ」である。

(2)　経理のデジタル化のいっそうの推進

　上記のとおり、租税政策の推進には「ノベルティ」施策がとられてきた。一方で、1で述べたように、天災やパンデミックが租税政策を図らずとも推進させてきたことも歴史的な事実である。しかしながら、政策の推進には期間限定の「ノベルティ」では、期待するほどの効果が生まれないことも一方の歴史的な事実である。その点で、経理人材の抜本的な不足という今まさに

■ 図表3−16 経理業務のデジタル化

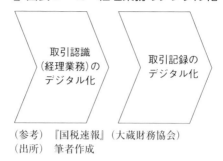

(参考) 『国税速報』(大蔵財務協会)
(出所) 筆者作成

生じている事態は、いずれ深刻な状況になってくると思われる。そのときには、物理的に人を介さない業務フローに改めることが必須となり、結果としてデジタル化が進むことになる。ただし、その前提は、経理のみならず周辺業務がデジタル化されていることだ。**図表3−16**のとおりの2段階のデジタル化が進んでいる現在、最近の会計パッケージでは取引データの自動取込機能がおおむね標準装備されている。この機能を有効にするためには、金融機関の口座情報、クレジットカード情報、電子マネー情報等決済手段が現金もしくは手形等の非デジタルデータでないことが前提で、かつ、会計パッケージの提供ベンダーと決済手段を提供する企業の提携関係も求められる。

　実務上、こうした自動取込機能を活用するユーザーである納税者も増加している印象であるが、それでもすべての取引について自動化できているとは言いがたい。というのも、おおむね多くの金融機関(メガバンク、地方銀行、信用金庫)は、市場占有率の高い会計パッケージと提携しているが、クレジットカード、電子マネーについてはその種類が多いことが理由なのか、主要な決済手段(事業者)のみに提携関係を限定しているように思われる[7]。

　そのため、たとえば、X会計パッケージと提携関係にあるクレジットカードが、AおよびB、Y会計パッケージと提携関係にあるクレジットカードが

7　クレジットカードの種類とは、当該カードのブランドを意味しない。クレジットカードは実際に与信を付与するカード裏面に記載されている発行会社単位で異なるクレジットカードとして取り扱われる。

BおよびCであるとする。このケースで、取引データから経理の完全デジタル化を進めようとする事業者がX会計パッケージを使用していて、決済手段として用いているクレジットカードがBおよびCであるとすれば、Cの取引データを自動取込みすることができないことから、会計パッケージをXからYに切り替えるか、決済手段をCからAに切り替えるか、単にBのみを使用するかの選択をする判断を迫られることとなる。また、期中での切替えは業務が煩雑になることが容易に想像され、期首から切替えをするとなると時間も必要だ。こうした将来を見据えた事業者の自助努力が重要である。

(3) 電子インボイス（もしくはデジタルインボイス）取引の普及

現在の企業実務における取引記録のデジタル化は、決済手段のデジタル化、会計的には、貸方のデジタル化による借方の特定という手法を用いている。一方で、電子インボイス等による借方の自動化も進んでいる。具体的には、普及している交通費等の精算システムは、アプリもしくはスキャナの活用を前提に非デジタル決済手段を用いた場合でも、あらかじめ登録している取引情報やアプリ同士の連携による取引記録をデジタル擬制することで会計の借方と貸方を同時にデジタル認識しようとするものである。タクシーの配車アプリを例にとると、実際に使用しているユーザーは配車アプリとしてサービスを享受しているが、配車アプリの提供会社は、配車サービスを提供するとともに、決済手段をクレジットカードもしくは電子マネーに限定する[8]。すなわち、事実上、決済手段のデジタル化による貸方のデジタル化を同時に行うことにほかならない。同じく公共交通機関の場合にも交通系の電子マネーと紐づいていることが多いので、これも借方と貸方の同時デジタル化である。よって、借方単独のデジタル化は実際には、現金決済をデジタル

8　一部のこうしたアプリでは、普及のために、アプリ上で現金決済に切り替えることを可能としているが、将来的にはこの機能は失われると考えられる。というのも、タクシーの両替金（客用釣り銭）はほとんどの場合、ドライバーが自己負担で準備しなければならないことからドライバー個人の資金が一時的に持出しになっており、内部統制上も適切といえない運用となっていることから、この状態を解消するためにも決済手段が限定される必要がある。

Chapter 3　インボイス制度および電帳法導入が実務に与えた影響についての論考　79

擬制する手法に限定される。

　たとえば、営業先の訪問に公共交通機関を利用し、当該交通費を現金決済した場合、所属先での経費精算に際し、導入されている経費精算システムが経路を検索するアプリと連携していて、ユーザーによって実際に使用した経路が選択されると、自動的に当該者が支払った交通費を計算し、借方交通費、貸方現金という取引認識をデジタルで行う。ただし、決済手段がデジタルである場合、すなわち、貸方のデジタルデータの生成者は第三者であって客観性がある。一方で、現金決済のデジタル擬制に基づく借方単独のデジタル化は支払も借方データ生成者と同一であるために、実際に使用されたのかという点で内部統制上の確認手続が必要になる。すでに導入をしている企業では、出張や顧客先訪問日程に関する上司の事前決済等の稟議システムや営業管理システム等での訪問データの共有が機能しないと不適切な処理が行われるリスクも存置しうる。

6　経理実務の将来像

(1)　経理業務の変遷

　社会的な少子化の実態と経理実務従事者の減少は否定できない事実である。また、デジタル社会の推進も国をあげての重要政策である。それだけを考えても、経理業務のデジタル化＝取引認識のデジタル化が進むことは間違いない。むしろ、当該認識された取引の決済を含め、経理業務すべての自動化ということすら考えられる。ただし、この場合は、事前の仕訳パターンの登録時の承認、顧問税理士等への事前確認、特に、消費税の課税・非課税・不課税区分、軽減本則区分を確認するための業務として、月次の監査の役割も重要度を増す。

　一方で、従来型の紙ベースの処理、大福帳的な処理は衰退していくことも明らかである。その理由は、紙を使用することによるコスト増の問題でもある。紙の原料であるパルプは70％を輸入に依存しており、ここ数年の円安傾向で価格は高騰している。一方で紙に印刷するインク代、印刷にかかる電気

代等の値上げも著しい。また、昨今はリサイクルコストも必要となっている。電帳法の電子取引による領収書等の電子保管は、法人税、所得税における青色申告の取消事由とは別に、周辺業務の紙ベースの領収書等の廃止、具体的には、大手ネット通販、ネット型旅行代理店、金融機関、クレジットカード会社等日常業務での利用頻度の高い業態が紙ベースでの請求書・領収書等の授受を廃止し、サーバー等で当該データをダウンロードする方法に置き換えられている点で経理業務のデジタル化の前工程である、取引認識のデジタル化が大きく進化し、電子保存の義務化領域も拡大している。こう考えると、さほど遠くない将来、経理業務の完全自動化も非現実的ではない。

(2) 納税のデジタル化までの歴史的経緯

取引データのデジタル化が進むなか、税務行政のデジタル化については、Chapter 1のとおりである。これらを一つの表にまとめると、**図表3－17**のとおりの進化を遂げていると考えることができる。

いまもなお、STAGE Ⅰにいる中小零細企業や個人事業者も多数あると想定されるが、取引データのデジタル化、マイナポータルとe-Taxの連動等で利便性が向上している点でも中堅中小企業を中心にSTAGE ⅡやⅢに積極的に移行しようとしている。上記5(2)で示したように取引認識のデジタル化から納税のデジタル化まで一気に舵を切る企業もある。これらの動きにドライブをかけるのは、ノベルティであり、偶然に生じる必然であることはすでに説明した。

7 小　括

ここまで、インボイス制度および電帳法の運用開始、それに、経理業務のデジタル化を促進させる「ノベルティ」としてのそれ以外の制度が企業の経理実務のデジタル化にどのように影響してきたかを検討してきた。

国税庁は、「税務行政のデジタル・トランスフォーメーション—税務行政の将来像2023—」で、納税者の利便性の向上を推進することを明確にしてい

■ 図表3－17 経理業務のデジタル化プロセス

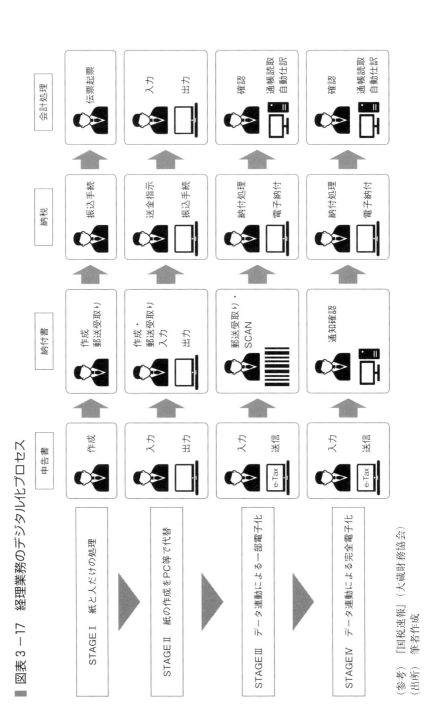

(参考)『国税速報』(大蔵財務協会)
(出所) 筆者作成

る。たしかに、利便性の向上は、インフラ整備のうえで重要な要素であって、使って便利でなければ一見の利用者は回帰しない。一方で、「利便性」は利用を促進する直接的要因にならないことも事実である。「利便性」は文字どおり「利用して」「便利」なものだが、「利用」が進まなければ「便利」を体現できない。また、「利用」を促すのは告知でも経済的なノベルティでもないことも明らかだ。

　ここで重要なことは、インフラが整備されていなければ、納税者にいかなるインセンティブが働いていても活用にドライブがかからない、言い換えると、税務行政のDXが数歩先に進んでインフラを準備しておけば、パンデミックのような強烈なインセンティブが働くと、一気に納税者のデジタル化も進むということだ。そのためには何が必要なのだろうか。

　たとえば、携帯電話の急速な普及の背景は固定電話と公衆電話の急速な衰退とワンセットであった。ハードとしてのテレビの衰退はPCやスマートフォンがモニター機能を代替することで生じた。テレビの視聴率はインターネット上のさまざまな媒体の利用と相関関係にある。スーパーマーケットの利用客の減少はコンビニとネット通販利用者の増加と相関関係にある。すなわち、相関関係にある何かが失われなければ、対応関係にある一方はクローズアップされないということだ。

　それでは、これを経理業務のデジタル化で置き換えると、それと相関関係を築いているものは何か。ここで具体的な議論を展開する余地はないものの、このことを考え、実現する施策を講じることが、経理業務全般のデジタル化を進める最大のドライバーであることはいうまでもない。

Chapter 3　インボイス制度および電帳法導入が実務に与えた影響についての論考　83

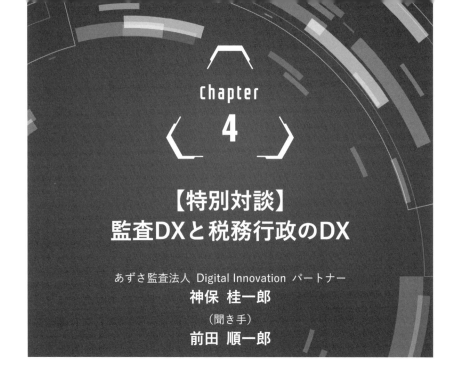

Chapter 4

【特別対談】
監査DXと税務行政のDX

あずさ監査法人 Digital Innovation パートナー
神保 桂一郎

（聞き手）
前田 順一郎

前田 神保さんには立教大学大学院の講義においてもゲストとしてお越しいただき、その際に、大手監査法人が進めている、「監査DX」について、とてもわかりやすく説明をしていただきました。講義では「監査DX」の前提として監査クライアント企業の「経理DX」が必要であるという話もありました。

わが国においては、上場企業や一定の要件を満たす大企業には、公認会計士または監査法人による会計監査を受ける義務があります。もちろん、それらの企業の法人税は、会計監査済みの財務諸表上の利益数値を基礎として計算されます。また、法人税だけでなく、消費税やその他の租税、従業員などの所得税の源泉徴収に関しても、間接的には内部統制監査を含めた監査の対象となっているともいえるでしょう。そういった意味では、会計監査人は税務行政の一翼を担っているという見方もできます。

今回、神保さんに対談をお願いした理由は、国税庁も監査法人も、同じような未来を見据えているとともに、同じような悩みを抱えているのではないか、との考えからです。監査DXも税務行政のDXも、「経理DX」を

前提としなければいけない点で、共通した課題を抱えています。

　また、税務の世界では2020年にOECDの「税務行政3.0」が公表され、国際的に「リアルタイム・タックスコンプライアンス」を目指す機運が高まっていますが、監査の世界でも「リアルタイム監査」を目標としている部分も非常に似通っていると感じます。

　本日は、そういった観点からざっくばらんな議論ができればと思います。どうぞよろしくお願いいたします。

神保　どうぞよろしくお願いいたします。

──監査の変革

前田　世界の監査法人はBig4と呼ばれる四つの大きなグループを形成しています。具体的にはE&Y、DTT、PWC、KPMGですが、わが国の大手監査法人はそれらのメンバーファームとなっています。神保さんが所属するあずさ監査法人はKPMGのメンバーファームですので、一言で監査DXといってもKPMGグローバルの取組みとあずさ監査法人の取組みとがあるかと思います。最初に、ここ数年で起こっている監査アプローチの変化について、簡単にご教示いただけますでしょうか。

神保　はい。あずさ監査法人では「3C×I」という明確な目標を掲げています。2013年頃、企業のERP（SAPやOracle等）の導入によって、監査にもデジタル的な革新が必要となりました。それを契機に監査にもDXを取り入れる動きが活発になったという経緯があります。3CとはComprehensive Audit（網羅的監査）／Centralized Audit（一元的監査）／Continuous Audit（リアルタイム監査）の三つです。この3Cによる監査業務の高度化・効率化・見える化を通じて、経営者と社会に対してInsightsとImpactを与えていこうという試みです（**図表4-1**）。

前田　あずさが掲げる3Cというのは従来の会計監査のアプローチとは大きく異なるのですよね。

神保　はい。そのとおりです。

Chapter 4　【特別対談】監査DXと税務行政のDX　85

図表4-1　デジタル技術による監査の変革（3CXI）

3Cにより生み出される監査のインパクト「高度化」「効率化」「見える化」は、社会・経営者に対する Insight を提供し、その効果はデジタル監査プラットフォーム「KPMG Clara」上で、貴社関係者にタイムリーに共有されます。

（出所）　有限責任あずさ監査法人作成

　伝統的な監査アプローチでは、決算期末に1年間に生じた取引データから統計学的手法を用いてサンプリングを行い、抽出された取引についてテストをするというアプローチが一般的です。しかし、こういったアプローチでは、サンプリングもれによる監査失敗のリスクがありました。そこでわれわれは取引の全件をシステム上で網羅的に検証し、異常点を発見する新しいアプローチを提案しています。これが、一つ目のComprehensive Audit（網羅的監査）です。

　次に、伝統的な監査アプローチでは、各エンティティで監査したデータを足し上げて財務諸表全体の監査を実施する必要があったために、データの一元的な管理がなされていませんでした。これについては、データを集中的に管理することにより、本社だけで監査手続が完了するアプローチを提案しています。これが、二つ目のCentralized Audit（一元的監査）です。

　さらに伝統的な監査アプローチでは、決算日以降に監査手続が集中しますので、毎期末に膨大な資料をもとに人手をかけて手続を行う必要がありました。これについては、監査クライアントのシステム環境にAuditのプログラムを組み込むことで、取引データをリアルタイムにシステム上で検

証し、異常項目が発生すれば、その時点で通知されるといったアプローチを提案しています。これがContinuous Audit（リアルタイム監査）です。

　われわれは、これらの手続をAIやデータ処理技術を有効に活用し、網羅的・一元的・リアルタイム（3C）に行うことで、監査業務の高度化・効率化・見える化だけでなく、経営者と社会にとってのInsight・Impacts（I）の提供につなげていこうと考えています。また、その過程・結果はKPMGのデジタル監査プラットフォームである「KPMG Clara」上で、監査クライアントの関係者にタイムリーに共有されます。そして最終的には監査DX・経理DXをともに推進することで、KPMGが企業からの信用を勝ち取ることを目標としています。

（前田）　なるほど。大変興味深いことに、いまご説明いただいたアプローチはOECDの「税務行政3.0」で書かれていることにきわめて類似しているように感じます。実は、税務に関しても同様で、税務当局の課税もれだけでなく、利用者側に対してユーザビリティの向上などのDX化のメリットを提示していくことが非常に重要だといわれています。やはり、監査DX・税務DXは切っても切れない関係にありそうです。

　また、神保さんが、監査業務の効率化だけではなく、監査クライアントのニーズにこたえる意味でも、監査DXと経理DXの連携が重要であるということを強調されている点は、とても興味深いです。

（神保）　はい。そのとおりです。監査法人が効果的な監査DXを進めるためには、会社にサポートいただくこともたくさんあります。したがって、監査クライアントにとってもメリットがあると感じていただくことがきわめて重要なことだと思っています。

　近年は、生成AIをはじめとするテクノロジーの進化によって、財務データ・非財務データの有効活用が現実味を帯びてきたことも、さらに監査DXに注目が集まるきっかけになっていると思います。特に、非財務データの活用についてはESG経営に役立ちますから、経営者層から注目が集まっています。

（前田）　なるほど。いま、金融庁でもサステナビリティ開示の義務化や保証

Chapter 4　【特別対談】監査DXと税務行政のDX　87

が議論されていますから、ESG経営とDXというテーマも重要になってきますね。

　具体的にはどういった対応が考えられるのでしょうか？

（神保）　たとえば、会社がESG開示要求事項を適時・適切に収集することを担保するために、KPMGはデジタル技術を駆使したESG対応のプラットフォームを活用して、会社の開示情報に対する保証業務を提供しています。また、会社側の立場に立ってアドバイザリーサービスも提供しています。その際には、会社が必要な情報を収集・分析・開示用に可視化し、加えて、将来的な予測を立てるプロセスにおいて、デジタル技術を有効に活用することを支援しています。

──監査DXによる未来

（前田）　監査DXを進めることにより実現を目指している「未来の監査」の具体例についても、あらためて紹介いただけますか？

（神保）　一例になりますが、AI　transaction scoring（AITS）について説明させていただきます。KPMGでは、闇雲にテクノロジーを活用するのではなく、「不正検知対応」「自動化・効率化」の2点に焦点を置いたプラットフォーム・ソリューションの開発を進めています。従来の監査では、人材や時間による制約の観点から、帳簿数値と証拠書類を突合することなどで、特定の項目に重きを置く監査手続を行っていました（図表4-2）。

　対して、AITSは、財務諸表作成の過程に分析ソリューションを導入することで、監査人による不正・誤謬検知の自動化・効率化をサポートしています。具体的には、すべての仕訳データ・取引データを活用し、ルールベース・統計手法・機械学習により設定されたリスクシナリオをもとに、high/medium/lowの3段階で各取引のリスクを数値化するモデルです。事前に設定した条件や過去のトレンドから逸脱した数値があれば、リスクスコアは高く算定され、監査人は特定された個別案件に対してのみ追加的な手続を実施します。結果として、無作為サンプリングで検証を行う伝統

88　Part Ⅰ　わが国の税務行政のDXの動向

図表 4 − 2　トランザクションレベルでのリスク検知―AITS―

（出所）　有限責任あずさ監査法人

　的な監査アプローチと比較し、圧倒的なリスク評価の精緻化と効率化が実現するわけです。言い換えると、上記の「網羅的監査」「一元的監査」の一例ということになります。

前田　公認会計士は、不正検知された数値に対してリソースを割くことで、監査の効率化・精緻化につながっていくわけですね。この発想は税務調査についても有効活用できそうです。

神保　そうですね。税務関連データは標準化がしやすいですから、個人的にはこういった発想は監査よりも税務のほうがより適しているのではないかと思います。しかしながら、多くのデータを扱うとなると、膨大なデータ処理とインフラ環境の整備が必要になりますので、現状においてはある程度投資余力のある監査法人での活用が前提になるのかもしれません。

──監査DXを進めるにあたっての試行錯誤

（前田） このような監査DXの取組みに関してはさまざまな試行錯誤もあったと思います。そのあたりもお話をできればと思います。

（神保） われわれが本格的な監査DXに手がけたのは約10年前、経理DXとの連携に関する取組みを始めたのは3年前（2021年頃）になります。当時の監査クライアントの一般的な状況は、システムの統一化がなされていないためにデータの標準化・基盤プロセスの整備、それにかかわる人材の育成が不十分であったといえるでしょう。

（前田） なるほど。しかし、情報を収集するにしても、企業側が分散型のシステムではむずかしいのではないか、という話もありましたね。いかに企業側のシステムを単一のシステムに統合し、経理DXを図るのか、という点が大きな課題の一つと認識していましたが。

（神保） はい、そこが大きな課題でした。もちろん、システムが統合されているほうがデータ連携という意味でよりスムーズではありますが、そのためには膨大なコストが必要となります。その点に関して、ここ最近では大きな進展がみられています。経営の高度化につながるデータ分析を実施するにあたって、必要なデータは決まっています。そこで、分析対象グループ会社からその必要データを収集し、データレイク／データベースに貯め込んだうえで、分析生成のための自動データ処理を施す仕組みが一般化されています。昨年われわれが実施したCIT/CTO向けのアンケート結果によれば、70％の企業が「システムは分散されているがデータを活用する仕組みがある」と回答しています。つまり、「システム統合ができないから、データの標準化ができない」という時代は終わりを告げたということです。ちなみに、この処理のことをわれわれは「データの民主化」と呼んでいます。

（前田） 「データの民主化」ですか。分散型システムでもデータをだれでも活用できる状況にある、ということでしょうか。

90 ｜ Part Ⅰ　わが国の税務行政のDXの動向

神保 システムは分散しているが、必要なタイミングで、必要なデータに
アクセス・プロセスする仕組みがあるということですね。たとえば、それ
ぞれ異なる経理システムを使っていたとしても、データレイク上で半自動
的に加工・処理をすることで、分析に活用できるデータに即時変換するこ
とができます。

前田 要するに、システム間の連携をとることで、分散システムでもデー
タ活用できる取組みがなされているわけですね。

神保 そうですね。KPMGも独自のデータレイクの仕組みをもっています
が、昨今ではより企業サイドとの連携を強化しています。

──監査DXの課題と解決策

前田 監査DXの課題についてあらためて確認しておきたいと思います。
現状において監査DXを進めるにあたって最大の課題は何でしょうか。

神保 やはり繰り返し前田さんとも議論してきたとおり、経理DXといか
に効果的に連携できるか、だと思います。ただ、経理DXと一言でいって
も、課題は多岐にわたります。経理・監査のインフラ整備、ソリューショ
ン構築、デジタル人材の育成などさまざまな課題に取り組んでいかなけれ
ばなりません。

　先述したとおり、生成AI等の進展により経理DXは大きく進展しました。
しかしながら、ERPシステム等のデータ活用基盤を導入したところで、収
集された膨大なデータを活用する入口、つまり「データマネジメント」
の段階で躓く企業が非常に多いのが現状です。前述のアンケートでは、
「経理DXの取組を実施している」と回答した企業は7割を超えるものの、
「データを有効活用してDXが進んでいる」と回答した企業は全体の7％に
とどまります。

前田 私もかつて大企業の監査をしていましたが、さまざまなシステムに
多様なデータがあるということを想像すると、「データマネジメント」と
いうのは簡単だけれども、実務的にはきわめてむずかしい問題だと感じま

す。そのあたりはいかがでしょうか？

神保 はい、特に大企業の場合には保有する膨大なデータをいかに利活用していくかが課題です。企業側もいろいろと知恵を絞っているところだと思います。金融機関などでは、データドリブンな意思決定を目的として、柔軟なデータ活用が可能なデジタルツイン環境（クラウド版のコピー環境）を構築しているところもあります。

　また効率化の観点では、ノーコード・ローコードの技術を使って、広く現場でデータ活用ができるような取組みを進めているような企業も多くあります。いずれにおいても、データマネジメント・ガバナンスは重要で、その環境整備のために推進室を設けて取り組んでいるところもあります。

前田 こういったデータは、システム間がAPI連携でつなげられるものなのでしょうか？

神保 もちろん技術的にはAPI連携も可能ですが、かえって柔軟性が損なわれることもあるので、データレイクに取り込んで必要に応じて適切なデータ加工するかたちが想定されます。個々のシステムを統合してデータをAPIにより一本化するのは、実務的にはいまだにむずかしい点があります。

前田 経理DXが成熟しなければ監査DXにつながらないという問題認識は変わらないということなのですね。

神保 はい、経理DXが監査DXの足かせになるとはいいませんが、データの有効活用という点では、経理DXの進展が監査DXの進化に直結することは間違いありません。特に、企業が行うデータドリブン経営もデジタル監査も、利用する元データは基本的に企業が保有するデータだからです。重要なのは、ビジネス上の課題と監査上のリスクを十分に吟味し、目的に応じて、必要なデータを引き出し、必要なかたちで分析できなければ、適切なデータ活用にはつながりません。たとえるならば、「腐った食材を調理しても、腐った料理になってしまう」といったところでしょうか。そのため、経理DXと監査DXが上手に連携して、データ利用に関する互いの効果を最大化していくことが有効なわけです。

92 Part 1 わが国の税務行政のDXの動向

前田 わが国の場合には「システムの統合」「API連携」を主体とするデータの標準化を目指すのではなく、まずはシステム・データベース間の連携をとるために「データの民主化」を進めていこうという方向性も考えられるわけですね。

神保 はい。そのとおりです。

——海外の動向について

前田 ここで監査DXに関して海外の動向についても伺っておきたいと思います。海外の動向はどうなっているのでしょうか?

神保 グローバルはKPMG Claraと呼ばれるデジタル監査プラットフォームの開発を中心としているのに対し、ローカルメンバーファームは(各国の環境にあわせて)そのClara上で走るソリューションの開発を進めています。日本でも効果的に利用できるよう、グローバルプロダクトの開発には、多くの日本人が派遣されて深く開発プロセスに関与しています。同時に日本はデジタル先進国として、KPMG Internationalを引っ張っていく模範的な存在として期待されています。

前田 監査DXに関しては、日本が世界的にも相応のステータスを確保しているのですね。これは特筆すべきことです。どういった理由によるものなのでしょうか?

神保 あずさ監査法人の場合には、2020年2月にベルリンで行われたテクノロジーのステアリンググループに参加したことがきっかけだったと思います。そこで日本のデジタルに関する技術力・推進力が高く評価され、グローバルのデジタル戦略・施策の策定に深く関与することになりました。かつては、Globalで開発されたプロダクトは日本の環境に馴染まず、現場で効果的な活用が進まないというケースが散見されました。現在では、施策案の段階で日本の要望が的確に開発チームに伝えられるとともに、そのプロセスの要所に経験豊かなスタッフを派遣することで、その問題はおおいに解決されています。また、米国・英国・ドイツといったデジタル先進

国との連携も活発に行われています。これらにより、日本の監査DXが大きく進展したといえるでしょう。

前田 日本のデジタルへの取組みが世界で認められたのは素晴らしいことですね。ところでドイツはやはりSAPの存在が大きいのでしょうか？

神保 もちろんそれはあると思います。SAPは日本の多くの大手企業で導入されているERPシステムであり、データ抽出からデータ前加工・分析生成に至るまで、そのデータをどのように活用するかは、あらゆるデータ活用プロセスのモデルになるわけです。ですので、私たちのデジタルに関する開発基盤はドイツのベルリンにありますし、ドイツチームとの連携は活発に行われています。

──監査DXと税務行政DXとの関係

前田 ここからは書籍の目的である税務行政のDXの観点から監査DXを考えていきたいと思います。

神保 実はあずさ監査法人でもKPMGグローバルでも、監査DXの議論の際に、税務も一緒に考えようという議論はするのですが、十分な成果に至っていないというのが実際のところです。KPMGグループでも税務サービスは提供していますし、前田さんがおっしゃるようにDXの目的は似ているので、もっとそういった話になってもおかしくはないのですが、なかなかそうなりません。前田さんと話をしていて、なぜなのかなとあらためて考えています。

前田 なるほど。日本の場合には、公認会計士制度と税理士制度が併存しているという事情もあるかもしれませんが、米国などはBig4が監査も税務も引き受けているようなところもあるので、税務についてもBig4が先導してDXを推進できる環境にありますよね。

神保 もしかしたら監査サービスと税務サービスは少しアプローチやデータ基盤の環境が異なるので、なかなか連携しにくいのかもしれません。いずれにせよ、個人的な意見でいえば、監査よりも税務のほうが、DXとの

94 Part Ⅰ　わが国の税務行政のDXの動向

親和性があるとは思います。税務申告書のフォーマットはある程度標準化されていますから、入力を自動化することや、その結果をAIで分析し学習させることは容易ではないかと思います。

（前田）　税務の場合には、監査と違って、当局が義務化すれば全納税者が従う必要がありますから、そういった意味でもDXを進めやすいともいえますね。

（神保）　本来はそんな気がします。ただ、監査DXもそうですが、DXに関する投資は凄まじい金額になりますから、それが一つの障壁になっているのかもしれません。やはり、税務DXに関しても、だれかがGOサインを出さなければ変革は起きないんですかね。

（前田）　たしかに監査の世界はよくも悪くもBig4による寡占化が進んでいますが、税務に関しては明確なリーダーが不在ですね。そういった事情で、税務DXに関して進展がみられない節があるのかな、という気もします。

（神保）　実は私も税務のプレイヤーに関してはあまり詳しくないのですが、Big4系の税理士法人がリーダーシップをとっているわけではないのですよね。

（前田）　少なくともわが国の場合、国際取引や企業再編など高度な案件についてはBig4などに相談するかもしれませんが、会計監査を受けているような大企業の場合には、社内税理士や税務に精通した経理担当者が、ERPなどから必要なデータを抽出して対応しているのが現状ではないかと思います。

　一方で、中小企業では税理士にアウトソーシングしているケースが多いのではないでしょうか。各々の税理士が会計ソフトを使い分けていますので、どの主体がDXのリーダーシップをとっているのかというと、なかなかむずかしい側面があると思います。

　そういう意味では、明確なリーダーシップをとれるとすれば、やはり当局である国税庁ということになるのでしょう。一方で、国税庁は政府ですから、大企業から中小企業まであらゆる規模、業種の納税者に対して公平

Chapter 4　【特別対談】監査DXと税務行政のDX　95

な施策をとらなければなりません。結局、なかなかフットワーク軽くは動けないという悩みもあるでしょう。

神保 やはり、そうですね。とはいえ、繰り返しになりますが、監査よりも税務のほうが、標準化がしやすくDXに適していると感じます。監査DXの課題は経理DXとの効果的な連携にあります。また、前田さんもご指摘のとおり、会計監査は税務行政の一翼を担っているわけです。会計監査においては、クライアントに対して経理DXを強制することはできませんが、税務行政においては強制力をもつことが可能です。

そういった意味では、公認会計士や監査法人も税務当局と連携して、経理DXを進めていく取組みをしていく必要がありそうですね。監査DX対応のみの経理DXですと、企業サイドも二の足を踏みますが、税務対応も必要ということになれば、一歩を踏み出しやすくなると思います。結果的に税務DXが進展してDXによるメリットを示せれば、クライアント側も監査DXに協力的になるのではないかと考えています。

前田 今回のお話を伺って「監査は強制力がない。税務については強制力がある」という点が最大の違いであると感じました。たとえば、法定監査では、経理DXは必ずしも必須ではない。しかし税務行政においては、「経理DXができない企業には青色申告の特典をつけない」などの施策を講じることも可能ですし、最終的には強制することも可能です。昨年（2023年）10月にはインボイス制度が導入され、今年（2024年）1月からは電子帳簿保存法の本適用も始まりました。行政が強制すると、DXは急速に進みます。税務行政と公認会計士・監査法人の官民連携により経理DXを推進していくことが、監査DX・税務DXを実現するためには不可欠なのかもしれません。

神保 はい、監査DXの場合には、クライアントにとってメリットを感じてもらえなければなかなか話が進みません。税務上のメリットがあるということになれば、経理DXも大きく進展するでしょう。DX推進のために、官民連携はきわめて重要だと思います。

前田 本日はどうもありがとうございました。引き続きよろしくお願い

2024年3月15日撮影：神保桂一郎氏（写真右）、
前田順一郎氏（写真左）

たします。

神保 こちらこそ、ありがとうございました。引き続きよろしくお願いいたします。

Part II

税務行政DXの展開とその重要性

Chapter 5

税務行政DXの海外動向

独立行政法人国際協力機構（JICA）
国際協力専門員（公共財政／税務）
久下 哲也

 はじめに

　過去10年以上にわたり、世界の税務当局は紙ベースあるいは対面ベースの制度・手続からより広い社会で起こっているデジタル革命を受け入れるべくデジタル化・DXに資源を投入してきている[1]。こうした動きは国や経済の発展度合いを問わず開発途上国でも同様で、その多くで税務行政を進めていくうえでの課題に対応するための革新的なデジタルソリューションの構築を求めているところである。

　本稿の筆者は日本の政府開発援助（ODA）を一元的に実施する機関であるJICAにおいて税務行政を通じた途上国の経済安定化と成長への支援を担当しており、日本の国税庁との協力に加え、国際通貨基金（IMF）、世界銀行、経済協力開発機構（OECD）、国連開発計画（UNDP）、アジア開発銀行（ADB）

1　OECD (2023) Tax Administration 2023: Comparative Information on OECD and other Advanced and Emerging Economies.

などの国際機関との連携・協調や他国ODAとの関係のなかでみえてくる税務行政DXの海外動向について述べていくこととする。

税務行政DXを進める背景、動機、目的としてはさまざまな整理がありうるところ、

・課税ベースの拡大あるいはより効率的な徴収を通じた歳入の拡大
・プロセスの簡素化、より安価でアクセスしやすい納税者とのデジタルチャンネルの利用、セルフサービス的なアプローチへの移行、効果的なデータ活用による当局リソースの有効活用などを通じた税務行政の効率性と有効性の向上
・納税者の生活およびビジネスプロセスと納税プロセス（手続）の融合による納税義務遵守の容易化、納税者事務負担の軽減
・最も大きな政府機能の一つである税務行政のデジタル化を推進することで政府および社会全体のデジタル化の広範な推進、さらには新たな経済成長機会の提供

といったものが代表例とされよう[2]。

こうした背景・目的のもと税務行政において具体的にどのようなデジタルテクノロジーが導入され、現在の普及状況はどうなっているのかみていきたい。

2 各国におけるデジタルテクノロジーの導入状況

図表5－1は税務行政に係るデータを国際的に調査・収集する枠組みであるThe International Survey on Revenue Administration (ISORA)[3]により、

---

[2] OECD (2021) Supporting the Digitalisation of Developing Country Tax Administrations, Forum on Tax Administration, OECD, Paris.

[3] ISORAはInter-American Center of Tax Administration (CIAT)、IMF、Inter-European Organisation of Tax Administration (IOTA)、OECDの4国際組織が合意した調査事項に基づき実施され、2016年以降についてはアジア開発銀行（ADB）がアジア・太平洋地域の調査対象国をサポートしている。直近のISORA 2022への参加国は165カ国。調査対象項目や調査結果についての詳細はウェブサイト（https://data.rafit.org/）で確認できる。

有意なデータを得られた146カ国について、納税者登録および申告のオンライン化割合や電子インボイス・EFDs（Electronic Fiscal Devices）[4]の導入状況をグラフにしたものである。

図表5－1の1および3と4のグラフの対比にも表れているように、税務手続・申告のオンライン化では低所得国・新興国と先進国の間に開き、あるいは経済発展に比例的な関係がみられる一方で電子インボイスやEFDsの導入では低所得国・新興国が先進国より高い割合を示していることが確認できる。

OECDの「税務行政3.0」（2020）で指摘されている「自発的コンプライアンス」を促進する側面でのデジタルテクノロジー導入では先進国がリードしているものの、現在の税務行政システムの構造的限界を打破する可能性を有するテクノロジーの導入においては部分的とはいえ、途上国・新興国でリープフロッグ現象が起こっているともいえるかもしれない。

図表5－1出所元のIMF Note 2023/008ではブレークスルーにつながりうる新たな技術の採用状況についてもグラフで示しており、図表5－2のとおりデジタルIDやブロックチェーンの導入割合では新興国・低所得国が追いつき、追い越そうとしていることが垣間見えるところである。

3　デジタルテクノロジー導入事例

IMF Notes 2023/008では、国内歳入の確保という課題に向き合う低所得開発途上国におけるデジタルテクノロジー導入のケーススタディやその効果に係る研究があげられている。そこで取り上げられているテクノロジーについて、個別に概観しつつ途上国税務行政への技術協力経験からみえてくるものを付記していきたい。

---

[4] 直訳すると「電子会計装置」となるが、実態は公認POSレジスターといったもの。小売取引等を税務当局が把握する目的で1980年代後半から欧州で導入がみられ、今日ではアフリカを筆頭に新興国・途上国での導入事例が増えている。適切な訳語が当てづらいため、本稿ではEFDsと表記している。

図表 5 − 1　電子申告、電子インボイス、EFDsの採用割合（パーセント）

1．オンラインで納税者登録が可能な国の割合

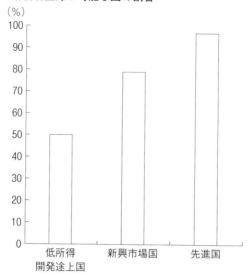

2．2014〜19年　税目別オンライン申告割合

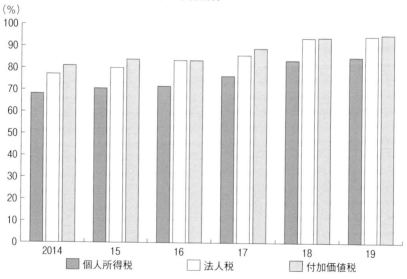

3．2019年　税目別オンライン申告割合

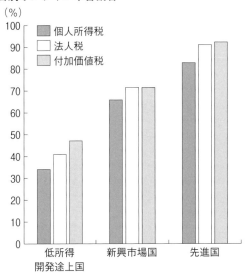

4．電子インボイス、EFDs利用割合

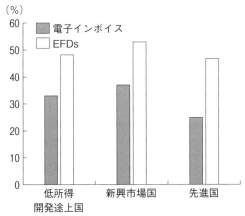

（出所）　Nose, Manabu, and Andualem Mengistu (2023) "Exploring the Adoption of Selected Digital Technologies in Tax Administration: A Cross-Country Perspective." IMF Note 2023/008, International Monetary Fund, Washington, DC.（凡例筆者訳、低所得開発途上国（LIDCs）、新興市場国（EMEs）、先進国（AEs）はIMF「財政モニター」（Fiscal Monitor）の区分によるもの。それぞれの国数はLIDCs40カ国、EMEs70カ国、AEs36カ国となっている）

Chapter 5　税務行政DXの海外動向　105

図表 5 − 2 　各国歳入当局の新技術導入状況（パーセント）

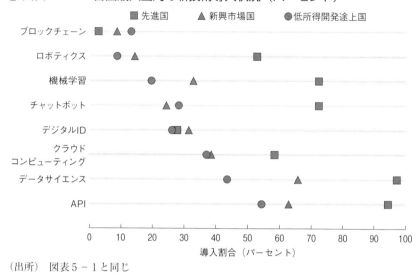

(出所)　図表 5 − 1 と同じ

(1)　電子納税者登録

　税務当局の能力強化、あるいは適正な税務行政の執行を目指す、また技術協力を通じてそれらの実現を支援していくにあたり、税務行政はどのような機能によって構成されているか、それら機能のなかでも何が中心的機能であるかという整理が進められてきている。

　そうしたものの代表例として**図表 5 − 3**の中核的税務行政機能の概念図があげられる。

　初出時のOECDレポート「Tax Administration 2017」の取りまとめに協力した55カ国の税務行政の主要機能を取りまとめたこの概念図は必ずしも日本をはじめとする個別国の税務行政機能や事務プロセスにそのまま合致するものではないが、税務行政のDXを扱ったOECDの「税務行政3.0」(2020)でもその冒頭で引用されており、税務行政活動から中核的機能を抜き出して整理したことに加え、機能・事務を時系列で整理・可視化した点で意義があると考えられる。

　この**図表 5 − 3**にも示されているように、あらゆる税務行政事務の基本と

▌図表5－3　中核的税務行政機能の概念図

納税者サービス・教育

・事前対応的および事後対応的サービス　　・セルフサービス

・納税者教育　　　　　　　　　　　　　・インターネットサービス

納税者登録	申告・納付処理	事後検証	催告・徴収	不服処理・救済
・登録手続 ・登録情報更新	・申告書受付・処理 ・納付受付・処理	・税務調査 ・データマッチング ・査察調査 ・無申告チェック	・未提出申告書 ・未払税額	・租税紛争 ・司法解決

支援的要素

・コンプライアンスリスクマネジメント　　・データマネジメント

・データアナリティクス　　　　　　　　　・テクノロジー

（出所）　OECD（2017）Tax Administration 2017: Comparative Information on OECD and Other Advanced and Emerging Economies, OECD Publishing, Paris.（筆者訳）

して納税者登録、言い換えれば納税者名簿の整備・拡張に着目した取組みが以前よりなされてきている。税務行政への技術協力においても、より幅広く納税者名簿に登載していくことで納税者ベースの拡大が図られるとして、ウェブサイトを通じた登録など電子納税者登録の導入を含め、納税者登録機能の強化に取り組むプログラムが数多く実施されてきた。

　しかしながら、IMF Notes 2023/008がケーススタディとして示しているシエラレオネやセネガルでは、電子納税者登録の導入が歳入あるいは税務行政のパフォーマンスにプラスに働いたと証拠づけられるのは資産税（財産課税）分野のみであり、その他の税目への貢献は裏付けがとれないとされた。

　納税者登録に注力した取組みについては、ほかにも主にアフリカにおける実施結果のレビューや研究において期待していたような成果がもたらされなかったとされる報告が見受けられるようになっている[5]。

　JICAが実施するアジアでの技術協力の現場でも、納税者登録を電子的に受け付ける窓口の整備をはじめとする積極的な納税者登録勧奨の結果、納税申告につながらない膨大な休眠納税者（dormant taxpayer）を抱える結果に

5　Gallien, M. et al.（2023）'Why mass tax registration campaigns do not work,' ICTD policy , Brighton: Institute of Development Studiesなど。

至り、登録納税者数に対する申告提出割合が50％を切るなどといった状況にしばしば遭遇しており、先の研究・報告とも状況は一致している。

図表5－3でも示されるように、税務行政の機能は相互に関連して、あるいは前工程・後工程の関係のもと処理されるところ、マスターデータである納税者登録情報は関連・後続する事務の目的から必要とされる範囲をカバーしつつも、常に正確性を保てるようにメンテナンス・アップデートが必要となる。電子的納税者登録は登録手続に要する手間や時間といったコストを大幅に削減する一手段ではあるものの、データのエントリーポイントだけを強化することによる効果は限定的となるばかりでなく、データをメンテナンスする事務が組み込まれていなかったり、メンテナンスが追いつかなくなったりすることで弊害を生じてしまう例がしばしば生じていると考えられ、そのような状況への対応としてより全体最適化に資するような取組みについても技術協力の枠組みで貢献できないか検討を進めているところである。

また、こうした納税者登録そのものに注力した取組みの結果として新たに登録される納税者はそのほとんどが課税所得、課税対象取引としては小規模な納税者で占められることが多いとされている[6]。

納税者登録情報に係るデータマネジメントが適切に実施できるようになったその先には、歳入への貢献割合としては限定的な一方で、対象者数としては膨大となる納税者セグメントにどのように対処していくかという課題が待ち受けることとなる。

こうした課題に対応する税務当局をサポートするため、JICAはモンゴル税務当局と新たな試みとなるプロジェクトを開始した[7]。

モンゴルでのJICAプロジェクトの概要は本節後半で触れることとし、続いてはモンゴルでも導入されている電子申告、電子インボイスといったテクノロジーについて順次触れていきたい。

6　Gallien, M. et al.（2023）'Catch Them If You Can: the Politics and Practice of a Taxpayer Registration Exercise,' ICTD Working Paper 160, Brighton: Institute of Development Studiesなど。

7　モンゴル「ビッグデータを活用した税務行政能力向上プロジェクト」 https://www.jica.go.jp/information/press/2023/20230815_31.html

⑵　電子申告

　各種税目に係る申告の受付をデジタル化する電子申告は、すでに各国税務行政で広く導入が進んでおり、国際的な議論でも電子申告が導入されているか、というステージから税務当局が受け付ける申告のうちどれだけの割合がデジタルチャンネル（＝電子申告）によるものか、というステージに移行している。

　低所得開発途上国、新興市場国、先進国というグループごとの電子申告割合をIMF Notes 2023/008からの引用として**図表５－１**で示している。またその元データはISORAのウェブサイト（https://data.rafit.org/）にて確認およびダウンロードが可能である。

　これまで電子申告の導入目的や期待される効果として主に掲げられてきたものは税務当局窓口へ出向いて申告書を提出することの手間・時間といったコストの削減[8]や納税者と税務職員が対面で接触することによる不正（賄賂の要求等）防止といった側面[9]であった。

　タジキスタンでも納税者の税務コンプライアンス・コスト、汚職および脱税の機会それぞれの低減を目的として2012年に電子申告が導入されている。当初は導入の周知が行き渡らなかったり、システムへの信頼が低かったり等の理由で普及が進まなかったものの、ランダムに選んだ納税者に対し集中的に周知・説明を実施したところ、対象納税者については40％の税務コンプライアンス・コストの削減と申告・納税リスクの高い納税者について税額が増加するという効果がみられたという。一方で、もともと申告・納税リスクの低い納税者層の税額が減少した結果、税収総額について意味ある増加はみられなかったと分析されている。この結果については、対面での申告時に悪意ある納税者は税務職員への賄賂提供により納税義務を減少させる一方、歳入目標という、いわばノルマを設定された税務職員が特定の納税者層に対し多

8　OECD（2023）Tax Administration 2023: Comparative Information on OECD and other Advanced and Emerging Economies, OECD Publishing, Paris.

9　Okunogbe, Oyebola, and Victor Pouliquen（2022）"Technology, Taxation, and Corruption: Evidence from the Introduction of Electronic Tax Filing." American Economic Journal: Economic Policy, 14（1）: 341-72.

額の負担を課していた可能性があるという、途上国あるいは未成熟な税務行政固有の背景があると指摘されている[10]。こうした状況は例にあげられているタジキスタンに限られない、というのが技術協力現場における経験でもある。

　こうした歳入目標ドリブンともいえる税務行政運営の弊害に対し、日本の税務行政分野における技術協力は対象国の歳入基盤強化と並行して投資・ビジネス環境整備を通じた経済成長の実現を掲げ、公正な税務行政運営実現にも寄与することを目指している。相手国政府、当局の要請に基づき技術協力案件を組成し、その実施にも相手国当局の協力が不可欠である技術協力において、これらを両立していくことは容易ではないが、歳入目標ドリブンからデータドリブンな税務行政への転換というアプローチがその両立につながる道筋ではないかとして期待しており、前述のJICAモンゴル税務新規プロジェクトや税務行政におけるビッグデータ活用を試みたJICAパイロット実証調査[11]などの成果を生かした貢献も目指しているところである。

　上述のとおり、電子申告導入は非対面的手続の効果として期待されるコスト削減や汚職の防止が当初目的の主たるものであり、したがってそこで交わされるデータが構造化されかつ標準化されたものであるかどうかという論点はさほど重視されていなかったように思われる。

　その後、一定程度の電子申告および後述の電子インボイス導入が進んだ現在では税務当局による多様なデータの入手、データマネジメントを前提とした事前記入済申告（pre-filled return）に議論の関心が移ってきている感がある。しかしながら、単に対面的手続の電子化の延長線上に事前記入済申告の実現が待ち受けているわけでは必ずしもなく、その過程においてだれが、どの時点で、どの情報を税務当局に提出する必要があるとするのか、それらをどのように設計することが合理的であり、またその合理性の実現には法制度

10　Nose, Manabu, and Andualem Mengistu（2023）"Exploring the Adoption of Selected Digital Technologies in Tax Administration: A Cross-Country Perspective." IMF Note 2023/008, International Monetary Fund, Washington, DC.

11　全世界「ビッグデータを活用した税務行政支援パイロット実証にかかる情報収集・確認調査」https://openjicareport.jica.go.jp/395/395/395_000_1000051811.html

と行政事務およびテクノロジーそれぞれに何が求められるのか、といった問いへの解を模索することが必要となる。

次に、OECDの「税務行政3.0」(2020) Chapter 1「おわりに」でも提起されているこうした問いを遠い将来のものではなく、いまの時代の議論に引き寄せた一つの要素ともいえる電子インボイスと、電子インボイスの実現がまだ夢物語であった時代に末端小売取引等の記録・報告の網羅性・正確性を高めようと生み出されたEFDs（Electronic Fiscal Devices）の現代的な位置づけをそれぞれみていくこととする。

(3) 電子インボイス

インボイスは売り手と買い手間の重要な法的文書であると同時に税務上、特に付加価値税・消費税に関連する情報を記録する重要な税務会計書類として用いられてきている。

何をもって電子インボイスあるいはデジタルインボイスとするかはその用途や想定するデジタルテクノロジーの発展フェーズによって異なりうるため、OECD「Tax Administration 3.0 and Electronic Invoicing: Initial Findings」[12]でも引用している米州開発銀行（IDB）および米州税務行政センター（CIAT）の定義[13]と同様に、「既存の紙の請求書をさまざまなフォーマットで電子化したもの」というあたりを本節記述の出発点としていきたい。

インターネット普及以前より経済合理性の観点から、インボイスの授受を含む取引データの電子化はEDI（Electronic Data Interchange）として実現されていた。しかしながら、TCP/IPというインターネット標準の通信プロトコルが存在しない世界では通信確立の手順から定めていく必要、あるいは付

---

[12] OECD (2022) Tax Administration 3.0 and Electronic Invoicing: Initial Findings, OECD Forum on Tax Administration, OECD, Paris.

[13] そこでは「発行者、受領者、利害関係者である第三者にとって、あらゆる状況において、またあらゆる関係者にとって、紙の請求書と同じ目的をもつ、電子形式で存在する請求書。別の言い方をすれば、ある企業の商取引を電子形式で記録する文書であり、商取引、民事取引、金融取引、物流取引、そして間違いなく税務の各分野において、適用されるすべての状況、プロセスのすべての関係者にとって、真正性、完全性、可読性の原則を満たすものである」（筆者訳）と定義されている。

加価値通信網（VAN）を利用する必要があり、企業系列や業界といった単位内での電子化に長らくとどまることとなった。

結果として、税務コンプライアンス目的あるいは対政府等公的機関との取引効率化等の目的で電子インボイスの利用を義務づけた国々が社会経済全体への幅広い電子インボイスの普及を実現しているようである[14]。

たとえば、ペルーでは2000年代初頭より電子インボイスが導入されたものの、任意適用であったため広く支持されることはなく、紙ベースのインボイスが一般的な状況が続いた。その後、ペルー当局は2013年に紙ベースのインボイスから電子インボイスへの移行を大企業および特定セクターから段階的に義務づけた。その結果幅広い普及を実現するとともに、ペルーでは電子インボイスにより課税売上高の申告が6.6％増加する一方仕入税額控除も4.5％増加し、最終的に納付すべき付加価値税額の7.2％増加をもたらした。納付すべき付加価値税額増加への電子インボイスの影響は小規模企業でより大きく現れ9.7％の増加を示している[15]。

なお、ペルーを含めラテンアメリカ諸国の電子インボイス制度ではインボイス記載情報がすべて税務当局へ転送・報告される継続的取引管理（Continuous Transaction Control、CTC）方式が採用されており[16]、メキシコ、コロンビアおよびペルーではインボイスデータの受付・管理を認定認証プロバイダー（Authorized Certification Providers）という多数の民間事業者が担う一方、その他のラテンアメリカ諸国では政府が直接その役割を担う方式が採用されている[17]。

このように構造化かつ標準化されたデータの受渡しを可能とする電子イン

14　Federal Reserve Bank of Minneapolis Payments, Standards and Outreach Group (2016) U.S. Adoption of Electronic Invoicing: Challenges and Opportunities.

15　前掲・注10

16　Raul Zambrano（2022）"Stakeholders in the digitalization journey" https://www.oecd.org/tax/forum-on-tax-administration/publications-and-products/CIAT-stakeholder-presentation%202021.pdf

17　Barreix, Alberto; et al.（2018）"Electronic Invoicing in Latin America: English Summary of the Spanish Document", Inter-American Development Bank and Inter-American Center of Tax Administration.

Part Ⅱ　税務行政DXの展開とその重要性

■ 図表5－4　電子インボイス制度の類型例

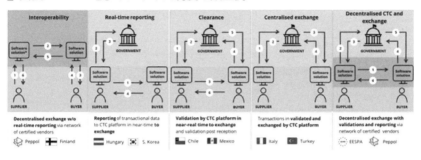

（出所）　Paradivskyy, Nazar; et al.（2022）"A Next Generation Model for Electronic Tax Reporting and Invoicing", billentis GmbH, https://www.billentis.com/assets/reports/Next-Generation-CTC.pdf

ボイスシステムを導入した国々では多様なデータ活用の機会がもたらされており、チリでは2017年より付加価値税申告について課税売上高と仕入税額控除額が事前に計算・記載される事前記入済申告（pre-filled return）が導入されている。このような取引単位かつほぼリアルタイムなデータを税務当局が利用可能となる環境を電子インボイスが牽引するかたちで実現され始めていることが「税務行政3.0」（2020）が提起する問題意識や将来像の議論の起点になっていると思われる。

一方で、電子インボイスを導入しているとする国々すべてがこうした構造化かつ標準化されたデータの受渡しを実現できているわけではないのが現状である。

図表5－5はOECDの電子インボイスプロジェクトが2021年に実施した各国税務当局に対するアンケート調査結果に基づくものである。回答税務当局数（国数）は71カ国とされているものの国名リストは明示されていない。なお、OECD加盟国におけるデータフォーマット要件については別途OECD「Consumption Tax Trends 2022」で国ごとの確認が可能である[18]。

紙ベースのインボイスから一気に構造化された標準データフォーマットに

図表５−５　電子インボイスとみなされる書類（当該フォーマットを電子インボイスとみなす税務当局の割合）

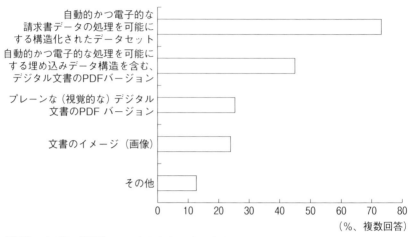

（出所）　OECD（2022）Tax Administration 3.0 and Electronic Invoicing: Initial Findings, OECD Forum on Tax Administration, OECD, Paris.（筆者訳）

よる電子インボイスへ移行する際には事業者・納税者側および税務当局側双方でのシステム対応、投資が必要となるなどさまざまな障壁に直面することから、簡便な電子化も容認する方針をとる国も多いことが表れているように思われる。

図表５−６もOECDによる71カ国への調査結果であり、2021年時点で電子インボイスデータをシステム的に収集している税務当局は半数に満たないこと、またその理由が**図表５−７**で示されている。

電子インボイスの導入状況はOECD加盟国でも状況にはばらつきがあり、強制適用としているのは10カ国のみ、うちオーストリア、ポルトガル、フランスは対政府取引（B2G）にのみ強制適用（フランスは2024年より順次強制適用範囲拡大予定）、韓国、メキシコ、ノルウェー、トルコはB2BおよびB2Gに強制適用となっている。B2C、B2B、B2Gにまで（OECD加盟国において）強

18　OECD（2022）Consumption Tax Trends 2022: VAT/GST and Excise, Core Design Features and Trends, OECD Publishing, Paris, Annex Table 2.A.11. Digital Reporting Requirements.

▎図表５－６　電子インボイスデータをシステム的に収集している税務当局

システム的に収集している税務当局（Yes）および収集していない（No）税務当局の割合

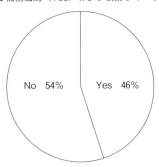

（出所）　図表５－５と同じ

▎図表５－７　電子インボイスデータをシステム的に収集していない理由
　　　　　（複数回答）

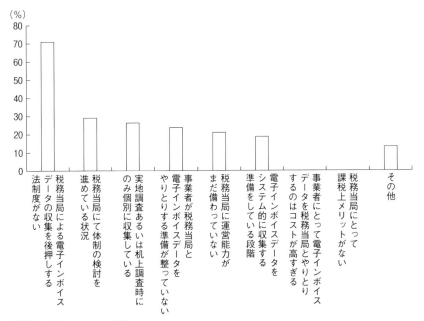

（出所）　図表５－５と同じ

Chapter 5　税務行政DXの海外動向　115

制適用としているのはチリ、コロンビア、コスタリカおよびイタリアのみである。

　図表5−7に表れているように、電子インボイス情報を税務当局がシステム的に収集することに対し、税務行政上メリットがないと考える税務当局や事業者側のコスト負担が重大な障害となりうるとする税務当局はほぼ皆無であるといえる。一方で、多くの国で現在の税務・財務・会計制度が一定期間の取引をまとめて報告する前提（Periodic Transaction Controls、PTCs）となっていることに対し、こうした電子インボイスさらには財務会計データ等を取引単位で報告することを求める取引単位報告（Transaction-Based Reporting、TBR）といった枠組み、また関連するデータ収集権限をサポートする法制度が存在しないことをハードルと考える税務当局が多いことが示されている。

　こうした課題は税法のみならず、会計制度やデータセキュリティ等租税政策に隣接する他分野の政策とも歩調をあわせる必要がある点で解決の難易度が高いものとなっている。技術協力の現場でも同様の、あるいはこうした課題にさらに未成熟なITインフラといった課題もあわせて検討を要する状況にある。JICAの技術協力においても税務行政執行のみを軸足としたところから租税政策まで視野を広げる努力、また二国間援助単独での課題解決のみならず国際機関等との連携などより大きなリソースを動員する必要性がますます高まっていくものと考えているところである。

⑷　EFDs

　Electronic Fiscal Devices（EFDs）という用語は歳入当局が経済取引の監視に利用する多種多様なテクノロジーデバイスを指す（**図表5−8**）。こうしたデバイスは関税当局がコンテナの通行を監視するために使用する電子インテリジェントシールや物品税の管理目的のため課税対象物品の生産から流通を監視する装置など多岐にわたるが、本節では主に付加価値税・消費税に関連するB2CおよびB2B取引を税務当局が監視するために使用する装置を想定する。この目的のための機器の重要な要素は「財政メモリ」（Fiscal Memo-

図表 5 − 8　EFDsの例 (IMF Working Paperより)

（出所）　Casey and Patricio Castro (2015) Electronic Fiscal Devices (EFDs) An Empirical Study of their Impact on Taxpayer Compliance and Administrative Efficiency, IMF Working Paper WP/15/73, International Monetary Fund.

ry) と呼ばれる、関連する当局によって認証されることが一般的な改ざん防止メモリが搭載されているところにあった。

　こうしたEFDsを取引監視のため最初に用いたのがイタリア当局で1983年に採用を始めたといわれている。その後、地中海沿岸（イタリア、ギリシャ）・南米（アルゼンチン、ブラジル）・東アフリカ（ケニア）という三つの地域クラスターを中心として周辺諸国にその採用が広がっている。

　導入の目的としては取引記録の適切な保存、記帳といった税務コンプライアンスの前提となる納税者のバックオフィス業務が脆弱な小規模・零細事業者、あるいは証跡が残りにくい現金取引の割合が高いセクターの取引情報を確保、入手し、税務コンプライアンスレベルの向上に活用することがあげられる。こうしたデバイスをネットワークで税務当局と接続すればTBRを実現することも可能であり、2014年の時点でもすでにいくつかの税務当局がモバイルネットワークやVANを通じデータを入手する体制を構築していた。

　このような税務当局の期待を背景に低所得開発途上国でEFDsを導入する国が増加したが、当初想定されたような効果を生み出すには至っていないとの評価が一般的である[19]。

　当初よりEFDsと税務当局システムとのネットワーク接続を確立できたような税務当局を除き、税務当局側でのデータマネジメントに必要なインフラ

---

[19] Casey and Patricio Castro (2015) Electronic Fiscal Devices (EFDs) An Empirical Study of their Impact on Taxpayer Compliance and Administrative Efficiency, IMF Working Paper WP/15/73, International Monetary Fund.

やスキルが整っていない多くの途上国ではEFDsが収集・記録する情報をコンプライアンスリスクマネジメントに活用できていないことが多いと考えられる。何よりEFDsは納税者の手元で、かつスタンドアロンで動作するため取引相手との検証や第三者認証等のメカニズムが働かず、EFDsを通さない取引といったものまで防止、検知することは不可能である。加えて、「財政メモリ」の改ざん防止機能を無力化する不正プログラムの存在も明らかになっている[20]。

このようにEFDs導入という施策単独では期待されるような効果を生み出すに至っていないものの、導入された国ではすでに一つのインフラあるいは実務として定着している。

EFDsを電子インボイスシステムの一端末として構成するようなソリューションが出てくると、EFDsがスタンドアロンで動作することから生じる課題を克服しうると考えられる。電子デバイスによる実務が存在するEFDs導入国と紙ベースのインボイスの国において電子インボイス導入過程にどのような違いが生じていくか注目していきたい。

4 JICAの税務行政DX支援

JICAは、複雑化する開発課題に挑むため、20の「JICAグローバル・アジェンダ（課題別事業戦略）」を設定し、なかでも重点的に取り組む事業のまとまりを「クラスター事業戦略」として、取組みを強化している（**図表5－9**）。そのグローバル・アジェンダの一つである「公共財政・金融システム」では「国家財政の基盤強化」[21]を掲げ、税務行政への協力を通じた開発効果の発現に取り組むとともに、課題分野横断的に途上国で取り組むすべての事業でデジタル化を図る「JICA DX」を推進している[22]。

20　OECD (2013) "Electronic Sales Suppression: A threat to tax revenues", OECD Publishing, Paris.
21　https://www.jica.go.jp/Resource/activities/issues/economic/ku57pq00002cy648-att/economic.pdf
22　https://www.jica.go.jp/about/dx/

■ 図表5－9　JICAグローバル・アジェンダ　公共財政・金融システム
　　　　　　国家財政の基盤強化クラスター

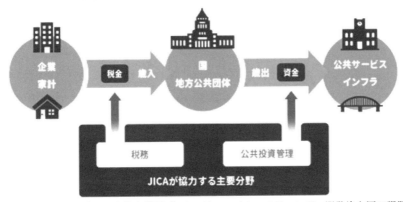

（出所）　独立行政法人国際協力機構「JIC グローバル・アジェンダ―開発途上国の課題に取り組む20の事業戦略」NO.13

　前節でもみてきたとおり、税務行政におけるDXは必ずしも特定のテクノロジーを導入することで実現に近づけるとも限らない。このため、JICAでは2021年にデータドリブンな税務行政実現の支援可能性を検討するための基礎情報収集・確認調査を実施した[23]。

　本調査の報告では、デジタル、データを活用した税務行政の変革＝DXへ向かうためには事務プロセスの見直しや電子化・自動化により構造化されたデータを収集できるようになること、またそうしたデータを蓄積・分析するための基盤を整えることが重要となると指摘されている。

　こうした調査から得られた示唆やJICAがこれまで実施してきた税務分野における技術協力の経験・強みを生かすかたちでその後の案件形成に取り組んでおり、インドネシアでは既存のデータソースとデータ収集手段では得られない構造化データをデジタル技術の活用により収集、さらにAIによるデータソース間のマッチングを行い高度な課税資料を生成するパイロット実証を実施[24]、タンザニアでは中規模法人のコンプライアンスリスクマネジメント

---

[23]　https://openjicareport.jica.go.jp/pdf/1000047214.pdf
[24]　前掲・注11

Chapter 5　税務行政DXの海外動向　119

に係る基礎的なデータマネジメントプロセスを関連事務に実装することを盛り込んだ技術協力プロジェクトを実施中である。

　1990年代後半から20年以上にわたり税務行政分野の技術協力を実施してきたモンゴルにおいては、近年のモンゴル政府によるe-Mongoliaといった電子政府構築に向けた取組みにより、税務当局内のデータ基盤やデータ分析環境も大幅な進展を遂げている。そこでこれらの環境を生かし、これまで大・中規模事業者にリソースが割かれていたコンプライアンスリスクマネジメントを小規模・零細事業者に対しても機械学習モデルの活用などにより充実させるとともに、介入が必要な小規模・零細事業者への初期コンタクトと納税者からの応答受付を自動化するシステムおよび事務手続を既存の納税者サービスおよび税務調査事務に統合させるかたちで実装する改革の支援を開始したところである。

　本稿で引用した研究のみならず、財政分野での政策提言・技術協力は行政執行の公正さというものが定量的に把握しづらいこともあって歳入への貢献に焦点が集まりがちである。

　データドリブンな税務行政は日本が誇る「適正・公平な課税の実現」の理念を途上国、新興国でも展開する今日的な道筋の一つになるという信念のもと、同じく大きな変革のタイミングを迎えている国際課税制度見直しといった税制・税務行政他領域の支援とあわせ、歳入への貢献と公平・公正さのバランスのとれた各国税務行政運営に国際協力の現場からも貢献していきたい。またそうした取組みに一人でも多くの方から関心を寄せていただけ、より意義のある貢献へのご意見、またご参画をいただけるようになれば望外の喜びである。

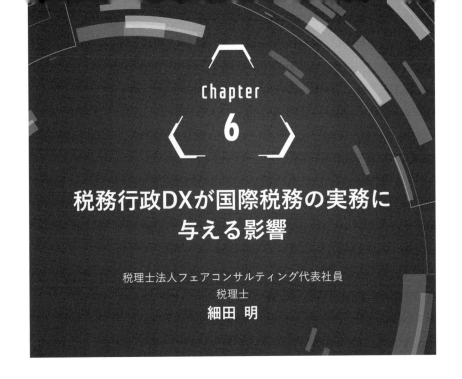

Chapter 6

税務行政DXが国際税務の実務に与える影響

税理士法人フェアコンサルティング代表社員
税理士
細田 明

 はじめに

　従来ビジネスにおいては、取引が紙で記録され実物が存在することが多い。このような伝統的取引に対する税務調査手法は、ヒト、モノ、カネの足跡を記録した紙や現物の動きをベースに所得を確認する方法が有効であり、日本国税務当局をはじめとする多くの諸外国税務当局の典型的な税務調査手法として実施されている（**図表6-1**）。

　このような状況にあって、Eコマース、シェアリングエコノミー等のビジネスモデルのデジタル化、暗号資産等による決済手段のデジタル化、商品そのもののデジタル化などの出現によって、従来の紙を中心とした税務調査手法では限界があることは明らかである（**図表6-2**）。

　特にビッグデータが集まるプラットフォーマーは、海外の事業者である場合も多く、税務調査において、海外の事業者に対して調査権限が及ばず、取引情報が収集できないなど、デジタル取引に関する税務調査の実施がいっそ

図表6−1　伝統的な取引形式に対する税務調査の確認対象データの例

(出所)　筆者作成

図表6−2　デジタル取引に対する税務調査の確認対象データの例

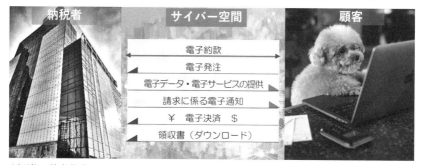

(出所)　筆者作成

う困難となっている。

　本稿では、このような国境を越えるデジタル取引が進展した現代社会にあって、税務当局には、これらのデジタル取引に対応するための税務行政DXが求められているが、その取組みの一つと考えられる有効な課税資料の生成と調査選定の業務分野に焦点を当てて述べることとする。

2　税務行政DX化が目指す有効な課税資料の生成と調査選定

　デジタル化の進展によって成長したシェアリングエコノミーへの対応とし

ては、税務当局によるBAツール・プログラミング言語を用いた幅広い統計分析・機械学習等の手法により、申告もれの可能性が高い納税者の判定や、滞納者の状況に応じた判別を行うことなどによる、課税・徴収の効率化・高度化が有効とされており、国税庁「税務行政のデジタル・トランスフォーメーション—税務行政の将来像2023—（2023年6月23日）」においてもこのことが示されている。

　具体的には、納税者から提出された申告内容や税務調査の事績、法定資料等の情報のほか、民間情報機関や外国政府から入手する情報など、膨大な情報リソースを、日本国税務当局はAIツール等を用いて加工・分析を行い、有機的なつながりやデータ間の関連性を把握することにより、税務調査等のターゲットとすべき高リスク対象を抽出する取組みがなされていることが想定される（図表6－3）。

 3 利用可能な公開データとAIを活用した税務行政DX化プロジェクトの実例
——JICAプロジェクトを例として

　税務行政DX化が目指す有効な課税資料の生成と調査選定に関して、参考となるJICAプロジェクト（以下「JICAプロジェクト」という）の実例があることから、これを紹介する。

(1) JICAプロジェクトの目的

　JICAプロジェクトは、次の目的を達成するために2023年12月から約1年間、インドネシアにおいて実施された。
① JICAが支援対象国とする各国税務行政共通の課題に対し、デジタル技術を活用した一つのソリューションを実証したうえで、税務行政支援におけるビッグデータ活用の影響や事例、新付加価値の創出、業務改善・効率化等の可能性といった観点からの提言を行う。
② デジタル技術を活用したソリューションの実証として、民泊事業分野の

図表6－3 税務行政におけるビッグデータ技術応用イメージ図

① 申告漏れの可能性が高い納税者等の判定

収集した様々なデータを、ＢＡツール・プログラミング言語を用いて統計分析・機械学習等の手法により分析することで、申告漏れの可能性が高い納税者等を判定し、その分析結果を活用することで、効率的な調査・行政指導を進めています。

※ ＢＡ（Business Analytics）ツール…蓄積された大量データから統計分析・機械学習等の高度な分析手法を用いて、法則性を発見し、将来の予測を行うツール

（出所）国税庁「税務行政のデジタル・トランスフォーメーション―税務行政の将来像2023―（2023年6月23日）」21頁

プラットフォームから公開情報を収集し、AI、機械学習その他のデジタル技術を活用してSNS等の公開された利用可能データとの高精度なマッチングを自動的に行うことで収集情報の活用先を特定するパイロット活動を実施する。そのうえで、各国税務行政共通の課題の一つである無申告、過少申告等となっている経済取引（以下「シャドウエコノミー」という）対策となりうる成果の達成可能性や、得られた教訓をふまえて周辺領域を含む今後の事業展開の可能性を検討する。

(2) JICAプロジェクトの概要

JICAプロジェクトでは、インターネット上に存在する膨大な公開された利用可能な情報のなかから、インドネシアの税務当局が有効な課税資料と考える民泊事業分野の納税者あるいは申告義務を有すると思料される個人・法人等を、デジタル技術を活用して特定し、課税収入の推計等の課税情報を生成し、税務当局内部の情報とのマッチングを通じて、本来納付されるべき税額と実際の申告納税額の差額であるタックスギャップを算出する。この本来納付すべき税額が、実際の申告納税額よりも大幅に増額となっている場合には、有効な課税資料の生成可能性を実証できたことになる。

(3) デジタル技術の概要

デジタル技術としては、Web上の公開された利用可能な情報から、特定の情報を収集する技術（以下「ウェブスクレイピング」という）によってビッグデータを収集し、さらにAIを活用してこれらの収集されたデータから納税者本人の特定と当該納税者が稼得した収入等を推計して納税者別の有効な課税情報を生成するデジタル技術（以下「ウェブスクレイピング・AI技術」という）を採用した。

ウェブスクレイピング・AI技術のプラットフォームと税務当局システムのインテグレーションをイメージ図で示すと**図表6－4**のとおりとなる。

このなかで、エンリッチメントレイヤーは、ウェブスクレイピング等により得られた大量のデータを意味ある情報として出力する際に駆使するAI、

■ 図表6－4　ウェブスクレイピング・AI DATA BASEと税務当局システムのインテグレーション

（出所）　筆者作成

機械学習のアルゴリズムの種類を示している。JICAプロジェクトでは、これらのデジタル技術として、自然言語理解、表現抽出、画像認識、位置情報、音声認識等をすべて同時に兼ね備えた高度なアルゴリズムを駆使するIVIX Tech Co.（以下「IVIX」という）の技術を使用した。

(4)　実施対象

2022年12月以降、JICAプロジェクト活動のための情報収集を行い、イン

■ 図表6-5　民泊事業者のインドネシア市場シェア（2022年）

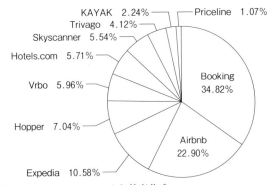

（出所）　Business of Appsにより筆者作成
https://www.businessofapps.com/data/Airbnb-statistics/

ドネシア税務総局（以下「DGT」という）と協議し、JICAプロジェクトの実施対象を、ある特定の民泊事業者（以下「特定民泊事業者」という）とした。

(5)　インドネシアにおける特定民泊事業者に関する潜在市場

ウェブスクレイピング・AI技術を用いて、インドネシアにおける特定民泊事業者の市場を調査した（**図表6-5**）。この調査結果によれば、インドネシアの同社のホストは、調査日現在1万1,717名存在し、民泊物件数は5万弱である。年間の全ホストが稼得する推測売上高は、6.36億米ドルを超えている（**図表6-6**）。

(6)　生成する課税情報項目

JICAは、独自のクラウド環境ですべてのリード（Leads：所得が帰属先ごとに金額が集計され、かつ当該時点でマッチング可能な範囲で所得の帰属先を紐づけた1件別データ）を生成、整理し、DGTに対して、クラウドを通じてデータをプラットフォーム上で提供する一方、権限を与えられたDGTの担当者はそれらのリードにいつでも自由にアクセスできることとした。

特にJICAは、DGTに対して、インドネシアで民泊事業を営む100名のホストデータであるリードを提供し、DGTはこれをマッチング対象としたが、こ

▌図表 6 − 6　インドネシアの特定民泊事業者の潜在
　　　　　　市場に関する数値

ホスト者数	11,717
物件数	49,127
物件とホスト者数の内訳：	

物件数	ホスト者数
1	5,509
2-4	4,189
5-9	1,332
10-49	612
50-99	34
100-499	33
500+	6

物件数と1泊当りの料金の内訳：

1泊当りの料金	物件数
0-49米ドル	16,249
50-99米ドル	6,953
100-199米ドル	7,059
200-499米ドル	5,930
500-999米ドル	1,689
1,000米ドル+	707
総売上高（予測値）	636.89百万米ドル

（出所）　IVIX

のLeadsには特定民泊事業者に関する次の情報項目が含まれる（**図表 6 − 7**）。

(7)　データベースに搭載する機能

① 　トップページ

　IVIXのAI Databaseのトップページは**図表 6 − 8**のとおりである。トップ

128　Part Ⅱ　税務行政DXの展開とその重要性

図表6-7　特定民泊事業者に係る情報項目

ホストID	不動産の分類
URL	不動産の住所
識別URL	不動産の所有者の氏名
ホストになった年	不動産の管理者の住所
ホストの名前	物件数
ホストの住所	物件の住所
総売上高（年間）	口コミの件数

（注）　総売上高は、価格とカレンダー上の予約情報の継続的なモニタリングに基づいて計算される。パイロット活動期間が限られているため、限られた期間の数値に基づいて年間収益が推定される。
（出所）　IVIX

図表6-8　トップページ（例）

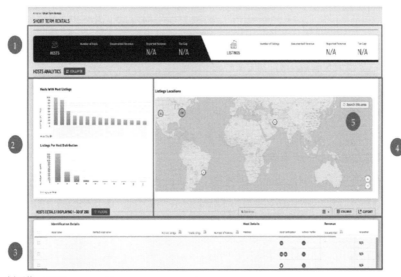

（出所）　IVIX user guide

ページには、5つのフィールド機能（概要情報、グラフ、ホストの詳細情報、地図、不動産詳細情報）が掲載される。

▎図表6－9　メインテーブル（例）

（出所）　IVIX user guide

②　メインテーブル

　メインテーブルでは全機能が一覧でき、14のフィールド機能（民泊事業場の名称、ホスト名称、営業中の物件数、休業を含めた全物件数、レビュー数、ホストの住所、ホストを特定できるリンク情報、民泊サイト上のホスト情報が掲載されたリンク情報（Facebook、X、Instagram、LinkedInなど）、推計年間収入金額、申告年間収入金額、推計額と申告額との差額、フィルター機能、コラム、データエクスポート機能など）が掲載されている。上記のうちの申告年間収入金額、推計額と申告額との差額は、DGTが、その他の機能はIVIXのウェブスクレイピング・AI技術によって収集される（**図表6－9**）。

③　特定民泊事業者の詳細情報

　対象となるホストに関する情報を、個別に表示するページであり、**図表6－10**のとおり、三つのフィールド機能（ホスト情報、ホストが保有する不動産の地図上の所在地、不動産情報の詳細）が掲載される。

(8)　DGTによるデータマッチング

　DGTは、100件のLeads（100名の納税者）について、インドネシアにおける特定民泊事業者が掲載している物件を所有しているホストと、税務当局保有情報（内部データベース）とをデータマッチングした。

■ 図表6－10　特定民泊事業者の詳細情報

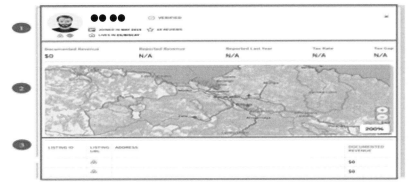

（出所）　IVIX user guide

(9)　課税情報に係る納税者本人特定の精度

DGTが100件のLeadsに対し、データマッチングを行ったことによる、本人特定の結果の概要は、次のとおりである。

○納税者本人の特定状況は、全Leadsの90％程度と、高い特定割合となった。
○特定できた納税者としては、以下に分類できた。
　①　インドネシアの国民番号（NIK）かつ納税者番号（NPWP）を所有している者
　②　インドネシア国籍ではないが、納税者番号のみを有し納税申告している者
　③　インドネシアの国民番号のみ所有しているが、納税者番号を所有していないため、無申告の可能性が高い者
　④　居住地がインドネシアではない、あるいはインドネシア国籍ではないため、DGTが本人特定するデータを所有していない者
○ごく少数であるが、データベースの本人情報では複数の同名者がおり、調査日現在までに収集された情報のみでは本人特定できない者が存在した。

(10)　課税情報に係る申告金額との差額

DGTが本人特定できた特定民泊事業者のホストの納税申告データと照合

し、納税申告状況とパイロット活動から得られた予想課税収入とのタックスギャップ（申告差額）を整理した結果の概要は、次のとおりである。
・特定できた納税者のうち、納税申告を提出すべき者だが無申告納税者と見込まれる者が相当数確認された。
・特定できた納税者のうち、納税申告がなされているものの、納税申告額よりも、課税資料の推計額が上回っていることが見込まれる者（過少申告納税者）が相当数確認された。
・特定できた納税者のうち、納税申告がなされているものの、納税申告額よりも、課税資料上の推計額が同等または下回っている者（過大申告納税者）はほとんど確認できなかった。
・居住地がインドネシアではない、あるいはインドネシア国籍ではないため、DGTが本人特定するデータを所有していない者が相当数確認されたが、これらの者は、本来DGTから納税者番号を取得して、納税申告がなされなければならない無申告納税者に該当する可能性が高いことが確認された。本人特定できなかったこれらの者は、本人特定ができ、外国籍であっても納税申告を行っている者との関係において、納税義務について不平等が生じているという意味で相当数の不平等が存在することが把握された。
・以上に基づき、DGTの試算によれば、JICAプロジェクトによって把握できた追徴税額は、相当の金額となる可能性が高いことが確認された。

4 先進的な税務行政DX化が実現する税務当局保有データの活用可能性の向上

　JICAプロジェクトで紹介した、利用可能な公開情報にウェブスクレイピング・AI技術を活用して有効な課税資料の生成と効率的な税務調査のための納税者の選定を行う税務行政DXの進展が、今後日本国税務当局をはじめ諸外国税務当局によってますます実施されていくであろうことは容易に推測できる。ここでは、JICAプロジェクトで使用した利用可能な公開情報にウェ

ブスクレイピング・AI技術を活用する分野として、民泊事業分野以外にど
のような事業分野について活用可能性がありうるのかを示すため、先進国な
どですでに実施されている事例をいくつか紹介する。

　なお、JICAは「ビッグデータ・AIを活用した税務行政支援にかかる基礎
情報収集・確認調査」（2021年２月〜2022年１月）において、JICAによる税務
行政分野支援実績がある国を対象に、事業展開可能性について検討し、税務
当局でのデジタル・ビッグデータ活用においては三つの段階（①第一段階：
アナリティクスを行うには十分なデータやインフラが整備されていない国、②第
二段階：基本的なデータインフラ・システムは存在するものの、まだ電子化やア
ナリティクスの活用が限定的な国、③第三段階：すでに電子化やアナリティクス
の活用を試行・導入している国）が存在するとしていることには留意が必要で
ある。

　言い換えれば、各国税務当局が税務DXを策定、実施する場合、他国で有
効なソリューションがあるからといって、これを画一的に導入すればよい、
というものではなく、各国税務当局および当該国の社会経済環境を反映した
税務行政DXの各段階に応じ、適時的確なソリューションが、制度構築、執
行されていくものと考えられる。

⑴　民泊事業以外で展開可能なデジタル分野

　税務調査における有効なウェブスクレイピング・AI技術の活用分野とし
ては、個人、小規模事業者が納税者として多数存在する分野が該当する。こ
のような分野では、納税者１人当りの税務管理に必要な税務当局の事務量
は、費用対効果の観点から重点分野とはならない。多くの場合、納税者管理
や税務調査のターゲットは大中規模事業者や富裕層等となる。結果として、
多くの個人、小規模事業者については、税務コンプライアンスが低くなる傾
向にあると考えられることから、AIを活用し、有効な課税情報を生成し、
内部データとマッチングさせて税務当局が特別に接触を行う納税者だけを自
動的に特定することが徴税効率化に資することとなる。シェアリングエコノ
ミー分野は、個人、小規模事業者が納税者として多数存在する分野であるこ

Chapter 6　税務行政DXが国際税務の実務に与える影響　133

とから、税務調査において有効なAIの活用分野となりうる。

　シェアリングエコノミー分野において、民泊事業以外にも、高い効果が見込まれる展開可能性のある分野のうち諸外国ですでに取り組まれているものとして、たとえば次のようなものがある。

① 　Eコマース分野

　Eコマース分野においてデジタル技術により提供可能性のある情報の例は**図表6－11**、インターフェース画面の例は**図表6－12**のとおりである。

② 　オンライン配車サービス分野

　オンライン配車分野においてデジタル技術により提供可能性のある情報の例は、**図表6－13**のとおりである。

③ 　NFT（非代替性トークン）分野

　NFT分野においてデジタル技術により提供可能性のある情報の例は、**図表6－14**、インターフェース画面の例は、**図表6－15**のとおりである。

▌図表6－11　Eコマース分野において提供可能性のある情報項目の例

Sellerが掲載されている マーケットプレイス等の名前	総売上高（取引別）
Seller ID	販売商品
URL	販売個数
Seller名前	販売金額
Seller住所	販売日
Seller IDの誕生日	取引開始日
Sellerの職業情報	連絡先、事業所所在地
Sellerの家族情報	従業員の情報
AIが課税資料の把握に至った、 ウェブリンク間の個人・法人関係図	

（注1）　総売上高は、販売価格と販売画面上の在庫情報、販売実績情報等の継続的なモニタリングに基づいて計算される。
（注2）　本人特定では、複数のサイト上に掲載されている人物を、AIを利用して行う。
（出所）　IVIX

134　Part Ⅱ　税務行政DXの展開とその重要性

■ 図表6−12　Eコマース分野におけるインターフェース画面の例
〈トップ画面〉

〈売買実績画面〉

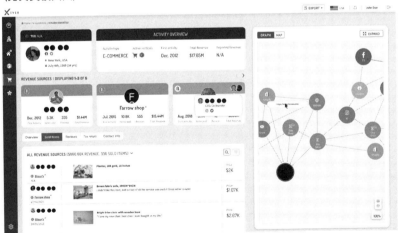

（出所）　IVIX

Chapter 6　税務行政DXが国際税務の実務に与える影響　135

▌図表 6 − 13　オンライン配車分野においてデジタル技術により提供可能性のある情報項目の例

Driverが掲載されているプラットフォーマー等の名前	総売上高
Driver ID	販売収入
URL	乗車客数・ライド数
Driver名前	販売日
Driver住所	Driverの所有する車両情報（番号、車種）
Driverの誕生日	AIが課税資料の把握に至った、ウェブリンク間の個人・法人関係図
Driverの職業情報	
Driverの家族情報	

（注1）　総売上高は、乗客数と乗車料金情報等の継続的なモニタリングに基づいて計算される。
（注2）　本人特定では、複数のサイト上に掲載されている人物を、AIを利用して行う。
（出所）　IVIX

▌図表 6 − 14　NFT分野において提供可能性のある情報項目の例

Sellerが掲載されているプラットフォーム等の名前	総売上高（取引別）
NFT Creator ID	販売商品（商品、ロイヤルティ別）
ソーシャルメディアURL	販売個数
NFT Creator名前	販売金額
NFT Creator住所	販売日
NFT Creatorの誕生日	初回取引日
NFT Creatorの職業情報	AIが課税資料の把握に至った、ウェブリンク間の個人・法人関係図
NFT Creatorの家族情報	代金決済口座（E-walletなど）情報

（注1）　総売上高は、NFTが利用されている市場において、販売価格と販売画面上の販売情報、在庫情報、販売実績情報、代金決済口座（E-walletなど）情報等の継続的なモニタリングに基づいて計算される。
（注2）　本人特定では、複数のサイト上に掲載されている人物を、AIを利用して行う。
（出所）　IVIX

136　Part Ⅱ　税務行政DXの展開とその重要性

■ 図表 6 −15　NFT分野におけるインターフェース画面の例
〈メイン画面〉

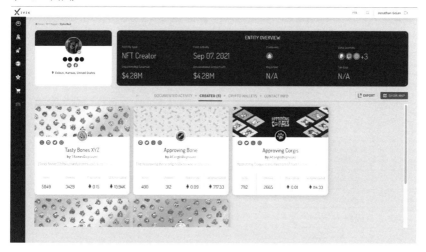

〈提供されているNFT詳細画面〉

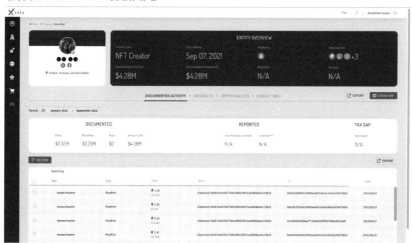

(出所)　IVIX

④　インフルエンサー分野

　インフルエンサー分野においてデジタル技術により提供可能性のある情報の例は、**図表 6 −16**、インターフェース画面の例は**図表 6 −17**のとおりであ

Chapter 6　税務行政DXが国際税務の実務に与える影響　137

■ 図表6－16　インフルエンサー分野において提供可能性のある情報項目の例

インフルエンサーが活動しているバーティカル市場の名前	総売上高
インフルエンサーID	メディア関連売上高
ソーシャルメディアURL	フォロワー数／View数／Like数
インフルエンサー名前	情報ソース
インフルエンサー住所	情報ソース取得日
インフルエンサーの誕生日	初回活動日
インフルエンサーの職業情報	従業員の情報
インフルエンサーの家族情報	インフルエンサーが行う具体的なビジネス活動に関する情報
AIが課税資料の把握に至った、ウェブリンク間の個人・法人関係図	

（注1）　総売上高は、インフルエンサーが活動するメディアに掲載されている情報および業界関連情報等の継続的なモニタリングに基づいて計算される。
（注2）　本人特定では、複数のサイト上に掲載されている人物を、AIを利用して行う。
（出所）　IVIX

■ 図表6－17　インフルエンサー分野におけるインターフェース画面の例

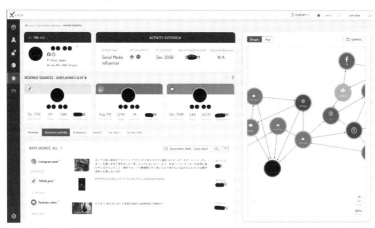

（出所）　IVIX

▌図表6−18　オンラインギャンブル分野においてデジタル技術により提供可能性のある情報項目

オンラインギャンブラーがプレイするSNSアプリ等の名前	総売上高
オンラインギャンブルサイトオーナーID	賞金金額
URL	賞金獲得回数
会社名・オンラインギャンブラー名前	賞金獲得日
会社名・オンラインギャンブラー住所	AIが課税資料の把握に至った、ウェブリンク間の個人・法人関係図
オンラインギャンブラーの誕生日・会社設立日などの情報	
オンラインギャンブラーの職業歴	

（注1）　総売上高は、ギャンブルサイト画面上の賞金額と賞金獲得実績等の継続的なモニタリングに基づいて計算される。
（注2）　本人特定では、複数のサイト上に掲載されている人物を、AIを利用して行う。
（出所）　IVIX

る。

⑤　オンラインギャンブル分野

オンラインギャンブル分野において提供可能性のある情報の例は、**図表6−18**のとおりである。

(2)　未解明の税務当局内部データに応用して有効な課税資料を生成する事業展開分野

税務当局にとって、実務上、本人を特定するための情報が十分ではない、本人特定できる外部情報に一部誤りがある、納税者が海外に居住する非居住者である等、さまざまな理由から本人特定が困難なため、課税資料が存在しても課税・徴収に活用できないことがありうる。

たとえば、日本国内の法定資料として取得した課税資料や各国税務当局が租税条約に基づく情報交換等（Exchange Of Information（EOI）やCommon Reporting Standard（CRS）など）により、海外情報を日本国税務当局に提供

■ 図表6-19 内部情報の解明フロー図

(出所) 筆者作成

しても、日本国の税務当局がなんらかの理由で本人特定できない場合が存在する。税務当局が活用できないこれらの課税情報を解明するためには、その納税者に関する追加情報を、正確かつ詳細に収集することにより、乏しかった課税資料の有効性を高められる可能性があり、効果的な方法となりうる。

このような局面においては、未解明となっている内部データについて、ウェブスクレイピング・AI技術を駆使して、本人特定や収入推計等を効率的に行うといった展開、活用方法が考えられる（図表6-19）。

先進的な税務行政DXにおける公平な課税の実現に向けた課題

利用可能な公開情報にウェブスクレイピング・AI技術を活用して税務行政DXに資するソリューションをいくつか紹介したが、このような税務行政DXの推進にあたって検討すべき諸課題も述べたい。

① ビッグデータ（公開情報データ）取扱いの合法性と個人情報保護

日本国をはじめとする各国では、税務当局職員は、守秘義務が法令等で課されていることから、この業務の守秘義務が当然他の業務と同様に厳守されるようにDXプロジェクトを進めていく必要がある。一般的にウェブスクレイピング・AI技術を活用して収集するデータは、合法的に公開された情報を合法的な手続に基づいて収集していることから、収集されたデータに関する違法性はないものと考えられるが、利用可能な公開情報を税務行政DXに活用するにあたっては、個人に係る肖像権等をはじめとする知的財産権を侵害しないようにするとともに、個人情報の扱いは関係各国における個人情報

保護に関する法令のほか、Eコマース、電子システムにおける個人情報の個別の分野に適用される法令等にも抵触しないように留意する必要がある。

　特に世界で最も厳しい個人情報の保護に関する法律といわれている欧州連合（以下「EU」という）の「GDPR（General Data Protection Regulation：一般データ保護規則)」が2018年5月25日に施行され、EU域内における個人データやプライバシーの保護に関し、GDPRによって厳格に規定されていることには留意が必要である。

② 　目的外使用の禁止

　税務当局職員として、ウェブスクレイピング・AI技術によって収集・分析される情報は、特定納税者の事業内容、所得状況、財産に関する情報などとなることから、これらの情報を当該職員個人の利益（個人利用、個人の投資、個人財産の取得、個人情報の収集など）のために目的外使用して、個人の利益を図ることのないよう、運用・監視ルールが構築されていることが重要である。ただし、この要請は公開データから生成した課税資料のみならず、当該職員が通常業務において扱うすべての情報について該当する。

③ 　課税実務のキャパシティ向上

　JICAプロジェクトにおいて、居住地がインドネシアではない、あるいはインドネシア国籍ではないため、DGTが本人特定するデータを所有していない者が相当数確認されたが、これらの者は、本来DGTから納税者番号を取得して、納税申告がなされなければならない無申告納税者に該当する可能性が高いことが確認されたことはすでに述べた。そして本人特定できなかったこれらの者は、すでに本人特定ができ、外国籍であっても納税申告を行っている者との関係において、納税義務について不平等が生じているという意味で改善の余地があることも確認できた。

　このような納税義務者間の不平等を解消するためにも、各国税務当局は、国外に居住する事業者に対する課税・徴収の方法等を具体的に定めた法制度の整備や課税・徴収実務についての環境整備を構築しておくことが望まれる。

　しかし、実務上は、多くの税務当局が海外に居住する非居住者に関する情

報を十分に保有しておらず、税務調査権限の及ばない海外から当該非居住者に関する情報を取得することが困難であるなどの理由で、当該非居住者に対する課税・徴収が十分に執行されていないことが多いものと思料される。

日本国税務当局は、同様の困難な事案に対して、海外税務当局との情報交換等（EOI、CRSなど）を通じて得られる課税情報をはじめ、国内の金融機関から収集した国外送金関係資料、あるいは不動産登記情報をはじめとする非居住者に関するさまざまな情報等を収集、分析して、非居住者であっても課税・徴収に至る実務的スキル・ノウハウを一定程度有しているものと考えている。しかし、それでもなお、未解明となっている課税資料に対する納税者本人の特定と所得種類、収入予測額等を追加的にデジタル技術で収集することができれば、いっそうの徴税効率の向上に資するものと考えている。

6 おわりに

本稿では、デジタル技術を活用することで、公開された利用可能データから個別の納税者の特定や収入金額の特定が可能な課税資料を自動的に生成するウェブスクレイピング・AI技術を活用して、シャドウエコノミー対策等の一環となりうる税務行政上の適切かつ実現性の高い施策についての有効性を紹介した。

そして、インドネシアにおけるJICAプロジェクトを通じて、自然言語理解、表現抽出、画像認識、位置情報、音声認識等をすべて同時に兼ね備えた高度なアルゴリズムを駆使するウェブスクレイピング・AI技術をベースに課税情報を生成するデジタル技術を使用し、その結果、インターネット上に存在する、膨大な利用可能な公開情報のなかから、税務当局が有効な課税資料と考える納税者あるいは申告義務を有すると思料される個人・法人等を特定し、課税収入の推計等の情報を算出するデータベースを構築することについて高い有効性があることを検証した。

Eコマース分野に対する税務行政上の監督強化は、取組状況こそ異なるが、多くの国の税務当局による高い関心のもとで、法整備や体制強化を目指

しているところであるため、このようなデジタル技術の活用は今後ますます導入されていくものと考えられる。

　本稿では主として、効率的な税務調査のターゲットとする納税者の選定に資する税務DXに焦点を当てて議論をしてきたが、このような税務行政DXを推進していくことは、デジタル経済取引を伴う国際課税分野を含めたさまざまな分野において、徴税効率を高め、一定の有効性を有するものと考えられる。

　各国税務当局における個人情報保護に留意し、デジタル技術のキャパシティ強化を通じて、該当国の徴税効率を向上させて、納税者間の不平等を解消し、ひいては財政基盤の強化に資する施策として税務行政DXが積極的に推進されていくことを強く期待したい。

Chapter 7

経済学と税務行政DX

京都大学経済研究所 教授
宇南山 卓

1 はじめに

　社会科学とりわけ経済学の学術研究において、行政記録情報の利用が進んでいる。行政記録情報とは、行政機関が通常の業務のために保有する各種の記録である。たとえば、個別の法令などに基づいてされる申請や届出、各種の登録手続、義務づけられた報告などによって収集される情報である。

　これまで学術研究では、政府が実施する統計調査によって収集された情報に基づく公的統計が使われてきた。公的統計は統計法で「国民にとって合理的な意思決定を行うための基盤となる重要な情報である」と規定されており、正確性・包括性の観点で社会科学の学術研究における必須の情報源である。しかし、個人情報保護法の制定などによりプライバシー意識が高まった現在では、統計調査をめぐる環境は変化し、調査拒否などの問題が表面化している。

　それに対し、行政記録情報は、任意の協力のもとで収集される統計調査と

比べ、①実際の行動に基づく記録であるため測定誤差が小さい、②例外的な個体（超高額所得者など）も捕捉可能、③調査に対する回答のような追加負担が不要、などのメリットがある。この長所を生かすことで、公的統計を代替することはできないが、新たな情報源になると期待されている。

政府は多くの行政記録情報をもつが、そのなかでも関心が高いのが本稿で取り上げる税務データである。税務データとは、基本的に税務申告書によって収集される情報であり、個人や法人の所得などを知ることのできる情報源である。プライバシーや企業機密の観点で秘匿性の高い情報であり、これまで公開がむずかしい情報とされてきた。

しかし、その情報の重要性から利活用への努力が続けられ、北欧や米国などでは幅広い学術利用が実現している。日本においても、日本学術会議からの提言が出されるなど研究者からの要請が高まり（日本学術会議、2020）、2022年から限定的ではあるが税務データの学術利用が可能になる枠組みが創設された。

本稿では、税務データの利用がどのように進められているのかを概観し、その学術的な意義について紹介する。また、利用可能な税務データは、税務行政の実務によって大きく規定されることを指摘し、税務DXが今後の経済学研究にどのような影響を与えるかを論じる。

2　新たな情報源としての行政記録情報

(1)　学術研究におけるデータ利用

現実の社会を対象とする社会科学の分野において、社会の姿をできる限り詳細かつ正確にとらえることが必要不可欠である。特に数量的な分析が根幹となる経済学分野では、大量で詳細なデータが利用可能であるかが研究の質を左右する。しかし、さまざまな個人や組織が分権的に意思決定をする現代の社会において、個別の経済活動を正確に把握するには膨大な情報処理が必要となる。さらに、技術的な観点のみならず、個人情報や企業機密の保護の観点からもデータの収集は困難な課題である。

この課題に対し、これまでは学術研究においても政策決定の現場においても、主たる情報源は政府が実施する統計調査に基づき作成・公表される「公的統計」であった。政府は、一定の強制力を使うことで、通常の利用可能な範囲を超えた情報を収集している。

もちろん、現代の民主国家においては、政府が恣意的にどのような情報でも収集できるわけではなく、調査をする内容は統計法と呼ばれる法律で厳密に制限される。また、統計法では罰則を伴う規定を定めてはいるものの、虚偽の申告を防ぐ手段ももたないなかで強制的に情報提供をさせることは困難であり、実態としては国民からの一定の理解と支持のもとで統計は作成されてきた。この調査客体の「善意」に依存した統計調査の環境は、特に個人情報保護法が制定されたことを契機としたプライバシー意識の高まりのために大きく変化した。調査拒否などの問題が表面化し、情報の品質の維持は困難となった。

こうした状況に対応し、2007年には、統計法が全面改正された。新しい統計法では「公的統計が国民にとって合理的な意思決定を行うための基盤となる重要な情報である（第1条）」ことを指摘し、「国民経済の健全な発展及び国民生活の向上に寄与することを目的」とした。公的統計が国民の重要な財産であることを強調し、統計調査に対する理解を求めている。一方で、統計調査の負担を軽減するために、オンライン調査の導入や調査の整理統合などの合理化も進められてきた。こうした努力によって、公的統計はなんとか現状が維持できているような状況である。

一方、社会・経済の構造が急速に変化するなかで、追加的な情報やより詳細なデータが求められている。その情報基盤として、さまざまな限界のある統計調査だけでなく、代替的な情報収集の手段が求められる。そこで注目されてきたのが、官民のいわゆる業務データである。

業務データとは、通常の経済活動のなかで記録される取引データである。経済主体が統計作成のためにわざわざ記録する統計調査とは異なり、業務の必要のために保存している記録である。たとえば、小売店で使われるPOS（Point of Sales）システムで記録される売上データなどである。

情報通信技術の発展により、業務に付随してさまざまな情報が自動で収集されるようになってきている。業務データは実際の経済活動の記録であり、測定誤差は小さい。取引のたびに記録されることから、統計調査に比べデータの収集頻度は高く、リアルタイムな分析が可能である。こうした特徴から、統計調査を補完する情報源として期待されている。

　ただし、統計調査と比べて利用がむずかしい面もある。特に、民間の業務データは企業や業界団体によって構築されており、基本的に私的な財産である。そのビジネス情報を強制的に収集することは、統計調査以上に困難である。また権利関係がクリアできたとしても、民間のデータは分散的に蓄積されており、その情報を有効に活用するには一元的に保有して管理する体制が必要である。想定されるデータ量は莫大なものとなるため、コンピュータの演算能力を含め技術的な制約は依然として大きい。

　データの権利関係や管理体制を考慮すれば、民間の業務データより政府のもつ行政記録情報のほうが望ましい情報源と考えられる。政府活動は多岐にわたっており、すでに膨大な行政記録情報が蓄積されている。しかも、その整理はすでにされている。統計調査に基づく公的統計を補完する情報源として、学術研究への活用が期待できる。

(2)　行政記録情報の活用

　行政情報を活用すれば、統計調査によって収集されてきた既存のデータと比較して、情報の質・量の両面で優位性のある情報が入手可能である。行政記録情報は、通常の行政業務を通じて収集されるため情報の収集コストは小さい。また、調査への任意の協力に依存せずにすむため、結果としてより正確な情報を集めることができる。

　行政記録情報を学術研究の新たな情報源として利用するために、日本政府も「官民データ活用推進基本法（平成28年法律第103号）」を制定し「国民が安全で安心して暮らせる社会及び快適な生活環境の実現に寄与する」ために行政情報の活用に向けて動き出している。この法律に基づき、「世界最先端デジタル国家創造宣言・官民データ活用推進基本計画」（平成29年5月30日閣

議決定）を策定した。さらに具体的にデータの利活用を進めるため「オープンデータ基本指針」が定められ、各府省庁が保有するデータはすべてオープンデータとして公開することが原則とされた。

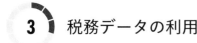

3　税務データの利用

(1) 税務データ活用への動き

　官民データ活用推進基本法やオープンデータ基本指針によって行政記録情報を活用する法的な基盤は整備されたが、それによって行政記録情報の公開が一気に進んだわけではない。さまざまな取組みのなかで多くの進展があったが、とりわけ経済学の学術研究者にとって関心が高かった事例が税務データの活用である。

　もともと行政記録情報のなかでも、税務データに対しては経済学者の関心は高かった。税務データとは、納税者が提出した確定申告書の情報であり、その課税情報から所得の情報を得られるデータである。所得は経済厚生の最も基本的な指標であり、関心が高いのは当然である。加えて、統計調査では対象となる可能性がほとんどない超高額所得者の状況が観察可能であり、統計調査では代替できない貴重な情報源となる。格差や再分配などの状況を把握し、経済政策の効果を計測するうえで有効な情報とされ強いニーズが存在した。

　それに対し国税庁は、2021年から、研修機関である税務大学校との共同研究という方式で学術研究者が税務データにアクセスできる仕組みを導入した。手順としては、①国税庁側から研究テーマと利用可能な情報を提示して利用者の公募をする、②学術研究者が研究計画を策定し応募、③有識者会議の助言を受け国税庁が選定、④採択された研究者が税務大学校とともに税務データを分析、という枠組みである。

　税務データは、申告納税制度のもとでの厳格な法的規制のみならず納税者の信頼や協力によって収集されており、機密性も高い情報である。秘密保持の観点からは、自由に閲覧・分析・公表が可能となるようなかたちでの提供

は望ましくない。そこで、共同研究という形態をとり、採択された研究者に国家公務員としての身分を与え、守秘義務を負わせる設計としている。

　ただし、共同研究に採択された研究者にすべての税務申告データが公開されているわけではない。共同研究の第1期および第2期では、「所得税及び復興特別所得税の確定申告書」のうち第1表（AおよびB）および第3表、「法人税申告書 別表一（一）」（白色申告及び青色申告）だけが利用可能であった。さらに、第3期では「相続税の申告書」第1表および第15表が利用可能となったが、税務申告で収集される情報全体からすればごく一部の情報のみである。

　その意味で依然として限界はあるものの、学術研究者が税務データにアクセスできることの意義は高い。限られた資源を有効に活用し、的確で客観的な情報に基づき日本社会・経済について理解する第一歩といえる。

(2)　海外の税務データの利用状況

　日本では利用が始まったばかりの税務データであるが、国際的にみれば一定の利用実績がある。現在、最も先進的な取組みをしているのは米国である。Slemrod（2016）によれば、米国歳入庁（Internal Revenue Service、IRS）は、1960年から確定申告書のうち無作為抽出された一部のデータを内部で匿名化したうえで研究者に公開していた。この枠組みによって計1億4,775万9,485件の税務申告書のうち、33万2,040件がサンプルとして選択され公開されている（2014年時点）。これは税務申告データを利用しているという点で行政記録情報といえるが、サンプル抽出されたものであり、本質的には統計調査とは大きく異ならないものであった。

　それに対し、2012年から、一部の選ばれた研究者が個人所得税申告書・事業所得税申告書・情報申告書・社会保障庁の出生・死亡記録などを含む未編集の税務申告関連書類のデータベースにアクセスできる枠組みが運用されるようになった（Slemrod, 2016）。その目的は、「既存の税制が人々、ビジネス、経済にどのような影響を与えるかについての理解を深め、米国税制の運営に役立つような納税者の行動についての新たな理解を提供すること」とされて

Chapter 7　経済学と税務行政DX　149

いる。日本における税務大学校との共同研究の枠組みでは「わが国の税・財政施策の改善・充実等に資する統計的研究」としており類似しているが「納税者の行動」に注目している点でより具体的なものとなっている。このデータ利用のプログラムには2014年で80件を超える応募があり、12のプロジェクトが採択されている。

　現在では米国が先行している税務データの利用であるが、もともとは北欧諸国が税務データに限らず行政記録情報の活用に最も積極的な国々とされてきた。たとえば、デンマークでは、行政データベースからの情報を組み合わせたうえで匿名化したデータを提供していた。このデータは、研究者が安全なサーバーを通じて（研究者のオフィスのデスクトップを含むどのコンピュータからでも）リモートでアクセスすることができた。研究者は、主要大学の認定された「センター」を通じてデータ利用を申請し、学術的な基準による競争プロセスを通じて利用が可能とされていた（Card et al., 2010）。

　税務データを含めた行政記録情報の活用の促進は、国際競争の側面がある。実際に、データの活用で先行していた北欧諸国では、多くの国際的な研究者による分析が多くされた（Bean, 2016; Card et al., 2010; Chetty et al., 2011）。その結果、格差拡大のメカニズムの解明や税制がもたらす非効率性のより適切な評価が進んでいる。米国の学術界では、北欧諸国に遅れたことに対し、世界における社会科学の実証分析を主導してきた米国の地位を揺るがしかねないとの危機感が表明され（Card et al., 2010）、その後の急速なデータ開示と分析が進んだ。日本でも、さらなるデータの利用促進で世界の研究者の興味を引きつけることで、経済・社会の改善のための知見を集めることが必要である。

4　税務データで何がわかるのか

(1)　税務データを用いた研究の潮流

　海外での税務データの利活用が進むにつれて、さまざまな成果が出つつある。もちろん国によって税制も行政記録の内容も異なり、海外の事例がその

ままで日本に適用できるとは限らない。日本の状況に応じた修正が不可欠であるが、利用について先進的な取組みをしている事例をみることで税務データのポテンシャルを知ることができる。

税務データは、財政学・労働経済学・マクロ経済学など多くの分野で学術研究に活用されている。そのなかでも、以下でみるように「所得格差」に関する分析が特に重要である。所得とは、労働や資産保有によって生産活動に寄与したことの対価であり、経済的な豊かさを得る権利である。所得は個人によって大きく異なっており、その差を縮小させることが「税」の最も重要な役割の一つである。その意味で、税務とは「所得を把握すること」であり、税務データによって他の情報源よりも正確な所得の情報が得られるのは当然である。

また課税によって労働供給にどのような影響を与えるかの分析も税務データを活用した分析の定番である。政府は財源を確保しつつ格差も是正できるように、多くの税目で累進課税を採用している。しかし、過度な累進課税によって労働意欲の減退を招くとすれば、効率性の観点からは望ましくない可能性がある。そこで、格差是正と労働意欲の減退のバランスを考慮した「最適課税」を計算しようとする試みが古くから多くされてきた。しかし、従来の統計調査では各個人がどのような税をいくら支払っているかの詳細な情報が十分には得られなかった。そこで税務データによって、個別労働者の複数年次にわたる所得と課税の関係を正確に観察しようとされたのである。労働時間がわからないなどの短所はあるものの、統計調査ではできないテーマで多くの研究がされている。

さらに、税務データは税務行政自体の改善に資する研究にも使われている（たとえば、Slemrod and Yitzhaki, 2002; Slemrod, 2019）。税務コンプライアンスに関する研究として知られており、個別の税目の特徴や制度変更などを利用した税務申告行動そのものの分析をする分野である。申告された情報から個別の経済主体の脱税を発見することができるわけではないが、統計的に脱税の程度や方法に関して一定の理解を得ることができる。

技術的ではあるが、税務データを既存の統計調査の結果と比較する研究も

Chapter 7　経済学と税務行政DX　151

ある。税務データと既存の統計調査では、どのような違いがあり、どちらが信頼できるのかなどが検討されている。デンマークの事例では、行政記録情報から構築された家計収支の情報と通常の統計調査の結果を（個人番号を用いて）照合し、整合性を確認する研究がされている（Kreiner et al., 2015）。

こうした研究の積み重ねによって、新たな学術的な知見を得ることができる。その成果によって、より望ましい税制のあり方について考えることができる。また、統計調査の品質向上にも寄与できる。その意味で、学術研究が社会に貢献できるチャンスを増やす材料となる。

(2) 所得格差をめぐる研究

前節でみたように、税務データで分析できるテーマの一つが所得格差であることを述べた。ここでは一つの研究事例に基づき、税務データが学術研究にどのように寄与しているのか、その結果として何がわかっているのかを具体的にみていく。

所得格差とは、個人によって所得水準が異なることであり、どのような所得の人がどの程度存在するかのデータが必要となる。格差の源泉を考えると、特に超高額所得者の実態を把握することが重要となるが、既存の統計調査では観察できない部分となっていた。それに対し、税務においては、超高額所得者の把握は最重要であり、実際にほぼ完全に捕捉していると考えられる。この性質は、税務データの最大の強みとなる部分である。

税務データを全面的に使い所得格差を分析した研究の先駆けがPiketty（2003）である。フランスの過去1世紀にわたる税務データを用いて、高額所得者の所得が国民所得に占める割合を計算している。特に、トップ1％の個人が得る所得が全国民の所得に占めるシェアを計算し、第二次世界大戦後に急激に低下したこと、その低下は資産所得の格差の低下によるものであることを示している。さらに、格差解消が進んだ理由は戦争による破壊だと考え、戦後は累進課税などの効果で格差拡大を抑制したことで平等な社会が維持できたと結論づけていた。

同様の分析を米国の税務データを用いて行った研究がPiketty and Saez

（2003）である。こちらの研究でも、高額所得者の所得シェアは、大恐慌と第二次世界大戦中に資本所有者が経験した大きなショックによって低下したこと、累進所得税と相続税によって所得格差の拡大が一時的には低く抑えられたことを示している。しかし、フランスとは異なり、1980年代以降に所得格差が急拡大し、1998年には第二次世界大戦前よりも高くなっているとした。

　こうした研究をまとめた書籍が、ブームにもなったPikettyの『21世紀の資本』（原題：LE CAPITAL AU XXIe SIECLE: 2013）である。1980年代に格差が拡大しているというトレンドについては一定の認識があったが、学歴間の差やグローバル化などによる中間層での格差に注目する研究が多かった。それに対し、所得トップ層への富の集中による格差拡大は、既存の経済学では十分に説明できない新たな事実であり、税務データによってもたらされた新たな知見と認識された。

　Pikettyは、超トップ層への富の集中は資本の利益率が経済全体の成長率を上回る（いわゆる r ＞ g）ことにより発生しているという説明を加え、格差拡大は資本主義の基礎的な経済法則（Fundamental Economic Laws of Capitalism）であると主張した。そのうえで、解決策として国際資本課税（Global Taxation of Capital）を推奨した。これは国際的に協調して世界的に資本に対して累進となるような税を導入するというアイデアである。その実現可能性が高くないことを認め、Pikkety本人が「ユートピア的」と評したが、世界中で大きな論争の的となった。

　このPikettyの刺激的な政策提言に対する議論が続くなか、そもそもの前提となる事実に疑義を唱える研究が出てきた。急先鋒となっているのがAuten and Splinter（2024）であり、Pikettyらの研究と同じ米国の税務データに基づいた分析である。彼らは、Pikettyらの確立した手法に基づきつつ、より詳細な税実務を考慮して超トップ層の所得割合の推移を再推計した。

　特に1986年に実施された税制改正（Tax Reform Act: TRA1986）の影響に注目し、格差が拡大しているのは見せかけの要因だと主張している。このTRA1986では、所得税の最高税率を引き下げつつ、長期キャピタルゲイン

の控除の廃止や投資損失に対する控除の制限などを通じて課税ベースが拡大された。最高税率の引下げは節税（や脱税）のインセンティブを弱め、特に高額所得者の申告ベースでの所得を引き上げる効果がある。また、課税ベースの拡大も高額所得者への影響が大きいものであった。すなわち、経済的な実態としての所得は変化していなくても、高額所得者の申告する「課税対象所得」は増加すると考えられる。このような影響を前提とすると、改正前と改正後で高額所得者のシェアを単純には比較できないのである。

Auten and Splinter（2024）はほかにも詳細かつ技術的な修正を加え、Pikettyらの提示した格差の動向を再計算している。彼らの最終的な結果を示したのが**図表７－１**である。この図には、Pikettyらによって格差が急速に拡大していると主張された際の数字（およびそれを同じ手法で延長したもの）も示してある。Pikettyらの推計によれば1960年から1980年頃まで安定していたトップ１％の所得シェアが、その後に急激に上昇していた。これが「トップ１％」のムーブメントを起こした数字である。それに対し、Auten and Splinter（2024）の推計によれば、トップ層の所得シェアは1960年代から現在までほとんど上昇しておらず、Pikettyらとは真っ向から対立する結

▌ 図表７－１　トップ１％の所得シェア

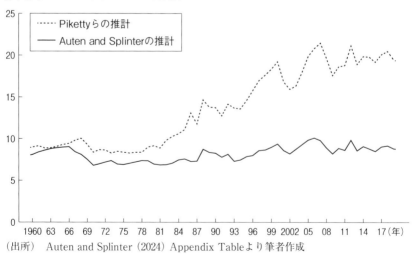

（出所）　Auten and Splinter（2024）Appendix Tableより筆者作成

果となっている。国際資本課税という政策の妥当性以前の問題として新たな論争を生んでいる。

　こうした所得格差をめぐる研究の進展から、いくつか重要な含意が得られる。第一に超トップ層のように税務データでしか観察できない対象が存在しており、税務データを分析することには学術研究の世界に限らず現実社会の重要な問題と密接にかかわっているということである。第二に、税務データの利用は特定の研究者だけでなく、幅広い研究者に公開することでより正確な知見が得られるということである。そして、第三に、税務データの分析は税務行政と密接にかかわっており、社会・経済を正しく理解するには相互の理解が不可欠だということである。

⑶　日本の税務データの課題と活用可能性

　ここまでみたように、国際的にみれば、すでに税務データを活用した学術研究が新たな知見を生み出し、その成果は社会に還元される段階になりつつある。こうした潮流に、日本の学術研究者、日本社会もキャッチアップしていく必要がある。しかし、現状の税務申告書の情報、新たに始まった税務大学校との共同研究の枠組みは、有意義ではあるが多くの課題もある。

　たとえば、日本の個人に関する税務データは確定申告書に基づき作成されたものである。しかし、全国民が確定申告の義務を負うわけではなく、日本の労働者の大きな部分を占める単一の事業者に雇用される被雇用者（いわゆるサラリーマン）は企業等による年末調整のみで処理が完了する。実際に確定申告をする個人は年間約2,000万人であり、税務データだけを観察しても日本人全体の所得の状況がわかるわけではない。

　米国の税務データでは、税務申告書（Form 1040など）だけでなく情報申告書（Form 1099、Form W-2など）が照合されている。また、Slemrod（2016）でも指摘されるように、米国には全住民の名前と住所をリアルタイムで登録したリスト（戸籍や住民登録のような制度）が存在しないため、個人確定申告のファイルが住民登録に限りなく近い存在であり、より幅広い分析に活用可能な状況になっている。

Chapter 7　経済学と税務行政DX　155

また、経済学では個人の経済活動を「世帯」単位で把握しているのに対し、税務申告は「個人」を単位としていることも分析をむずかしくする。税務データでは、申告者個人の世帯構造はわからないため、共働き世帯であれば世帯所得を把握するのは実質的に不可能である。専業主婦世帯についても、近年の配偶者控除関連の税制の変更により、高額所得者については配偶者の有無もわからなくなっている。米国では、生計を共にするカップルでは合算申告をすることが一般的であり、税務データで家族構成を把握することは容易である。

　米国に限らず先進的な事例をみれば、デンマークでは、日本の住民基本台帳相当のデータと年金保険の加入情報とを接続したデータも利用できる。個人の結婚・離婚・子どもの出生などの履歴を把握しつつ、収入や就業上の地位を観察することができるため、子どもの出生が母親の就業状態や所得にどのような影響を与えるかが分析されている（Kleven et al., 2019）。

　世帯の構成は経済活動に大きな影響を与えるため、日本の税務データ活用の大きな制約になる。短期的には、現在の税務大学校との共同研究の枠組みでは利用できていない確定申告書の第二表（「住民税・事業税に関する事項」として18歳未満の扶養親族情報が得られる）を活用することは一つの改善策である。しかし、より長期的には、すでに確定申告書の多くはマイナンバーの情報をもっており、住民基本台帳や社会保険関連の情報と照合して利用することが望まれる。

5　税務DXと学術研究：今後の課題

　ここまで学術研究における税務データの活用の取組み、税務データによって得られる知見について議論してきた。最後となる本節では、本書のテーマである税務行政DXが税務データの学術利用にどのように関係するかについて議論しておく。税務データの背後には税務の実務が存在しており、学術研究で利用できる情報を制約する究極的な要因は税務行政であり、そこでDXが進めば学術研究にも大きな改善をもたらす。

個人の確定申告について考えれば、DXの最大のメリットは正確性の上昇である。手書きの申告書データと比べe-Taxなどの電子申告データは、申告書内での不整合をチェックしやすく、桁間違えなどの誤記入も削減できる。Slemrod（2016）によれば、米国では詳細な申告書を作成するかわりに表計算ソフトの表・PDF・手書きの貸借対照表を添付するような「怠惰な」申告書が少なくないとしている。法人税申告書ですら「業務書類参照」とメモをつけるだけのケースがあると指摘している。こうした状況が日本でも発生しているのであれば、DXによってデータの質が大幅に改善できる。

　また税務行政DXによって、適用可能で最も納税者に有利な控除などが自動で適用されるような機能が実装されれば納税者にとってだけでなく、研究者にとっても朗報となる。納税者は知識不足や手間の節約のために利用可能な控除を利用しないことがある。この個人が確定申告するための「コンプライアンス・コスト」は富裕世帯ほど大きいとされており、このような要因で「課税所得」が左右されてしまうと所得格差の計測などが不正確になりうる。

　さらに、税務行政DXによって「脱税」を減らせるのであれば、これも研究者にとって望ましい変化となる。統計調査と異なり、税務データで申告される内容が納税義務に影響するため、所得は過少に申告される可能性がある。脱税は真の所得を秘匿することになり、税務データを利用した場合の「真実性」を損なうものである。学術研究においては「測定誤差」もしくは「バイアス」として処理可能ではあるが、できる限り回避したい現象である。

　前節でも言及したが、脱税行為は、それ自体が経済学の分析対象となっている（Slemrod and Yitzhaki, 2002; Slemrod, 2019）。この「脱税の経済学」の分野では、税務申告者は罰則の重さと発見される可能性を天秤にかけて脱税するかどうかを決定していると考える。脱税には罰則があるが、それが適用されるのは申告もれなどが発見された場合のみである点に注目し、税務行政の脱税予防の「抑止力」を計測している。税務行政DXで脱税の発見可能性を高められれば、より強い抑止力となり適正申告を促す。

　たとえば、米国の研究によれば、税の「コンプライアンス違反」の割合は、第三者から報告される情報との照合がむずかしい業種（自営業所得など）

では56％であるのに対し、源泉徴収と確定申告の両面で捕捉されている給与所得などは１％とされている。DXにより、反面調査がより容易になり、申告書間での整合性の確認が容易になれば脱税の減少効果が期待できる。

　将来の税務行政DXによって可能になる範囲に限らず、現状のDXの状況でも税務データの可能性を大きく広げる方法もある。たとえば、現状では源泉分離課税となっている利子・配当所得に関する情報である。学術研究者としては税務当局がどのような情報を管理しているかは完全には知ることができないが、原理的にはマイナンバーなどを活用することで現状の税務申告ベースのデータと照合可能な部分があるはずである。

　現在、日本には個人資産を網羅的に把握している既知の行政情報は存在していない。しかし、行政記録情報の活用について積極的なデンマークの事例をみると、その価値は非常に大きい。デンマークでは、所得税や資産税の納税記録、社会保険の納付記録を個人番号で照合したデータを構築している。その情報は通時的に照合可能で、同一個人の情報を継続して観察できる「パネルデータ」となっている（Browning et al., 2013）。資産は貯蓄（キャピタルゲインを含む「所得」から支出総額を引いたもの）に応じて変化する。逆に、所得と資産のデータを使えば「支出」も把握可能である。資産・所得・消費は、経済活動の分析の最も基本的な情報でありながら、既存の統計調査では正確な把握が困難な変数とされてきた（Card et al., 2007）。その三つの変数を同時に観察できるデータとなり、さまざまな経済学的な分析が可能となる。

　デンマークでは、さらに日本の住民基本台帳相当のデータと年金保険の加入情報とを接続したデータも利用できる。個人の結婚・離婚・子どもの出生などの履歴を把握しつつ、収入や就業上の地位を観察することができるため、子どもの出生が母親の就業状態や所得にどのような影響を与えるかが分析されている（Kleven et al., 2019）。

　こうした未来像は、税務行政DXのみならず、マイナンバーなどの基盤整備、さらには個人情報保護などの法的整備が必要であり、すぐに実現できるものではなく、また拙速に実現すべきものでもない。しかし、税務データは

社会に対する理解を深める重要な情報源であり、さまざまな研究の積み重ね
を続けていくべき対象である。

···· 参考文献 ···

日本学術会議（2020）「提言：行政記録情報の活用に向けて」経済学委員会数量的
　経済・政策分析分科会

Auten, Gerald, and David Splinter（2024）"Income Inequality in the United
　States: Using Tax Data to Measure Long-Term Trends", *Journal of Political
　Economy*, forthcoming.

Bean, Charles（2016）*Independent Review of UK Economic Statistics.*

https://assets.publishing.service.gov.uk/government/uploads/system/uploads/
　attachment_data/file/507081/2904936_Bean_Review_Web_Accessible.pdf（閲
　覧日2024年 3 月31日）

Browning, Martin, Mette Gortz, and Soren Leth-Petersen（2013）"Housing
　Wealth and Consumption: A Micro Panel Study." *Economic Journal* 123: 401-
　428.

Card, David, Raj Chetty, Martin Feldstein, and Emmanuel Saez（2010）"Expand-
　ing Access to Administrative Data for Research in the United States." *Nation-
　al Science Foundation White Paper,* September.

Card, David, Raj Chetty, and Andrea Weber（2007）. "Cash-on-Hand and Com-
　peting Models of Intertemporal Behavior: New Evidence from the Labor Mar-
　ket." *Quarterly Journal of Economics* 122(4): 1511-1560.

Chetty, Raj, John Friedman, Tore Olsen, and Luigi Pistaferri（2011）. "Adjustment
　Costs, Firm Responses, and Labor Supply Elasticities: Evidence from Danish
　Tax Records." *Quarterly Journal of Economics* 126(4): 749-804.

Kleven, Henrik,Camille Landais, and Jakob Egholt Søgaard（2019）"Children and
　Gender Inequality: Evidence from Denmark," *American Economic Journal: Ap-
　plied Economics* 11(4): 181-209.

Kreiner, Claus Thustrup, David Dreyer Lassen, and Soren Leth-Petersen（2015）
　"Measuring the Accuracy of Survey Responses Using Administrative Register
　Data Evidence from Denmark," in Carroll, Christopher D., Thomas F. Crossley,
　and John Sabelhaus eds. *Improving the Measurement of Consumer Expendi-
　tures,* University of Chicago Press: 289-307.

Piketty, Thomas（2003）"Income Inequality in France, 1901-1998." *Journal of Po-
　litical Economy* 111 (5): 1004-42.

Piketty, Thomas（2013）*LE CAPITAL AU XXIe SIECLE,* éditions du Seuil（山形浩
　生・守岡桜・森本正史訳（2014）『21世紀の資本』みすず書房）

Piketty, Thomas, and Emmanuel Saez (2003) "Income Inequality in the United States, 1913-1998." *Quarterly Journal of Economics* 118 (1): 1-41.

Slemrod, Joel (2016) "Caveats to the Research Use of Tax-Return Administrative Data." *National Tax Journal* 69 (4): 1003-20.

Slemrod, Joel (2019) "Tax Compliance and Enforcement." *Journal of Economic Literature* 57 (4): 904-54.

Slemrod, Joel, and Shlomo Yitzhaki (2002) "Tax Avoidance, Evasion, and Administration." In *Handbook of Public Economics*, edited by Alan J. Auerbach and Martin Feldstein, vol. 3:1423-70 (Ch 22). Elsevier.

税務行政DXの重要性

立教大学大学院人工知能科学研究科 客員教授
公認会計士・税理士
前田 順一郎

1 はじめに

　税とはあらゆる社会科学に影響する包括的なテーマである。法学、政治学、経済学、経営学において税はきわめて重要な論点である。
　「代表なくして課税なし」とは、米国独立戦争のスローガンであると同時に、民主主義の根幹をなす原則でもある。米国の代表的な経済学の教科書を紐解くと、こんな興味深い話が載っている。

> 　アメリカへの入植者がイギリスの高い税金に抗議するために輸入紅茶をボストン湾に捨てて以来、租税政策はアメリカの政治史上において最も白熱した議論のいくつかを生み出してきた。しかし、効率の問題によって議論が白熱したことはほとんどない。それは税の負担をどのように分担すべきかについての意見の不一致から生じている。ラッセル・ロング上院議員はかつて、つぎのような短い歌で大衆の議論をからかった

ことがある。

お前に課税するな。

俺に課税するな。

その木の陰に隠れているやつに課税しろ。

（出所） Ｎ・グレゴリー・マンキュー著、足立英之・石川城太・小川英治・地主敏樹・中馬宏之・柳川隆訳（2019）『マンキュー経済学Ⅰ ミクロ編〔第４版〕』（東洋経済新報社）363～364頁

　税務行政のDXというテーマは、本来「だれに課税をすべきか」という議論とは無関係なものであり「いかに課税するか」という観点から議論されるべきものだ。税務行政のDXの目的は、納税者の利便性を向上させ、効率的で公正な税制を実現することにある。しかし、現実にはこういった議論は曲解され批判されることも多い。

　街ナカで税務行政のDXの重要性を語ったとしても、「そうやって税金を絞り取ろうとするのもいいけど、政治家や役人はみんなズルいことばかりやっているではないか。まずは、そこを正すべきだ！」という批判的な意見で溢れるだろうことは容易に想像ができる。

　そもそも税とは何ぞや。日本国憲法に「国民は、法律の定めるところにより、納税の義務を負ふ」（日本国憲法第30条）とあるとおり、わが国において納税は国民の義務である。日本国憲法にはもう一つ税に関する条文がある。「あらたに租税を課し、又は現行の租税を変更するには、法律又は法律の定める条件によることを必要とする」（日本国憲法第84条）という定めである。わが国は民主主義国家であるから、租税を課すには、国民の選挙により選出された国会議員により構成される国会において法律を定める必要があるとされているのだ。

　もちろん、このように民主的に決定された租税に関し、実際に国民から徴収される税の使途、すなわち歳出の内容に関しても、民主的に選ばれた代表者により公正に決定されることは大前提であり、「国費を支出し、又は国が

債務を負担するには、国会の議決に基くことを必要とする」（日本国憲法第85条）とされている。

わが国の世論には、租税徴収の方法や税の使途が、本当に民主的にまたは公正に決定されているのかという根強い疑念があるものと承知している。税務行政のDXが目指すものは、納税者の利便性の向上や効率的で公正な税制を実現することなのだが、こういった疑念と混同されてしまうことがある。

その典型例が、デジタルインボイスに関する議論だろう。デジタルインボイス自体はOECDの「税務行政3.0」[1]でも触れられているとおり、国際的に導入の検討が進められているものである。わが国においてもデジタル庁を中心に、2023年10月のインボイス制度の導入にあわせてJP PINTと呼ばれる、Peppolネットワークでやりとりできるデジタルインボイスの標準仕様の導入が推進されたが、部分的な導入にとどまってしまった。これは、インボイス制度の導入が免税事業者に対する事実上の増税につながるのではないか、という本来とは異なる趣旨の議論と混同されたことが要因の一つだろう。

とはいえ、利用者に対していかにしてメリットを感じてもらうのか、という課題は、およそあらゆるDXには必ず付いて回るイシューである。とりわけ「税」は国民にとってきわめてセンシティブなものである。どのように納税者にメリットを感じてもらうかということも、税務行政のDXにおける重要な論点となる。

 2　フィンテックと税務行政のDX

(1)　フィンテックの展開としての税務行政のDX

税務行政のDXはフィンテックの展開の一つである。2010年代後半、フィンテックという言葉がバズワードとなった。フィンテックは主に二つの側面でとらえられた。一つは顧客の利便性の向上であり、もう一つは業務の効率

1　OECD (2020) Tax Administration 3.0: The Digital Transformation of Tax Administration, OECD, Paris.

化である[2]。

　たとえばスマートフォンやAIなどさまざまなテクノロジーが金融業にも活用される時代になりつつあった。しかし、これらの活用の主たる担い手は伝統的な金融機関ではなかった。閉鎖的で保守的ともいわれる金融業において改革の風穴を開けたのは、より開放的な風土をもつテクノロジー産業を中心とした非金融の新しい勢力だった。

　米国においては、伝統的な金融機関の代表格であるJPモルガン・チェースCEOのJamie Dimonが、2015年に株主向けレターのなかで「Silicon Valey is Coming.（シリコンバレーがやってくる）」と綴ったことはきわめて象徴的だった。

　しかしいま、フィンテックは新しい展開を迎えている。展開は二つのベクトルでとらえることができる。一つは「垂直的展開」である。フィンテック的思考を前提として、さらに新しいテクノロジーを活用しフィンテックが垂直的に深化している。もう一つが「水平的展開」である。フィンテック的思考が社会的に定着し、より慎重さが求められる領域においても拡大している。その典型例が、本書のテーマである税務行政のDXである。また、Chapter 4 で取り扱っている監査DXも一つの例だろう。

　こういったフィンテック的思考を当然のこととして、新しい展開をみせる時代において、税務行政のDXというテーマをどうとらえるべきか、という視点はきわめて重要である。

(2)　金融包摂と税務行政のDX

　一般に開発途上国においては、フィンテックが金融包摂（Financial Inclusion）という観点で社会全体を大きく変えたといわれる。たとえば、開発途上国においては、そもそも銀行口座をもつことができない人が多く存在し、結果として金融サービスを利用する機会がない、という「アンバンクト問題」があった。また、銀行口座をもっていたとしても、金融サービスを十分

2　フィンテックに関する記述の詳細については、前田順一郎編著（2022）『ビヨンド・フィンテック時代』（金融財政事情研究会）を参照。

に受けられないという「アンダーバンクト問題」も存在した。SDGsが目指す「誰一人取り残されない社会」を実現するという文脈においても、金融包摂の実現は重要である。

ケニアにM-Pesaという金融サービスがある。英国の携帯電話キャリアであるボーダフォン社が地元の資本と合弁で提供を始めたサービスだ。ケニアにおいては個人が銀行口座を保有できないことが大きな課題であった。そもそも日本のように戸籍制度が整備されておらず、KYC（Know Your Customer）の手続が困難であることから、銀行も簡単に口座の開設を認めるわけにはいかない。こういったいわゆる「アンバンクト問題」を解決したのがM-Pesaであるとされる。銀行口座を携帯電話番号に紐づけることによって口座を開設できるようにしたのである。

OECDの「税務行政3.0」においても税務行政のDXの代表例の一つとして、M-Pesaを活用した納税があげられている。M-Pesa以外にも、中国におけるQRコード決済（Alipay、WeChat Payなど）やインドのAadhaar（アドハー／アーダール）制度を活用した金融システムなども、フィンテックが金融包摂の問題を解決した例であるが、これらも税務行政のDXに大きな影響を与えている。

開発途上国が最新のテクノロジーを活用することによりすでに成熟した国よりも高度なシステムを一気に構築するという現象が散見される。これを、カエルがはねて飛び越えていくようすにたとえ「リープフロッグ」と呼ぶことがある。「リープフロッグ」は税務行政のDXに関しても起こりうる現象である。

(3) わが国の税務行政における金融機関の重要性

ひるがえって日本はどうか。たとえば、わが国のキャッシュレス決済導入の遅れに関しては政府部門を含めあらゆるところで指摘されてきた。しかし、わが国に技術がなかったわけではない。SonyのFelica方式を用いたSuicaやEdyなどのキャッシュレス決済は世界に先駆けて導入された。世界中の決済に用いられているQRコードは、もともとデンソーの工場管理に用

いられていた技術である。インドのAadhaar制度にはNECの認証技術が活用されている。

問題は、国民のほとんどが銀行口座を保有していたため、キャッシュレスに対するニーズがそれほど生じなかった点にある。以前より、日本において銀行口座が開設できない例はほとんどない。もともとわが国にはアンバンクト問題が存在しなかった。

このような背景からわが国においては、「まず銀行口座ありき」という前提で、税務行政が成立しているという特徴があるといえよう。したがって、税務行政のDXを考えるにあたっても、金融機関、特に銀行に期待される役割はきわめて大きいといえる。これは、具体的な税務に関する手続・業務の一般的なフローを想定してみるとわかりやすい。税務に関するフローは以下の三つに分類される[3]。

①　日頃の取引・記帳（納税者⇔取引先）

②　申告・納付（納税者⇒税務署）

③　税務調査・滞納整理（税務署⇒納税者）

まず「①日頃の取引・記帳」について、税務行政のDXの実現のためには、事業者のデジタル化、すなわち「経理DX」が必要となる。現在、経理DXに関して具体的に普及しつつあるのが、銀行口座と会計システムのAPI連携である。さらに、銀行口座の入出金情報を基礎としたうえでAIを活用した自動仕訳の技術なども一般化しつつある。これらの経理DXは銀行が保有する情報が起点となっていることが大きな特徴である。

「②申告・納付」に関しては、国税の納付全体の57.1％（令和4年度実績）が金融機関窓口を通じて行われており、これをいかにインターネットバンキングなどの電子納税（同年度実績で全体の21.4％）にシフトさせていくかが課題となる[4]。

また、個人所得税の確定申告において、さらなる納税者の利便性の向上を

3　国税庁山崎大介氏作成の日本公認会計士協会研究大会（2022年9月15日）資料より。

4　国税庁（2023）「令和4年度におけるオンライン（e-Tax）手続の利用状況等について」　https://www.e-tax.nta.go.jp/topics/0510pressrelease.pdf（閲覧日2024年4月15日）

166　Part Ⅱ　税務行政DXの展開とその重要性

目指し、住宅ローンや保険料といった費用（控除）項目に関するデータをデータ保有機関から自動で取り込むことができるような仕組みもつくられつつあるが、こういった施策の実現のためには金融機関の協力が不可欠である。

さらに「③税務調査・滞納整理」に関しても、伝統的に書面や対面により金融機関への預貯金情報の照会が行われてきた。国税庁の税務行政のDXの一環として、このやりとりに関し、オンラインによる手法が導入されつつあるが、こういった取組みにも金融機関の協力が必要だ。

このように、わが国において税務行政のDXは金融機関の協力なくしては進められないが、その具体的取組みについては金融機関にとってメリットがあるものも多い。国税庁と金融機関が十分に相互理解を図ったうえで、協力関係を構築する必要がある[5]。

3　税務行政のDXに関する国際的な議論

ここで、税務行政のDXに関するいくつかの海外の重要な議論を紹介しよう。本書では巻末に、OECDの「税務行政3.0」の日本語訳を掲載しているが、それ以外にも各国・各団体から重要な提言がなされてきた。わが国の税務行政のDXを考えるにあたり、海外の動向を知ることは非常に重要である。具体的には、以下の三つを中心に説明したい。

・英国の事例〜Making Tax Digital〜
・IMFの提言
・OECDの動向

(1)　英国の事例──Making Tax Digital

税務行政のDXに関する先進国の取組みとして最もよく取り上げられているのは、英国の事例であろう。2015年12月に英国歳入国税庁（HMRC）より

---

[5] 詳細は、前田順一郎（2023）「税務行政に押し寄せるDX化の波と金融実務への影響」週刊金融財政事情2023年1月17日号（3478号）を参照。

▌図表 8 − 1　英国のMaking Tax Digitalに関する主な活動

時　期	内　容
2015年12月	個人納税者用のオンラインアカウントが導入され、2020年 2 月までに2,240万人の利用者が登録
2018年 4 月	個人事業主の帳簿書類の電子的保存が義務化
2019年 4 月	VAT（付加価値税）の電子報告が義務化され、2022年 4 月にはすべての課税事業者がMTD（Making Tax Digital）に加盟 ※所得税・法人税の電子報告義務化は2026年 4 月 1 日まで延期

（出所）　英国政府HM Revenue & Customs（2015）*Making Tax Digital.*、英国政府HM Revenue & Customs（2022）*Overview of Making Tax Digital.*、前国税庁国際業務課　淺野高徳「英国の税務行政と最近の主な取組」（2021年 1 月　税大ジャーナル（第32号））より筆者作成

税務行政に関する新しい施策として「Making Tax Digital」が公表された。これは、納税者にとって税務行政をより効果的、効率的かつ簡素化することを目標とするものである。「Making Tax Digital」に関する動きを要約すると**図表 8 − 1**のとおりである。

(2)　IMFの提言

2017年11月には、IMF（国際通貨基金）が「Digital Revolutions in Public Finance」を公表した。このペーパーでは、テクノロジーが政府の徴税と支出のあり方を変えているという点に触れ、各国政府がデジタル革命という変化に対応する必要性を指摘した[6]。

特にデジタル化は、既存の税制の改善に資するだけでなく、まったく新しい政策を提案する際にも非常に有効だとされている。一方で、プライバシーやサイバーセキュリティに関する懸念なども指摘されており、各国の実情にあわせた税務、行政、ガバナンスの制度の変化が不可欠であるとされた。

興味深いことに、このペーパーのなかでもケニアのM-pesa、インドのAadhaarなどの例があげられており、税務行政においても開発途上国が先進

6　原文のほか、サンジーブ・グプタ、マイケル・キーン、アルパ・シャー、ジュヌヴィエーヴ・ヴェルディエ（2018）「デジタル化が進む公共財政」を参考にした。

国を飛び越えていく、「リープフロッグ」が起こりうると警告されている。

このペーパーは各国の税務当局に大きな影響を与えたと考えられ、OECDの動きにもつながったという意味でも意義があるものだ。実際に、ここで取り上げられた論点の多くがOECDの「税務行政3.0」においても引き継がれている。

(3) OECDの動向

英国の取組みやIMFでの指摘もふまえ、OECDでも税務行政のDXの必要性が議論されるようになった。OECDのなかには、税務長官会議（Forum on Tax Administration、FTA）という組織がある。これは各国の税務当局の長官が集まり、税務行政上の課題について各国のベストプラクティスの共有等を図るため、2002年にOECDのもとに設置されたフォーラムである。OECD加盟38カ国に非加盟15カ国・地域を加えた53カ国・地域がメンバーとなり会議が開かれてきた[7]。特に2019年サンティアゴ総会以降は、毎年のように税務行政DXが最大のテーマとなっている（**図表8-2**）。

4　OECDの「税務行政3.0」について

(1) 「税務行政3.0」の世界観

以上のような経緯のなかで、OECDが2020年に公表したものが「税務行政3.0：税務行政のデジタル・トランスフォーメーション」（以下「税務行政3.0」という）である。これは税務行政が将来目指すべき世界観を提示したものである。一言でいえば、「税務行政3.0」の世界観は、「課税プロセスが、納税者が日常生活やビジネスの一部として使用する自然システム（「エコシステム」とほぼ同義であるとされている）に組み込まれて、納税がよりシームレスな体験となる」というものである。

端的でわかりやすい説明が、比喩として紹介されている「自動運転車（au-

---

[7] 国税庁（2023）「第16回OECD税務長官会議（FTA）の成果に係る声明（2023年10月13日　於：シンガポール）」

Chapter 8　税務行政DXの重要性　169

■ 図表 8 - 2　OECD税務長官会議（FTA）における主要な議題（第10回以降を筆者がまとめたもの）

開催回・場所・年月	優先課題・重要分野等
第10回： チリ・サンティアゴ 2019年3月	四つの優先課題に焦点を当てた。 ・BEPSおよび税の安定性に関する取組み ・税分野における協調的な取組みの強化 ・**税務行政の継続的なデジタル化への支援** ・途上国に対する人材育成の支援
第11回： アムステルダム（オンライン） 2020年12月	四つの重要分野に焦点を当てて議論 ・新型コロナウイルスの世界的な流行への対応および今日に至る危機から学んだ教訓 ・新たに生じているリスクの特定および緩和 ・**よりシームレスな課税のあり方を支えるための税務行政のデジタルトランスフォーメーション** ・税の安定性に関するツールや成果を向上させるための次のステップ
第12回： パリ（オンライン） 2021年12月	三つの重要な分野に焦点を当てた。 ・**経済のデジタル化**に伴う税務上の課題に対応するための、二つの柱からなる解決策の執行 ・**よりシームレスな課税モデルをサポートするための税務当局のデジタルトランスフォーメーション** ・開発途上国の税務当局を支援するための税のキャパシティビルディング
第13回： シドニー 2022年9月	われわれは、現在の作業プログラムにおける三つの主要分野について深く議論を行い、以下を来期の優先事項として継続していくこととした。 ・**経済のデジタル化**に伴い発生する税務上の課題に対応するための二つの柱の解決策や、適切な税の安定性プロセスの執行準備 ・**よりシームレスな課税モデルを支援するための税務行政のデジタル化の進展** ・途上国の税務当局を支援するためのさらなる税のキャパシティビルディング
第14回： シンガポール 2023年10月	われわれは以下について合意した。 ・**コンプライアンスをさらに組み込み、タックスギャップを是正し、コンプライアンス負担を大幅に軽減する**

170　Part Ⅱ　税務行政DXの展開とその重要性

	ための新しいテクノロジーツールを活用する「**税務行政 3.0**」**のビジョンの実現を促すための野心的な一連のプロジェクトにコラボレーションすること** ・グローバルミニマム課税の運用におけるコンプライアンスやコラボレーション、安定性をサポートするための税務当局間の協調の深め方の検討を含む一貫した第二の柱の効果的な実施を確保するために協働すること ・他の国際機関や地域組織との緊密なパートナーシップを通じたグローバルなキャパシティビルディングの取組みの有効性と到達度を向上させること

（注）　太字は税務行政のDXに関する事項である。
（出所）　筆者作成

tomated self-driving cars)」の例である。現在、自動車を運転する場合には、ドライバーが免許を取得し、各種法令を遵守し自ら運転をしなければならない。ドライバーは速度制限や自動車のルールを守って運転をすることが前提になる。一方で、政府部門はルール違反を取り締まるために道路にカメラを設置したり、警察官が巡回したりすることで、多大なコストをかけている。

　もし、自動運転車への移行が実現したら、ドライバーは自ら運転していなくても、自由にほかのことができるようになるだろう。センサーが情報を収集し、アルゴリズムが複雑な判断をくだしてくれる。政府部門はシステムが適切に稼働しているか確認する必要はあるが、ルール違反を取り締まるためにコストをかける必要はなくなる。

　税務行政も同じになる、というのである。納税というプロセスが納税者のエコシステムに組み込まれている世界観である。「税務行政3.0」においては、納税者は納税というプロセスをあえて意識しない。

　このような世界は将来本当に実現するだろうか。

　実はこういった世界観と類似した発想に基づく制度の事例が身近にある。わが国の所得税の源泉徴収制度である。わが国の企業に勤める方の多くは所得税の納税手続を強く意識したことはないはずだ。給料を支払った企業が給与天引きというかたちで所得税を源泉徴収し、企業が納税してくれるからだ。これは、自ら確定申告をすることが求められる米国などに比べると、限

りなく「自動運転車」に近い。なお、「税務行政3.0」においては、わが国の源泉徴収制度とよく似た制度である英国のPAYE（Pay As You Earn）の例があげられている。

(2) 「税務行政3.0」を考えるうえでの留意点

「税務行政3.0」は税務行政の未来を考えるにあたってきわめて重要な問題提起であるが、わが国の金融システムや税務行政には世界的にみても優れた点も多数ある。特に以下の点について、念頭に置いておくべきだろう。

① わが国に事実上アンバンクト問題が存在しなかったことを背景に、銀行口座の情報を活用した効率的な税務行政が行われてきたこと。

② 税理士制度や各種納税者団体の存在により、民間部門において納税者の税務コンプライアンス向上が図られてきたこと。

③ たとえば、所得税の源泉徴収制度がすでに「税務行政3.0」の世界観を部分的に実現しているものであることからもわかるとおり、決してわが国の制度が世界に大きく後れをとっているわけではないこと。

上記①や③に関してはすでにみてきたとおりであるが、わが国の税務行政の特徴として無視できないのが②に記載した税理士制度の存在である。日本では税理士は多くの人にとって身近な存在である。税に悩みがあった際に、直接相談できる税理士を知っているケースも多いだろうし、だれかに紹介してもらうことで税理士と接点をもつことはそれほど大変なことではない。しかし、世界的には税理士制度が存在することは必ずしも一般的ではない[8]。

また、わが国においては税務署と納税者をつなぐ納税者側の組織として、青色申告会や法人会、間税会などの団体も税務コンプライアンスの向上に貢献してきたことは特筆すべきだろう。

また、これらとは少し異なる文脈となるが、世界には、そもそも為政者が民主的な方法により選ばれていない国も存在する。政府による統治が脆弱であることから税を支払わなくても事実上なんら罰則がない国も存在する。そ

---

8 日本税理士連合会「国際交流」
https://www.nichizeiren.or.jp/taxaccount/interchange/ （閲覧日2024年 4 月15日）

172 Part Ⅱ 税務行政DXの展開とその重要性

れらの国々における租税は、成熟した民主国家におけるそれとはまったく異なる意味をもつ。租税という形式であったとしても、それは献金や賄賂に近い意味をもつものかもしれない。そういった国における税務行政のDXの議論は、わが国におけるものとはまったく異なる意味をもつことに、十分な留意が必要である。

なお、その後OECDからは同資料の内容を補足するかたちでいくつかの文献が公表されている（**図表8－3**）。

■ 図表8－3　税務行政のDXに関してOECDが公表した主な資料

公表年月	公表物	概要
2020年3月	Tax Administration 3.0: The Digital Transformation of Tax Administration	「税務行政3.0」。未来の税務行政の世界観を提示したもの。本章および巻末の翻訳を参照。
2021年12月	Supporting the Digitalisation of Developing Country Tax Administrations	「税務行政3.0」（2020年）に基づき、開発途上国の税務当局が税務行政のDXに取り組む際に役立つガイダンスを提供するもの。
2022年1月	Tax Administration 3.0 — Action Plan Update	「税務行政3.0」（2020年）に基づき、FTAが2021年に実施した活動を要約したもの。
2022年9月	Tax Administration 3.0 and the Digital Identification of Taxpayers	税務行政の合理化のためのデジタルIDの重要性について整理したうえで、国際的な標準化など今後の課題をまとめたもの。
2022年9月	Tax Administration 3.0 and Electronic Invoicing	付加価値税（消費税）の電子インボイスの国際的な標準化に関する課題や事例紹介をするもの。
2022年9月	Tax Administration 3.0 and Connecting with Natural Systems	税務コンプライアンスを納税者の自然システムのなかに組み込む際の課題（たとえば、デジタルIDなど）についてまとめたもの

（出所）　筆者作成

5　デジタル時代の貨幣論と税務行政のDX

(1)　お金とは何ぞや

　本書の最後に、ここまでの議論とまったく異なる観点から税務行政のDXというテーマを考えてみたい。そもそも、お金（Money）とは何ぞや、という根本的なテーマから始まる議論である。

　私は講義や研修などで、受講者に対してしばしば次のような質問をする。「どれがお金だと思うか」というものである。

①　1万円札
②　預金
③　○○payの残高
④　暗号資産
⑤　国債

　③から⑤に関しては人によって答えが異なる。一方、ほぼすべての人が①と②はお金である、と答える。実はこれは日本銀行の定義とおおむね一致している。日本銀行は、マネーストックとしてM2とM3という指標を重視している。M2もM3も現金通貨＋預金通貨＋準通貨＋CDという式により算定される[9]。

　わが国においてもキャッシュレス化は進展しており、現金通貨がM2、M3全体に占める割合は1割を割っている。そう考えると現代においては、お金とはほぼ預金のことを意味するといえる。

　預金は、財務会計上、銀行が作成する貸借対照表の負債の部に計上される勘定科目である。歴史的には、銀行簿記の実務として、銀行にお金を貸してくれた人、すなわち預金者の氏名と金額を手書きで帳簿に記載したといわれ

9　M2の集計範囲は国内銀行等、M3の集計範囲はゆうちょ銀行を含む全預金取扱機関である点が異なる。詳細は日本銀行調査統計局（2023）「マネーストック統計の解説」　https://www.boj.or.jp/statistics/outline/exp/data/exms01.pdf（閲覧日2024年4月15日）を参照。

ている。複式簿記において負債の増加項目を記帳する右側のことを「貸方」と呼ぶのは、その名残である。

コンピュータの発展により、銀行の帳簿はシステム化された。いまでは、預金残高は各銀行が管理・運用する預金システム上のデータである。もちろん、預金システムの管理・運用が安定的になされているか否かについては、金融庁や日本銀行によりモニタリングされているが、銀行は基本的には私企業である。したがって、デジタル化が進展した現代においては、「お金」とは「基本的に私企業である銀行が預金として管理するデータ」であるととらえても大きな間違いではなかろう。

(2)　岩井克人の「循環論法」

お金とは何ぞや、という問いに関しては、特にわが国の経済学者や思想家の論壇において、岩井克人が展開した貨幣の「循環論法」は一定の支持を得ているといえよう。岩井は「貨幣がいままで貨幣として使われてきたという事実によって、貨幣がいまから無限の未来まで貨幣として使われていくことが期待され（中略）この期待によって、貨幣がいまここで現実に貨幣として使われている」[10]という論を唱えた。

岩井の結論は大変興味深いものである。すなわち、「循環論法」に立つ限り、「ひとびとが貨幣から遁走していくハイパー・インフレーションとは、まさにこの（中略）円環が自ら崩壊をとげていく過程にほかならない」として、ハイパー・インフレーションこそが最大の「資本主義の危機」であると結論づけるのである。そして、逆にデフレを伴う「恐慌」は「貨幣が貨幣であることによってモノとしての価値を上回る価値をもっているならば（中略）もっとも本質的な困難でも、まして唯一の困難でもなくなってしまう」と指摘する。

デジタル社会の進展により、あらためて貨幣の本質を考えたときに、岩井の「循環論法」は的を射ているというべきだろう。たとえば「円」という貨

10　岩井克人（1993）『貨幣論』（筑摩書房）196頁、恐慌とハイパー・インフレーションの議論については214頁。

幣を考えたときに、「人々が、円が将来にわたり使われていくと期待するからこそ円が価値を有する」という議論に異論はない。金やドルとの交換が保証されるわけではない「円」は、皆が「円」に価値があると信じるからこそ価値をもつ。

(3) 租税貨幣論とは

ただ一つ、私が岩井の議論において常に引っかかっていたのが、貨幣が循環軌道に入るきっかけについて、である。太陽系の惑星が何のきっかけもなしに太陽の周りを循環し始めるとは考えられない。微惑星同士の衝突といったなんらかのきっかけがあったはずだ。貨幣の循環論法において、そのきっかけは何か。

私は「税」なのではないか、とおぼろげながら考えていた。日本では税を「円」で支払わなければならない。いずれにせよ税を「円」で払わなければならないのであれば、皆が円を支払手段として用いる合理性が生じる。そのことをきっかけとして人々は、円が将来にわたって価値をもつと信じるようになるのではないか。すなわち、税をきっかけとして貨幣が循環軌道に入るのではないだろうか。

こういった考え方に説得力があることは、暗号資産がお金か否か、という問いを考えてみるとわかる。暗号資産はお金である、と答える人は少数派である。皆、暗号資産で物を買わないからだ。暗号資産で物を買うことができる店も存在するが普及しない。なぜならば、暗号資産で決済をすると、わが国の税法上、そのつど課税関係が発生するからである。いくら暗号資産に魅力を感じたとしても、これでは不便で仕方がない。

仮に「円」は信用できないのでBitcoinを単位として税額を計算して納税する、という納税者がいたとしたら、税務署からはお叱りを受けるだろうし、悪質な場合には逮捕されてしまうだろう。つまり、いわば国家の「暴力装置」も「税」を支えているといえる。

「租税貨幣論」という考え方は、こういった発想に基づくものである。数年前に現代貨幣理論（MMT）という考え方が注目を浴びた。MMTの主張の

展開方法および結論については、個人的には同意しかねる部分もあるのだが、貨幣とは何ぞや、という問いに対する答えとして、「租税貨幣論」が主張されたことは意義深い。

展開された租税貨幣論のエッセンスは以下のとおりである[11]。

・政府が債務などの計算尺度として通貨単位（円、ドル、ポンドなど）を法定する。

・次に、国民に対して、その通貨単位で計算された納税義務を課す。

・そして、政府は、通貨単位で価値を表示した「通貨」を発行し、租税の支払手段として定める。これにより、通貨には納税義務の解消手段としての需要が生じる。

・人々は、通貨に額面どおりの価値を認めるようになり、その通貨を、民間取引の支払や貯蓄などの手段としても利用するようになる。

・こうして、通貨が流通するようになる。

すなわち、人々が貨幣に対して価値を見出すのは、それにより税金を払えるからだというのだ。ここで着目すべきは、MMTの論者の多くが租税貨幣論を理論的基礎として、政府債務の増加を主張することだ。一般に政府債務の増加は、ハイパー・インフレーションを引き起こすと批判される政策である。ハイパー・インフレーションは岩井が「資本主義の危機」と指摘したものである。

(4) 貨幣の本質と税務行政のDXの意義

以上の理解をふまえ、経済学を出発点として金融や会計、税務の実務および研究を続けてきた私が考えている貨幣の本質とは次のようなものである。

貨幣（たとえば「円」）が租税の支払手段として用いられ、価値をもつ。そして、ひとたび貨幣が価値をもつと、これを「きっかけ」として人々は貨幣が将来も価値をもつと信じるようになる。これにより、貨幣がいまから無限の未来まで貨幣として使われていくことが期待され、この期待によって貨幣

11　L・ランダル・レイ（著）、中野剛志・松尾匡（解説）、島倉原（監修・翻訳）、鈴木正徳（翻訳）（2019）『MMT現代貨幣理論入門』（東洋経済新報社）3〜4頁

が価値をもつようになる（「循環論法」）。

　一方で、貨幣の価値が租税の支払手段として用いられることが「きっかけ」となるためには、なんらかの方法で国家が信任を得ている必要がある。民主国家であれば、民主的な方法により租税が徴収され、民主的な方法により租税の使途が決められていることが、国家の信任が得られる条件となるだろう。もしこれに対する疑念が限界に達したとき、岩井が最も恐れるハイパー・インフレーションが起こるのではないか。

　さて、本書のテーマである税務行政のDXに議論を戻す。税務行政のDXとは、本質的には納税者の利便性を向上させ、効率的で公正な税制を実現するものである。貨幣の価値に、租税制度が関係していることを否定できないとすれば、税務行政への信頼は貨幣そのものへの信頼に直結する。

　きっと読者の皆さまは、もうお気づきだろう。税務行政のDXはなぜ重要なのか。それは、その取組みが税制の効率性、公正性を高め、税制への信頼を向上させ、ひいては貨幣そのものへの信頼を高めることを意味するからだ。そして、貨幣への信頼は、経済社会の安定の根幹をなすことはいうまでもない。私が本書を編纂するにあたって最も述べたかったことは、このことである。

Part III

税務行政3.0：
税務行政のデジタル・トランスフォーメーション
―OECD 税務行政フォーラム(2020年)―

前田順一郎：訳

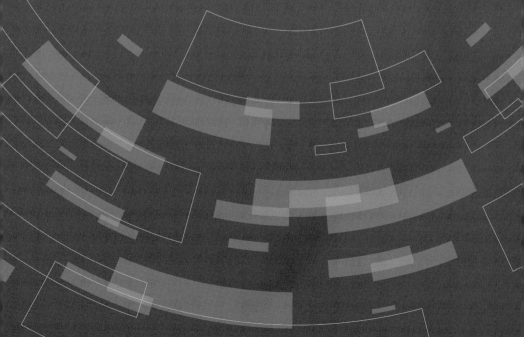

訳者まえがき

　OECDは2004年以降、定期的に税務行政に関するペーパーを発行してきたが、そのなかでも2020年の「税務行政3.0：税務行政のデジタル・トランスフォーメーション」は特筆すべきものであるといえる。現在、世界的にテクノロジーの高度な利用が進むなかで、各国の税務当局はコンプライアンスをさらに強化するとともに、税務行政にかかる負担を軽減するために、税務行政のDXを推進している。言うまでもなく、COVID-19の世界的な大流行もこの流れを後押しした。同ペーパーは、こういった状況下において各国の税務当局が目標とすべきゴールを示したものであり、各国の税務当局がおおいに参考にしているものと考えられる。

　わが国の税務行政も例外ではない。もっとも、わが国の税務行政DXへの取組みは決して世界に比して遅れをとっているわけではない。OECDが2023年に公表した「税務行政2023：OECDとその他の先進国及び発展途上国の比較情報」[1]においても、以下のようなわが国における税務行政DXへの取組みが紹介されており、これらは世界的にみても税務行政のDXの先進事例といえるだろう。

① 　マイナポータルの活用によるスマートフォンを用いたオンライン申告

② 　スマートフォンのカメラによる源泉徴収票の自動入力

③ 　納付方法の強化（振替納税／オンライン申告／インターネットバンキング・ATM／クレジットカード／スマートフォンアプリ）とキャッシュレス納付の推進

④ 　デジタル人材の採用と支援（理系人材の採用と統計や機械学習、予測モデ

1 　OECD（2023）"Tax Administration 2023：Comparative Information on OECD and Other Advanced and Emerging Economies", Tax Administration 2023：Comparative Information on OECD and other Advanced and Emerging Economies | Tax Administration：Comparative Information on OECD and Other Advanced and Emerging Economies | OECD iLibrary（oecd-ilibrary.org）　なお、文中紹介したわが国の事例が記載されている該当ページは①：p40、②：p49、③：p68、④：p144。

ルなど高度な専門知識を修得する研修システム）

　一方で、「税務行政3.0」の世界観を前提とすれば、わが国の税務行政の DX にも課題が多く残っているのも事実である。またデジタル・フィンテックの分野を中心に「リープフロッグ」と呼ばれる現象が起こるなかで、開発途上国の DX 事例のなかにも参考とすべきものが多くある。

　今回翻訳に取り組んだ「税務行政3.0：税務行政のデジタル・トランスフォーメーション」は現在の OECD や各国の税務当局のその後の議論の礎となっており、この問題を国内外で議論する際に、しっかりとした共通理解が求められるものである。本翻訳がそのような建設的な議論に資するものになれば幸いである。

はじめに

　昨今、デジタル・ツールや新たなコミュニケーション・チャネル、内部ないしは外部のデータソースが大幅に増加しています。それにより、多くの機会がもたらされ、納税者へのサービスは向上するとともに、コンプライアンス活動のターゲットをより適切に絞ることができるようにもなりました。これは間違いなく税務行政の有効性と効率性を向上させた一方で、税務行政はいまだに納税者による積極的で、時には負担が大きい自発的なコンプライアンスと、コンプライアンス違反に対処するための資源集約的な査察や税務調査に依存しています。われわれFTA（OECD税務長官会議）の委員は、税務行政の未来においては、こういった現在のアプローチを打破する必要があると考えています。

　経済や社会全般のデジタル化の進展を通じて、われわれの周りでは本質的な変化が生じており、いままでとは異なる税務行政モデルが許容され、また実際にはそういったモデルが求められています。このモデル（このディスカッション・ペーパーでは「税務行政3.0」と呼びます）においては、税務行政プロセスは、納税者が日常生活やビジネスで使用する自然システムにますます組み込まれるようになります。これにより、税務行政の多くの側面が自動化され、「上流化」され、税務行政はよりシームレスで摩擦のないものとなり、行政負担が大幅に軽減される可能性があります。このビジョンが達成できるか否かは、納税者、政府の他部門、民間セクターのパートナーとの協働や、税務政策立案者との議論にかかっています。また、こういった広範なコネクティビティを実現するための重要な前提として、データの利用や国のシステムのセキュリティに対する信頼を強化する必要があります。

　このディスカッション・ペーパーにおけるわれわれの意図は、もちろん、これが唯一の可能な結果であるとか、税務行政が将来完全に自動化されることを示唆するものではありません。また、各地の税務行政にはそれぞれ異なる出発点と優先事項があることも認識しています。われわれの意図はむし

ろ、納税者の自然システムとより密接に連携した、新たな税務行政の構成要素について、税務当局内外でどのように協力していくのが最善かについて、議論を喚起することにあります。

　予期していなかったことですが、このディスカッション・ペーパーの公表は、世界的なCOVID-19の大流行がまだ続いている最中に行われました。この報告書が、政府を横断的に束ねたり、必要に応じその他の責任を引き受けたりする能力を強化することを含め、税務行政をより弾力的で機敏なものにする方法について、現在われわれが考えていることの一助となることも期待されます。税務行政のあり方を変えることは、もちろん長期的な取組みであり、税務当局や納税者にとっては、それに伴うコストを管理する必要があります。しかし、われわれがどこに向かい、どのようにそこに到達するのかに焦点を絞ることは、国境を越えた相互運用性、ガバナンス、標準化に関する利害関係者との集団的な議論を喚起し、われわれがいま、正しい選択をするのに役立つでしょう。

　税務行政3.0運営・起草グループにおいて作業を主導した関係者、プロジェクトに参加していただいたFTAメンバー、デジタル・トランスフォーメーション・コミュニティの重要な関係者、そしてFTA事務局に感謝いたします。われわれは、さらなる共同作業の優先順位を示すロードマップの作成を含め、関係者の税務行政3.0プロジェクトへの積極的な参加を引き続き期待しています。

Commissioner Chris Jordan, Australian Taxation Office（オーストラリア）
Director General Markku Heikura, Finnish Tax Administration（フィンランド）
Commissioner General James Githii Mburu, Kenya Revenue Authority（ケニア）
Commissioner Nina Schanke Funnemark, Norwegian Tax Administration（ノルウェー）
Commissioner Daniil Egorov, Federal Tax Service of Russia（ロシア）
Commissioner Ng Wai Choong, Inland Revenue Authority of Singapore

（シンガポール）

Commissioner Jesus Gascon, Spanish Tax Agency（スペイン）

（訳者注）　カッコ内の国の税務当局の代表者名で公表。

謝　辞

　「税務行政3.0：税務行政のデジタル・トランスフォーメーション」は、サンチアゴで開催された2019年OECDのFTA本会議で委員からの要請を受け、FTA（OECD税務長官会議）により出版されたディスカッション・ペーパーであり、将来ビジョンとその構成要素について議論と対話を加速させるためのものです。

　この文書は、FTA事務局のRex ArendsenとPeter Greenが執筆し、Oliver PetzoldとSonia Nicolasが助言と支援を行いました。特に、プロジェクトの運営・起草グループの議長を務めたNorwegian Tax Administration（ノルウェー）のØivind Strømme、Chapter 3の納税者のナラティブ部分を共同作成したNorwegian Tax Administration（ノルウェー）のMarianne ThoresenとDag Helge Gundersen、報告書のビジュアルを共同作成したAustralian Taxation Office（オーストラリア）のCarmel RugolinoとPercy Laraに感謝します。

　運営・起草グループのメンバー、FTA加盟国の職員の指導と貴重な貢献に感謝します。特にAustralian Taxation Office（オーストラリア）のCarmel Rugolino、Percy Lara、John Dardo、Federal Tax Service of Russia（ロシア）のDmitry Volvach、Elisey Balta、Marina Krasheninnikova、Maxim Kuznetsov、Finnish Tax Administration（フィンランド）のSanna Esterinen、Anttu Osanen、Minna Rintala、Sanna Savolainen、Inland Revenue Authority of Singapore（シンガポール）のEvelyn Khoo、Hui Yan Au、Kenyan Revenue Authority（ケニア）のGladys Kitony、Mercy Kihiu、Norwegian Tax Administration（ノルウェー）のLucie Aunan、Marianne Thoresen、Dag Helge Gundersen、Elizabeth Marie Baur、Kristine Stødle、Spanish Tax Agency（スペイン）のDaniel Gómez Aragón、Luz Salgado Bayo、Ignacio del Río Anguloには感謝します。

　最後に、ノルウェーのオスロで、またバーチャルで、複数回のプロジェク

ト・ワークショップを開催してくれたNorwegian Tax Administration（ノルウェー）に感謝します。また、これらのイベントに参加した20以上のFTA加盟国の関係者、デロイト、PwC、マッキンゼー・アンド・カンパニーの担当者にも感謝します。

Table of Contents

エグゼクティブサマリー……………………………………………………189

Chapter ⟨ 1 ⟩　税務行政3.0への旅路………………………………193

Chapter ⟨ 2 ⟩　バーニング・プラットフォーム………………………205

Chapter ⟨ 3 ⟩　税務行政3.0の実際の例………………………217

Chapter ⟨ 4 ⟩　税務行政3.0の構成要素………………………238

Annex A　デジタル・トランスフォーメーションの変化のベクトル……274
Annex B　デジタル時代のテクノロジーのトレンド………………………278
参考文献………………………………………………………280
用語集…………………………………………………………282

このディスカッション・ペーパーは、税務行政のデジタル・トランスフォーメーション、すなわち時間をかけて税務をよりシームレスで摩擦のないものにしていく取組みに向けたビジョンを示しています。このディスカッション・ペーパーは、サンチアゴで開催された2019年OECDのFTA本会議で委員から要請されたもので、その意図は、将来ビジョンとその構成要素について議論と対話を加速させることにあります。これにより、税務当局がデジタル・トランスフォーメーションの旅路を個別的・集団的に検討する際の助けとなる、共通の言語、枠組み、終着点の確定につながることが期待されます。次のステップとしては、FTAが今後取り組むべき優先分野を特定するロードマップを作成することが想定されています。

このビジョンは、税務行政3.0と呼ばれ、そのパラダイムシフトの本質を強調しています。この呼び方の文脈でいえば、税務行政1.0と呼ぶべきものは、多くの手作業と縦割り化されたプロセスを伴う主に紙をベースとしたものであったと特徴づけることができます。次に、納税者と経済全体のデジタル化が進むにつれて、税務当局によるデジタル・データと分析ツールの利用には政府他部門や民間部門との連携や国際的な連携などの新たな機会が数多く生まれました。これにより、多くの国／法域では、税務行政2.0（「e-Administration」とされることもある）と呼ばれるような、納税者と当局のための税務行政プロセスの効率性と有効性の向上が進んでいます。

納税者がビジネスを運営し、取引を行い、意思疎通を図るために使用するさまざまなシステム（「自然システム」）間の相互接続が可能になればなるほど、適切な保証を条件として、課税プロセスをこれらのシステムに移行する

ことが可能になります。このデジタル・トランスフォーメーション（税務行政3.0）は、ますます多くの分野においてコンプライアンスを組み込み、課税を課税対象事象に近づけることで、納税者の日常生活やビジネスで使用されるものとは異なる課税プロセスを使用せざるをえないことにより生じる負担が、大幅に削減される可能性を秘めています。このような機会が増えれば、現行の税務行政の構造的な限界に大きく食い込むことが可能になるかもしれません。ここでいう限界とは、持続的に生じるタックスギャップ、多額の未徴収税額、継続的な税債務を生じさせるとともに、一部の分野ではコンプライアンス負担の増大にもつながっているものです。

　ディスカッション・ペーパーで述べられているように、これは何年もかかる旅路であり、完全な便益を実現するためには、多くの断片的な要素を組み合わせる必要があります。これには、デジタル・トランスフォーメーションの構成要素の多くを、政府のほかの部分、民間セクターの関係者と共同でかつ国際的に開発することも含まれます。しかし、その過程で実現できるメリットは相当大きなものです。本レポートで述べられている税務行政3.0の個々の構成要素、たとえばデジタルIDや、ビジネス・ソフトウェア、ウェブおよびモバイル・アプリケーションへの課税ルールの組み込みは、危機への対応における税務行政の弾力性や敏捷性を向上させるなど、それ自体で大きな変化をもたらすことができるものです。

　このディスカッション・ペーパーは四つのChapterで構成されています。

・Chapter 1　税務行政3.0への旅路

　この章では、税務行政の現状、現行制度の構造的限界、デジタル・トランスフォーメーションによって達成される可能性のある、より大きな視点からとらえた将来ビジョンについて簡単に説明しています。

・Chapter 2　バーニング・プラットフォーム

　この章では、仕事の世界の変化、新たなビジネスモデル、グローバル化、技術革新、社会の期待などを考慮し、デジタル・トランスフォーメーションの計画を、いますぐ実行に移すためのケースを提示し、議論を喚起することを目的としています。

- **Chapter 3　税務行政3.0の実際の例**

　この章では、将来の税務行政のビジョンを発展させ、一連の納税者のストーリーラインを通じて、摩擦のないシームレスな税務が実際にどのようなものになるかを説明します。

- **Chapter 4　税務行政3.0の構成要素**

　この章では、将来の税務行政を促進するために必要な一連のコアな能力について、それらがどのように組み合わされるのか、また、変化のコストを考慮したうえで、「将来後悔しない」道のりをどのように進めていくのかを提示します。

次のステップ

　Chapter 4 では、税務当局が検討を望むだろういくつかの選択肢を提示していますが、本報告書では、さらなる詳細なFTAプロジェクトについての具体的な提言はあえて行っていません。場合によっては国際標準化という選択肢も含め、各構成要素に関してさらなる協働作業を検討すべき問題は多岐にわたります。したがって、今後数年間のデジタル・トランスフォーメーションに焦点を当てたFTA作業プログラムに関する委員会の決定に向けて、外部の利害関係者との協議を含め、中期的なロードマップを策定すべきであるというのがわれわれの提言です。

税務行政3.0に向けて

・帳票主導（電子または紙） ・定期的に過去のデータを集計 ・手作業で時間とコストがかかる　⇒ ・事後的なリスク対応 ・非接続エコシステム	・データドリブン ・発生した事象を基礎とした詳細かつリアルタイムのデータ ・検証と自動化が可能に ・データの確実性の担保も可能に ・相互運用が可能なエコシステム ・国際的協力が可能

エグゼクティブサマリー　191

注意事項

　税務行政はさまざまな環境のなかで運営されており、それぞれの政策や立法環境、行政慣行や文化によって、税務行政の運営方法は異なります。そのため、特定の事例において税務行政に対する標準的なアプローチを設定することは現実的でなく、望ましいものでもないかもしれません。したがって、本報告書とその見解は、このことを念頭に置いて解釈する必要があります。ある国の慣行を検討する際には、なんらかのアプローチを形成してきた背景にある複雑な要因を十分に理解することに注意を払う必要があります。同様に、各政府が抱えている個別の課題や優先事項にも注意を払う必要があります。

Chapter 1

税務行政3.0への旅路

　現在の税務行政は一般的に、幅広い連続的なプロセスを通じて行われています。大きな視点に立つのであれば、課税対象者または組織体の特定に始まり、取引および所得の必要な報告、課税ルールの適用と納税額の計算、納付、税務調査、強制的な執行や異議申立てといったプロセスが存在します。

　これらのプロセスは、当初は紙ベースを基礎としつつ一部手作業により実施されていましたが、次第にデジタル化され、税務当局内および政府内でのデータ共有は拡大し、第三者データの取り込みもできるようになり、高度化された分析ツールの使用も可能となりました。それぞれの税務当局によって、このプロセスの到達点には差があるものの、方向性としては現代におけ

▌図1.1　税務行政プロセス

る税務当局では普遍的なものになっています。

　デジタル化の進展と新たな分析ツールの開発により、税務行政の効率性と有効性は著しく向上し、納税者の区分により多かれ少なかれ負担の軽減に役立っています。具体的には以下のような進化がありました。

• **第三者を介したより検証された申告の導入**
　たとえば、金融機関、政府の他の部門、他の納税者、他の税務当局からの情報を管理プロセスに統合する。

• **より信頼性の高い報告システムの採用**
　たとえば、付加価値税（VAT）に係る請求書のデジタル化、オンライン・キャッシュ・レジスター、会計ソフトへの基本的な課税ルールの組み込みなど。

• **潜在的なコンプライアンス違反の発見の高度化**
　ますます膨大になるデジタル・データと高度な分析技術を使用して、より優れたリスク評価モデリングを行うようになる。

• **納税者に対するサービスの改善**
　電子申告、電子納付、オンライン・セルフサービス・ツール、オンライン・ライブチャットなどの対象を絞ったかたちでのヘルプ機能など。この進展により、納税者は簡単に納税義務について理解し、義務を果たすことが可能になる。

税務行政2.0の構造的限界

　これらの進化は、納税者と税務行政の両方にとって利益をもたらしてきましたが、現在の税務行政システムが達成できる成果に関しては、重大な構造的限界があるのも事実です。税務コンプライアンス、コンプライアンス負担、歳入の徴収に関して継続的な問題を生じさせてしまう可能性があるのです。これから、これらの限界について説明していきます。

自発的コンプライアンスへの過度な依存

本来、税金は決して自発的なものではありませんが、「自発的コンプライアンス」という言葉が広く使われているのは、現行の税制の多くの局面で、納税者が申告、計算、納税に関してさまざまな選択をしていることの証左であるといえます。納税者による選択には、単に法令を遵守するかしないか、というものだけではなく、記録を残す、時間をかけて申告書に正確に記入する、理解不足を解消する、報告要件や期限を守るなどといった、正しく行動するために努力をする事項に関する選択も含まれています。

税務当局は現在、新しいデジタルサービスや新しいコミュニケーション・チャネルの開発、より納税者中心のアプローチの開発などを通じて、自発的なコンプライアンスを支援するために多くの努力を払っています。しかし、コンプライアンスの選択肢が残っている場合、意図的にもしくは合理的な注意を怠ることで、あるいはミスによって、多額の税金が支払われない結果をもたらす選択がなされることが避けられません。歳入への影響を測定するために、多くの行政機関は、タックスギャップ分析を通じて、徴収されるべき税額と実際に徴収されている税額との差を推定しています。多くのFTA加盟国で測定された平均タックスギャップの妥当な推定値は、おそらく5～10％の範囲です。

税務上の要件を満たすには多大な労力とコストがかかりうる

後述のとおり、給与所得者の源泉徴収（PAYE）制度の場合、税金は通常雇用者が給与計算のために使用するシステムに組み込むことができます。キャピタルゲインや賃貸収入など、その他の個人的な納税義務を含む税制の他の多くの部分については、納税義務に対応することは、通常、納税者が自らの目的で使用するシステム（ビジネス口座など）に税務要件を満たす機能が組み込まれていません。コンプライアンスの全体的なコストを測定することは困難ですが、多くの研究では、金銭的コストと機会コストの両方が多額となる可能性があることが示されています[1]。たとえば、欧州委員会の「復興戦略を支える公正かつ簡素な課税のための行動計画」では、中小企業の税

Chapter 1　税務行政3.0への旅路　195

務コンプライアンスにかかるコストは、納税額の最大30％に達する可能性があると指摘しています（European Commission, 2020［1］）。

税はしばしば「川下」の活動となる

税金の計算、報告、支払は納税期間の終了時に行われることが多く、通常は個人所得税や法人所得税よりも付加価値税（VAT）のほうが頻繁に行われます。これらの情報は、行政内部で検証チェックの対象となり、リスクが特定された際、また場合によっては無作為抽出によって税務調査が実施されます。税務調査は、特定事項の机上調査から完全な実地調査まで、多岐にわたります。「川下」的な課税の性質により、税に不確実性が生じてしまう可能性があり、財務計画、キャッシュフロー管理、投資に影響を与えるだけでなく、検証のプロセスに追加コストが発生する可能性があります。課税対象となる事象の発生時期と納税との間に長期間のギャップが生じることも多いため、支払リスクが生じる可能性もあります。FTA加盟国が報告した最新の数字によれば、徴収されるべき租税債務は8,200億ユーロに達しています（OECD, 2019［2］）。

課税はしばしば独立した活動となる

サービスやコンプライアンスを向上させるために、政府全体で取り組むアプローチの進展に注目が集まっていますが、一般的に、各政府機関によって使用されているシステムが異なるため、データの共有や共通のプロセスの活用は困難である現状があります。その結果、さまざまな問題を生じさせる可能性があります。たとえば、政府全体でIDの情報を使用できず、さまざまな異なる報告の要件に従わなければならなくなるなど、市民たる納税者に追

1　たとえば、Benzartiが税務申告のコストに着目して公表した2020年の論文（Benzarti, 2020［9］）、Blaufus, Hechtner and Jarzembskiによる個人の家計における所得税の税務コンプライアンス・コストについての論文（Blaufus, Hechtner and Jarzembski, 2019［11］）、Eichfelder and Vaillancourtが税務コンプライアンス・コストに着目した2014年の論文（Eichfelder and Vaillancourt, 2014［10］）、2007年に欧州委員会が中小企業の税務コンプライアンス手続について実施した分析を参照してください。

加的な摩擦を生じさせる可能性があります。さらに、一部の人々、特に社会的弱者にとっては、受けられるはずの給付を受けられなくなる可能性もあります。また、政府の一部で利用可能な情報を他の関連情報と照合して分析できない場合、不正に対処することがさらに困難になる可能性があります。

デジタル・トランスフォーメーション
── 税務行政3.0

　社会のデジタル化はますます急速に進展しており、税務行政を含む社会のあらゆる領域においてチャレンジが課されていますが、これは同時にチャンスであるともいえます[2]。こうした社会の変化により、現行の税務行政システムの構造的な限界のうちのいくつかに対処する機会が生じ、納税者が次から次へと直面するプロセスを不要なものにするとともに、課税プロセスを納税者が日常生活やビジネスの一部として使用するシステムに統合されるという動きの第一歩となるでしょう。そして、このような統合によりコンプライアンス・バイ・デザインがもたらす成果の進展、また納税者のコンプライアンス・コストのよりいっそうの削減が可能となります。もちろん、企業や個人の税務がそれほど複雑でない場合にはこのような統合は容易なことでしょうが、たとえば多国籍企業のようなきわめて複雑な組織構造をもつ納税者であっても、課税に関するより単純な要素については、同様に裏側に追いやってしまうことができるかもしれません。図1.2は、税務行政3.0を視覚化したものです。

　以下では、税務行政3.0のコアとなる要素を示します。とりわけ変化のためのコストを行政と納税者の双方に配分する必要があるため、このデジタル・トランスフォーメーションが実現するにはある程度の時間が必要でしょ

2　詳細については、2019年のOECDレポートであるGoing Digital: Shaping Policies, Improving lives（OECD, 2019 [4]）において認識された「デジタル・トランスフォーメーションの変化のベクトル」に関して記載したAnnex Aを参照してください。これらは、デジタル・トランスフォーメーションによってもたらされる変化に係る根本的な性質とその背後にある意味を示すものです。

うが、われわれのビジョンにおいては、税務行政は次第に以下のようなものになっていきます。

納税者の自然システムに組み込まれる

● 納税は、時間の経過とともに、日常生活や事業活動に可能な限り統合された、よりシームレスな体験となります。市民や企業の自然な行動やシステムが、課税プロセスの起点となることが増えていきます。納税者に付加価値を与え、行政負担を軽減し、安全で透明性が高く、信頼性の高い結果を保証するために、税務当局と民間組織は、革新的で連携したサービスの創出においてますます協力するようになるでしょう。納税者の自然システムに適合するように課税プロセスを適応させることで、コンプライアンス・バイ・デザインと「単に起こるだけの税（tax just happening）」が促進されます。フリーライドやコンプライアンス違反は、意図的で負担の大きい追加的な活動をますます必要とするようになるでしょう。

弾力的な「システム・オブ・システムズ」の一部に

● 付加価値税（VAT）や源泉徴収（PAYE）システムなど、現在企業が行っている税務行政業務に加え、多くのデジタル・プラットフォームも、そのシステム内で税務行政プロセスを行う税務行政の「代理人」となります。税務当局は、もはやデータ処理と税額査定を行うシングルポイントではなくなります。そのかわり、税務行政は、単一障害点を有することなく、信頼できるアクターがシームレスに相互作用する弾力性のあるネットワーク内で行われます。あるデジタル・プラットフォームは、データにかかわることなく、税金の徴収、納付額の送金に特化し、またあるデジタル・プラットフォームは、すべての取引データとかかわることなく、納税者と納税額を確定し、その結果と税務関連情報の共有に特化します。官民のアクターが、協調的なガバナンス・モデルに参画することとなりますが、最終的には政府機関が、業務とアウトプットの品質、堅牢性、信頼性を監督し、保証します。

198 ｜ Part Ⅲ　税務行政3.0：税務行政のデジタル・トランスフォーメーション

図1.2 税務行政3.0のビジョン

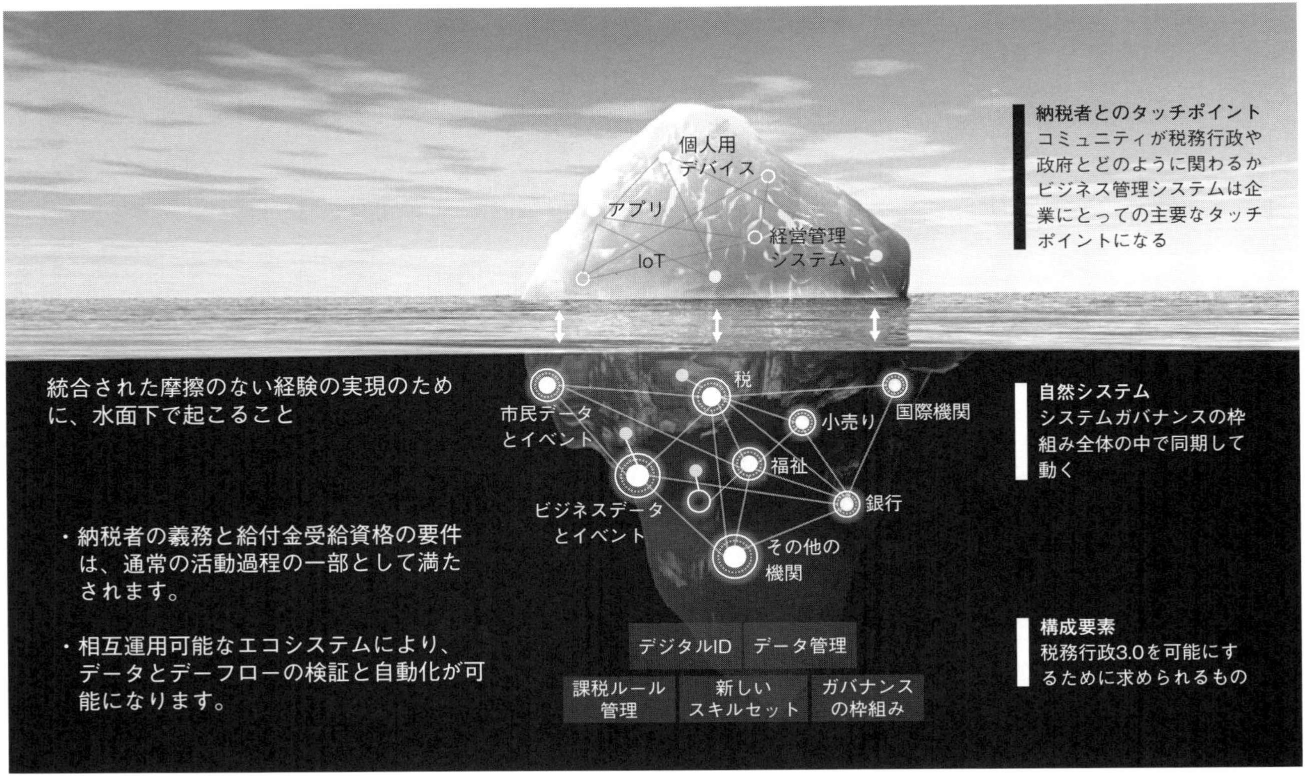

統合された摩擦のない経験の実現のため
に、水面下で起こること

・納税者の義務と給付金受給資格の要件
　は、通常の活動過程の一部として満た
　されます。

・相互運用可能なエコシステムにより、
　データとデータフローの検証と自動化が可
　能になります。

個人用デバイス　経営管理システム　アプリ　IoT

市民データとイベント　ビジネスデータとイベント

税　福祉　小売り　銀行　国際機関　その他の機関

デジタルID　データ管理　新しいスキルセット　ガバナンスの枠組み　課税ルール管理

■ 納税者とのタッチポイント
コミュニティが税務行政や
政府とどのように関わるか
ビジネス管理システムは企
業にとっての主要なタッチ
ポイントになる

■ 自然システム
システムがガバナンスの枠
組み全体の中で同期して
動く

■ 構成要素
税務行政3.0を可能にす
るために求められるもの

リアルタイムでの税の確実な提供者に

- 日常生活やビジネス上の取引・出来事と同期を保つため、税務行政プロセスはますますリアルタイム、あるいはそれに近いものとなっていくでしょう。すべての納税義務がこのような短いサイクルで決済されるわけではないので、リアルタイムの納税者勘定（おそらく納税と還付に関する貸方・借方記録を伴うもの）など、追加のバランス調整メカニズムが必要になるかもしれません。ほとんどの場合、迅速かつ正確な税務上の確実性が提供されるでしょう。人工知能ツールやアルゴリズムは、納税義務の特徴づけや評価をサポートし、意思決定をますますサポートするようになるでしょう。

透明かつ信頼ある存在に

- 納税者は、確定された税額、納付額または納付すべき税額をリアルタイムで確認し、質問することができるようになります。事実や状況を反映し、どのデータにどのルールが適用されたかが明確になります。これにより、納税者は自動的な意思決定と人間による意思決定の両方に異議を唱えることができるようになります。市民や企業は、使用されているデータの出所や正確性をチェックすることができ、税務上必要のない個人データソースへのアクセスを許可または拒否することができます。課税ルールにはまだ複雑さが残るかもしれませんが、納税者にとって基本的な税務行政のプロセスと結果はますますアクセスしやすく、透明性の高いものになるでしょう。

政府全体の一部分に統合される

- 課税は、他の政府サービスや機能だけでなく、市民や企業との共通のエンゲージメント・モデルを採用する民間企業のサービスともますます連携していくことになるでしょう。一つのデジタルIDが、プロセスとデータソース間のシームレスな接続をサポートします。支払、給付、還付は、市民と事業者の視点から照合されたバランスの純額が把握されるでしょう。

人の手を介しつつも高度なテクノロジーに適応する組織

- 変化は唯一不変なものである、といわれますが、やはり納税者中心という視点が、どのような税務行政のプロセスがつくられ統治されるべきか、という問題を考える際の解を決定づけるでしょう。この際に成功要因として重要なのは、人員や人のスキルと、高度な分析やAIなどの意思決定支援ツールとをいかに融合させるか、ということです。これらをうまく組み合わせることにより、コンプライアンス上の選択が残っていたとしても納税者のコンプライアンス遵守をサポートすることができるでしょうし、税務システムの問題点や不整合、欠陥を検出することもできるでしょう。人、プロセス、システムの敏捷性は、税務行政が社会的・経済的変化に対応し、危機を含む状況の変化に対応できることを確実にします。

このような変革のためには、多くのことを同時に実現する必要があり、それは漸進的なものになりますが、最終目標を念頭に置いて設計されることが理想的です。そうでなければ、漸進的な変化が行き詰まったり、時間の経過とともに高価で非効率的なレガシーシステムとなったりしかねません。そのためには、政府他部門や民間部門を巻き込み、長期的な予算確保をするなど、包括的な長期戦略が必要となります。

Chapter 3 とChapter 4 でこの点をさらに詳しく説明しますが、以下に二つの例をあげて、コンプライアンスが組み込まれ、負担を軽減する、あるいは場合によっては負担をほとんどなくしてしまう可能性があるシステムについて説明しましょう。一つ目の例は、将来開発される可能性のある自動運転車に関するもので、すでに限られた範囲で試験的に導入されています。もう一つの例は、より身近なものですが、個人所得税が、納税者の立場からみて、ほとんどシームレスで摩擦のない方法ですでに対処されていることに関するものです。

Chapter 1　税務行政3.0への旅路　201

自動運転車への移行

Box 1.1　現在の状況

現在、自動車の安全性は以下の組合せで成り立っています。

- 基本的な要件：年齢制限、視力要件、運転資格試験、保険、自動車の安全要件など
- 運転時に守るべきルール：速度制限、移動の制限、優先ルールなど
- ルール強制のプロセス：スピード違反やその他の交通違反を検知するカメラ、交通警察、駐車違反の罰金など

つまり、現在の自動車の運転は、ドライバーによる自主的な法令遵守に大きく依存しており、これはドライバーに対して重い負担を強いるものです。

Box 1.2　将来起こりうること

ドライバー・レス・カーの世界では、自動車は、以下を通じた安全性を構築する、より広範なシステムの不可欠な一部となります。

- 複雑な判断を下すアルゴリズムの使用
- センサーが道路や他の車などから情報を収集する
- 天候、交通状況、車の性能など、他のシステムからのデータの統合
- 人間の介入が必要な例外的な場合の警告

この将来ビジョンでは、運転は主にコンプライアンス・バイ・デザイン・システムに基づくものとなり、ドライバーは自由にほかのことができるようになります。

図1.3 個人のための「単に起こるだけの税の実現」

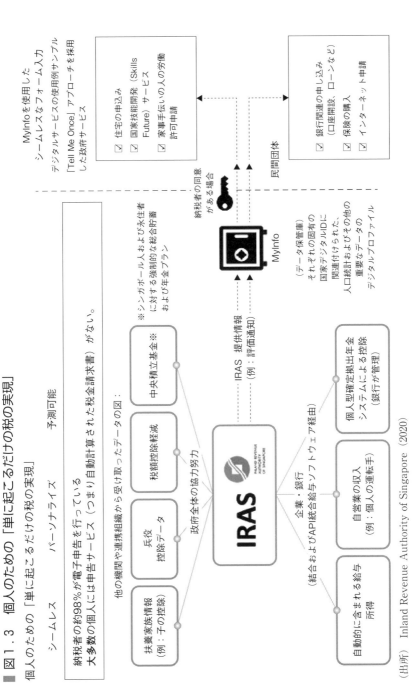

(出所) Inland Revenue Authority of Singapore (2020)

Chapter 1 税務行政3.0への旅路 | 203

給与源泉課税（PAYE）と申告書の事前記入

　税務当局にとってより身近なところでは、長年のコンプライアンス・バイ・デザインの例である給与源泉課税（PAYE）システムがあります。給与所得者からみれば、この制度は、その結果（すなわち、差し引かれた税額の通知）においては透明性がありますが、その具体的計算においてはほとんど何もみえず、負担もありません。雇用者が（税務当局を含む）検証された情報源から納税者個人の課税ポジションに関する完全な情報をもっており、個人に対する特別な手当（たとえば、子どもや特定の経費など）がない場合、従業員にとってはコンプライアンスの選択肢はありません（もちろん、雇用者は、給与所得税を期限内に全額納付するなど、コンプライアンスに関する選択肢をもつことに変わりはありません）。

　給与源泉課税システムでは、税は単に起こるだけのものであり、個人レベルでの税負担は政治的プロセスを経て変化するのみで、コンプライアンスの選択肢をもつことはありません。税務当局にとっては、一部の状況を除き、従業員個人とやりとりする必要はありません。もちろん、ほとんどの国では、複雑な問題はますますバックグラウンドに追いやられつつあります（図1.3参照）。

 おわりに

本章の最後に、二つの考えを述べたいと思います。
- 第一に、税務行政3.0というビジョンは、未来的な議論でもなければ、構造的な限界が内在する現行の税務行政システムを発展させ続けることによって自然に到達するものでもありません。たとえるなら、自動運転車を実現するためには、現在の車のデザインを少しずつ改良し続けるだけでは到達できないのと同じです。
- 第二に、税務行政3.0への旅路は、本章で提示された便益の潜在的な規模と、次の章で説明されるデジタル化の進展から生じる新たな課題の両方から、緊急性があることに留意する必要があります。

Chapter 2
バーニング・プラットフォーム

 バーニング・プラットフォームという側面

Chapter 1 では、現行の税務行政システムの限界について、特に以下の点を指摘しました。
- 現行のサービス提供や執行手段では、タックスギャップを大幅に縮小することができないこと。
- コンプライアンス負担をさらに大幅に軽減するのはむずかしいこと。

これらの税務行政システムの限界は「バーニング・プラットフォーム」（訳者注：燃え尽きつつあるプラットフォームであることから、何か変革をしていかないといけないという意味）の一部であるといえるのかもしれません。現在、われわれは財政と経済に対するプレッシャーが日々高まる状況に直面しており、その結果として生じる懸念は、政府、納税者、税務当局にとって時間の経過とともにますます高まりつつあります。このような状況のなかで、

従来とはまったく異なる税務行政システムへの移行を始めることが、喫緊の課題であるといえるでしょう。もちろん、「税務行政3.0」という考え方がすべての答えを用意してくれるわけではありませんが、それは納税者にとっては、コンプライアンス・コストおよびより広範な行政に係る負担を大幅に削減してくれる一方で、政府・税務当局にとってはコンプライアンス違反と租税債務の問題に大きく切り込む可能性を秘めているものであるといえるでしょう。

変化することが重要です。社会と経済の急速なデジタル化によって、従来にはなかった多くの課題が露見しています。現行の税務行政システムに対しても、ますます多くの課題が課されている状況にあります。たとえば以下のような懸念があるでしょう。

- 労働形態の変化、ビジネスモデルの変化、バーチャルな通貨など実態が不明瞭なデジタル資産の利用といった新しい事象を考慮したうえでの情報へのアクセスと活用。
- 統合的な政府のプロセスを求める社会的期待の変化。
- 膨大なデータセットの活用と管理に関して、それにより生ずるプライバシー、セキュリティおよび透明性確保の問題への懸念。

「税務行政3.0」においては、現在存在する税制の限界が、ある程度克服されるでしょうが、それだけではありません。税制と納税者の自然システムとのつながりが強化されることにより、税務当局は、現在存在する税制の限界だけではなく、今後、経済や社会がさまざまなかたちで変化していくことによって必然的に生じる将来の課題に対しても、より容易に適応することができるようになるでしょう。税務当局は、社会に「追いつく」のではなく、日々変化し続ける納税者自身が使用するシステムと今まで以上に連動するようになり、新たなタックスギャップやコンプライアンス負担の発生を可能な限り最小限に抑えることができるようになるはずです。

現行のサービスと執行手段の限界に達する

もし常に同じことをしていれば、常に同じ結果を得るだろう（アインシュタイン）

　近年、多くの国の税務当局がサービス提供のパフォーマンス向上のために多額の投資を行っており、税務の確実性と納税者との協力関係を前提としたコンプライアンス・アプローチの拡大、より適切な公権力行使対象の選定などを目指しています。多くの場合、納税者とのコミュニケーションや対話、取引のプロセスは完全にデジタル化されているか、デジタル手段によってサポートされています。ウェブサイトが作成され、コールセンターやチャット機能は改善され、通常は税務申告書の一部があらかじめ入力され、デジタル形式で送信できるようになっています。さらに、データ分析がますます活用されるようになってきており、異常点の調査、不正の検出、介入すべきか否かの判断がなされています。

　こういったデータ分析を活用したアプローチは、（特にすでにコンプライアンスを遵守している納税者の）自発的なコンプライアンスを支援し、コンプライアンス違反の発見を改善するうえで効果的です。しかし、各人への法律の適用状況に依存するこういった従来型のアプローチによって、さらにタックスギャップを改善したり、大幅な負担の軽減を図ったりすることは、すでに限界に達しつつあるともいえます。

　この点を以下で、さらに詳しく説明しましょう。

- 現在、コンプライアンス関係を改善するためには、必要に応じて税務調査などの執行手段が用いられ、誤謬や意図的なコンプライアンス違反の発見、是正が行われています。しかし、このような事後チェック型のアプローチ（backward-looking approach）は、コストが高く、大量の時間がかかるプロセスであるといえ、それ自体が長期的な意味でのコンプライアンス行動の構造的変化につながりません。

- （完全に事前記入された申告書とは対照的に）納税者が作成する税務申告書は、過去の課税に関する取引事象を反映した入力数値を税務行政の処理システムに入力する方法です。たしかに電子的に申告書を提出できるようになったことで納税者はより便利になりましたが、それは劇的な変化であるとはいえません。
- 過去数十年間で、コミュニケーションやサービスの努力の量と質は大幅に向上しましたが、それでもなお、多数の納税者が意図的でない誤謬を犯しています。
- 多くの場合、税務行政サービスは、市民が自発的で自立しているという前提で、設計と運用がなされています。しかし、多くの人にとっては、税に関して自らが行動すること（self-service）は決して優先順位の高い事項ではなく、それはサービスというよりもむしろ負担として考えられていることのほうが多いのです。

コンプライアンス負担の影響

　事業者も市民も、さまざまな情報収集を行うとともに、さまざまな報告義務を遵守しなければなりませんが、そういったもののうちの大部分を税が占めているといえます。コンプライアンスの要求は、すべての事業者にとって重要なコストであり、中小企業にはまったく割に合わないと感じられることもあるはずです。納税者が、リソースのコストの問題やその複雑さのために、すべての要求事項を満たすことが負担になる場合もあります。それらの要求事項は、国／法域によっては頻繁に変更されることもあるのでなおさらです。また、記帳や報告義務などの税務関連業務を第三者に外注し、多額のコストを支払っている納税者もいます。

　税務コンプライアンス・コストの大部分は、データの収集と申告に関するものです。これらのコストにはたとえば以下のようなものがあります。
- 事業の取引データを、税務当局が要求する報告言語に変換すること（納税者自身の申告システムとの相互作用によって異なる影響を与えます）。これは、

■ 図2.1　行政負担が企業活動に与える影響

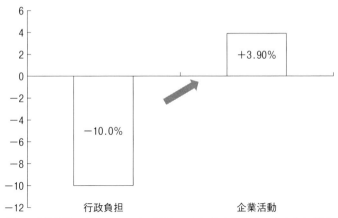

（注）　企業活動に関して：これは最初の3か月を生き残った企業に関するもの。
（出所）　Braunerhjelm, Eklund, Thulin (2019), Taxes, the tax administrative burden and the entrepreneurial life cycle, http://dx.doi.org/10.1007/s11187-019-00195-0.

複数の国/法域で事業を展開している企業にとって特に問題となる可能性があります。
- 経営管理システムとのデジタル・インターフェイスを含むデータ報告システムの導入と更新。
- 申告スキームの質と期限に関する要求事項を保証するための組織的プロセスの導入。

税務行政が主導する申告の関係は「日常生活とビジネスの領域」と「税務行政の領域」の明確な区別を表示し、それを維持するものでありますが、その区別はしばしばコストのかかるものです。

 情報へのアクセスと利用

このディスカッション・ペーパーの作成を主導した税務当局は、情報への

図2.2　情報へのアクセスと使用に対する新たなリスク

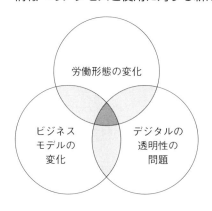

アクセスとその利用に関して、税務当局にとって今後ますます困難になる可能性がある三つの新たなリスクを特定しました。もちろん、これら以外にも顕在化する可能性があるリスクはありますが、これら三つのリスクはすでにある程度存在しており、経済のデジタル化の進展に伴い、今後数年間でさらに増大することが予想されます。

労働形態の変化

　現在のところ規模は比較的小さいものではありますが、シェアリングエコノミーやギグエコノミーのプラットフォームは急成長しており、労働形態の変化や新たなビジネスチャンス、経済活動のアウトソーシングの機会が増大することで、歳入の徴収に問題を生じさせる可能性が生じています。このようなオンラインプラットフォームの出現により、一部の人々はすでに給与所得者であることをやめ、（完全または部分的に）自営業に移行しつつあります。現在、給与所得者であれば、源泉徴収（PAYE）システムというコンプライアンス・バイ・デザインのシステムの対象となっていますが、こういった変化が続くと、税務当局にとっては、活動がみえなくなってしまうという点とコンプライアンス違反（故意または納税義務への理解不足の両方によるもの）の機会が生じるという点で、むずかしい課題となるでしょう。特に、所

得金額が比較的少額であり、他の国／法域に所在するものを含めた多くの異なるプラットフォームを利用することもあるため、判断がむずかしいケースが生じます。関連する情報は、国内において法的な要求事項に含めることや多国間で情報交換を行うことによって、ある程度入手することはできます。しかし、そういった情報を税務行政システムに容易に組み込み、統合していかない限りは、税務行政がますます複雑なものになるとともに、コンプライアンス違反の機会も増大させてしまう可能性があります[3]。

　さらに、異なる労働形態を容易にするための現在のオプションは、時間の経過とともに進化していく傾向がありそうです。たとえば、支払の仲介を行わない、あるいは（支払など）プロセスの側面をセグメント化するプラットフォームが増えており、これにより報告責任を自動的に特定することがむずかしくなる可能性があります。このような状況に適応するため、税務当局は、納税者自身の自然システムのさまざまな側面とどのように相互作用するのが最善なのかをあらためて検討し、クロスボーダーとなる状況も含め、潜在的に複数の収入源をもつ可能性のある個々の納税者を自動的に結びつける必要があるでしょう。

ビジネスモデルの変化

　グローバル経済がますます相互に結びつき、ますますデジタル化が進むにつれて、現地に物理的な拠点をもたずとも、その国／法域の経済活動に、重要な影響力を有しつつ継続的に参加することにより、利益を生み出すことができる事業も生まれてきています。経済のデジタル化が加速するにつれ、この傾向はさらに強まることが予想されています。OECD／G20のBEPSに関する包括的フレームワークとその137の加盟国・地域は、2021年半ばまでにグローバルでコンセンサスに基づく解決策に到達することを視野に入れ、現

3　詳細については、2019年のOECDレポートであるThe Sharing and Gig Economy: Effective Taxation of Platform Sellers（OECD, 2019 ［12］）と2020年のModel Rules for Reporting by Platform Operators with respect to Sellers in the Sharing and Gig Economy（OECD, 2020 ［7］）を参照してください。

Chapter 2　バーニング・プラットフォーム　211

在、経済のデジタル化から生じる税務上の課題に対処するための2本柱の解決策に取り組んでいます。現在の国際的な議論から生じることが予想されている政策の変更は、税務当局によって実行される必要があり、その際にはきわめて複雑で大きくかつ地理的に分散した情報のセットへのアクセスが必要となる可能性があります。

多国籍企業の場合には、複雑なサプライチェーンと財務上の取決め、分散型のデータ保管をしていることがあり、こういった企業を複数の国／法域が調査する可能性があることを考えると、理想的なシステムは、さまざまな企業が使用するさまざまな企業会計システムのなかに、課税ルールを最初から組み込んでしまい、こういったシステムへの依存を高めることなのかもしれません。これらのシステムは、事前の認証プロセスか、アルゴリズムやリモートプロセスによって実施されるようになった質問と検証によって、必要に応じて関係税務当局によって検証されることになるでしょう。

デジタルの透明性の問題

G20／OECD共通報告基準（OECD, 2014［3］）の適用にみられるように、支払、記録の保存、IDについてはデジタル記録に移行しつつあり、これは税務当局にとっては透明性を高め、コンプライアンスを促すたくさんの機会をもたらすものです。しかし、裏を返せば、デジタル化は、仮想的な通貨、暗号資産、不透明なデジタル資産の利用などを通じて、透明性に課題を生じさせる可能性もあります。さらに、デジタル化によって、地理的な国境を越えてリアルタイムで行動することが可能になるため、特に国境を越えた状況においては、納税義務が発生する時点と、関連する報告・支払義務との間に時間的なズレが生じることから、新たなリスクが生じる可能性があります。このズレは、付加価値税（VAT）のカルーセル不正（訳者注：特に欧州で問題となる架空の仕入税額控除計上）にみられるように、非常に大規模な不正の機会を提供する可能性があります。

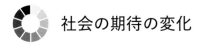 社会の期待の変化

　機能性とスピードが急速に向上しているモバイル機器の利用を含め、日常生活の多くの側面がデジタル化されることで、時間軸、商品・サービスの購入や支払のプロセスの容易さ、記録の保持などの面で、市民の期待が変化してきています。このような期待の変化は、単なる便利さではなく、経済の仕組みを変え、効率、需要、競争、社会福祉を向上させるだけでなく、負担の軽減にも役立っています（Annex B「デジタル時代のテクノロジーのトレンド」を参照）。

　民間部門の多くは現在、変化する顧客の期待に応えるため、提供するデジタルサービスを継続的に改善するプロセスにあります。これには、API（アプリケーション・プログラミング・インターフェイス）の使用を通じて、社内外で情報を共有できるようにすることも含まれます[4]。こういった技術が日常的に使用されている例は無数にあります。たとえば、さまざまな航空機のフライトの選択や、商品・サービスの値段の比較、商品やサービスを購入するための膨大な選択肢とともに最新の情報の確認ができるアプリケーションなどがあります。

　政府機関もなんとか遅れを取り戻しつつありますが、多くの国／法域ではいまだに縦割り化された組織のままであり、市民や企業、団体を政府全体にわたって単一の顧客として扱う単一の政府機関として機能している状況にはありません。ただ、多くの政府サービスの規模、レガシーITシステムの硬直性、さまざまな法的に要求される事項を考えれば、決してこれは驚くべきことではありません。またそれは、公共部門の予算の制約、ほかにも目の前に優先事項がある状況にあること、またそもそも政府機関が独占的なサービス供給者であることから生じる動きの緩慢さともおおいに関係があるで

4　詳細については2019年のOECDレポートであるUnlocking the Digital Economy: A guide to implementing application programming interfaces in Government（OECD, 2019 [6]）を参照してください。

図2.3 縦割り化された政府における推進要因

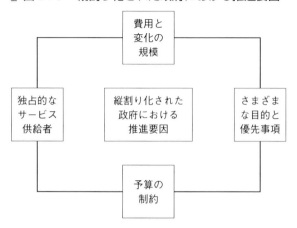

　しょう。
　このような縦割り化の結果、市民や企業が政府の多くの組織とやりとりをする必要が生じた場合、さらなる負担がかかることになります。この典型例としては、異なるID、すでに別の政府機関に提供された情報の繰り返しの提供、異なる支払方法、異なるコミュニケーション手段や報告システム、結果として生じる無駄な時間がかかるプロセスといったものがあります。
　連携不足もまた、非効率、行政や市民にとっての追加的なコスト、そして政府内の財政上のリスクにもつながります。以下はこれらの例です。
- 政府/役所の他の部署が受給資格を満たしていることを証明しているにもかかわらず、受給資格がある人に支払が行われないことがある。
- ある政府機関/役所が、他の政府機関/役所に対して未払いのある人に対して支払や返金を行う。
- ある政府機関が不正を明らかにする詳細な情報をもっているにもかかわらず、別の政府機関が不正を発見できていない（不正受給者への給付金の支払など）。
- ある政府機関が把握している信用上あるいは安全保障上のリスクが他の政府機関に伝達されない、たとえば、納税義務を果たしていない業者が他の

政府機関から指名を受ける、ないしは認可を受ける。

政府サービス間の連携には政府全体の戦略とガバナンスが必要不可欠ですが、税務当局は多くの国／法域において、社会保障機関と並ぶデータの最大の保有者であり、かつ最大の処理者でもあることから、その中心的役割を果たすことができるはずです。少なくとも、Chapter 4 で説明する「税務行政3.0」の構成要素を考慮すると、税務当局は、他の民間セクターとの連携だけでなく、他の政府機関との連携を促進するようなかたちで推進することが理想的であるといえるでしょう。

 プライバシー、セキュリティ、透明性への懸念

税務当局は、より良い税務行政を目指す方法として、ますます膨大になるデジタル・データへのアクセスを強化することに注目する傾向があります。もちろん、データは将来の税務行政において大きな役割を果たしますが、これまで以上に大きなデータセットが税務当局により処理されることに依存するようになると、次のような多くの懸念が引き起こされます。

- **プライバシーとデータの所有権**：税務計算の基礎となる大量のデータを統合する可能性は、個人の支出パターン、居場所、人間関係に関する個人情報をつなぎあわせられるようになる可能性があるとみなされるため、「ビッグブラザー」の懸念（訳者注：小説「1984」に登場するような強大な権力をもった政府が登場することへの懸念を意味すると思われる）を引き起こしえます。このような膨大なデータを収集することは、信頼性の問題を生じさせるかもしれないことから、慎重に説明し、正当化され、（法的にも実務的にも）保護される必要があります。
- **データセキュリティ**：もちろん税務当局はデータの機密保持に多大なる努力を払っていますが、大規模なデータセットのセキュリティには常にリスクが伴うことになります。人々が古くなったレガシーシステムをますます突破しようとすればするほど、また、テクノロジーによって盗まれたデー

タの迅速な利用が可能になればなるほど、綿密に計画された侵害による情報漏えいのリスクは、ますます高まっていくことが予想されます。

- **データの活用と透明性**：現在、法令遵守をモニタリングしたり、リスクを評価したりする目的でたくさんのデータが収集されていますが、これらのデータには税額計算との直接の関連性が低いものもあるかもしれません。納税者自身の自然システムから得られる信頼できるアウトプットを利用する代替案があるにもかかわらず、なぜこれらの機能のためにデータを収集する必要があるのかという点について正当性を検証することは重要です。なぜなら、そうしなければ、不必要なコストがかかり、セキュリティリスクが増大しますし、信頼を失いかねないからです。

「税務行政3.0」の重要なデザイン上の特徴は、それが税務当局に報告される大量のデータに依存するといったシステムではなく、可能かつ適切な場合に、システム内の基礎データのかわりに納税者が使用する信頼できるシステムのアウトプットを利用することです。より具体的にいうのであれば、個人の納税者や個人事業者の場合には、納税者自身の会計システムやソフトウェアによって計算された納税義務額で十分なのかもしれません。この場合、税務当局が、たとえば、必要な場合には、関連する課税ルールへの対応、記録の保存に関する要求事項、納税者のシステムに対する調査の要求事項の検証を通じて、これらのシステムの信頼性について十分な保証を行うことが条件となるでしょう。

Chapter 3

税務行政3.0の実際の例

　本章では、税務行政3.0が実際にどのようなものになる可能性があるかという点について検討し、そのビジョンを、現在の税務行政システムから生じる成果や課題と比較します。これから提示するビジョンは、可能性があるなかで唯一理想的な状態のものではなく、現在の知識と洞察に基づいて実現可能性のある、変化の方向性と将来のシームレスな税務行政の核となる属性を示すものです。この点で、ストーリーラインは、さまざまな将来の状態や新技術に関する戦略的シナリオ分析の結果ではありません。そのかわり、Chapter 1 で述べた特徴に基づき、技術に中立的な望ましい状態を創造的に視覚化したものです。

 シーンの設定

　個人、中小企業（SMEs）、多国籍企業（MNEs）という現在における代表的な納税者区分に対応する三つの異なる物語を提示することとします。将来の税務行政に関するむずかしい問いの一つは、この伝統的な区分が将来も同

じように意味をもつかどうかということです。たとえば、個人所得はすでに事業所得とますます関連するようになってきており、多くの中小企業が、以前は大企業の領域であった国際貿易関係に携わるようになってきています。

物語は以下のような共通の構成を用いています。
- 短い序章で納税者を特定し、現在の課題を説明します。さらに、将来のシームレスな税務行政について、納税者の経験、納税者の自然システムとのかかわり、継続的な人的支援の分野などの観点から記述されています。
- 変化を示す五つのライフイベントを含むセクションは、変化を描き出し、現在の問題と将来のあるべき姿の架け橋となります。これらのライフイベントは、例では一般的に連続したパターンに従っていますが、個人または団体のダイナミックな性質を反映し、いつでも、または複数のセグメントにわたって複数回発生する可能性があります。

この三つのシナリオは、シームレスな税務行政とはどのようなものかを、システムおよび納税者中心の視点から皆様にイメージしてもらうためのものです。なお、このビジョンを支える構成要素は、Chapter 4 に示されます。

ダイナミックな個人──2030年のメアリーの物語

 今日の課題

　デジタル化によって、国内ではすでに多くの個人にとって税やその他の公共サービスへのかかわり方が簡素化されました。その一方で、海外も含めたより広範な経済においてはデジタル・トランスフォーメーションが進んでおり、所得を創出するために、あるいは税の基本概念や政府機関による市民への対応方法に挑戦するために、ますます複雑でグローバルな環境が生み出されています。たとえば、シェアリングエコノミーやギグエコノミーで働く人々や国境を越えてデジタルな世界で働く人々は、ある意味では現行の国内

の税務への挑戦ともいえ、納税者と税務当局双方の負担およびコンプライアンス・リスクの両方を大幅に増大させていることが多々あります。その意味では、ダイナミックでデジタルな仕事の本質に適応することは必要不可欠です。

メアリーについて

　2030年代を生きるメアリーを紹介しましょう。メアリーは初めての仕事に就き、初めて税を納めることになりました。人生の重要なイベントや状況の変化を通して彼女を追いかけ、税がいかに彼女の日常生活に自然に溶け込んでいるかをみていきます。

メアリーの経験

　メアリーは「My365」のプラットフォームとアプリを利用しており、それは人生のさまざまな面でサポートしてくれています。彼女は「My365」を通じて、自分のライフイベントをサポートするさまざまな公的・私的な担当者と協力的かつ総合的につながっています。

　メアリーは特に税に関心があるわけではありませんが、社会的なファイナンスという意味での税の重要な役割を認識し、それに貢献したいと考えています。彼女の税は、ほとんどがデジタル・エコシステムによって自動的に処理され、安全かつセキュリティを確保しながら自分自身のデジタルの個人情報を活用してバックグラウンドで正しく処理されており、彼女はそれを信頼しています。

　彼女は、自分の納税状況が常にシンプルで理解しやすい方法で利用でき、注意が必要な場合は必要なガイダンスが通知されることを知っています。彼女は少しだけ税務当局と接する必要はありましたが、その際にも税務当局はフレンドリーでプロフェッショナルであり、彼女に特有の状況をしっかりと把握してくれていました。

 エコシステム

　メアリーは税については主に、ウェブサービスやさまざまなインターネット機器用のアプリとして便利に利用できる「My365」を通じて対応をしています。「My365」は、市民のための政府とビジネスサービスの統合されたセットをサポートし、市民のためのエコシステムを作成するために競合するいくつかの第三者プラットフォームの一つです。

　「My365」のさまざまなサービスは、政府や民間企業が提供する無数の利用可能な顧客サービスのための安全なAPIを利用し、市民のさまざまな人生のイベントをサポートするために連携しています。税務当局は、APIを作成し、他の関連当事者と提携することで、さまざまな人生のイベントで税務サービスをシームレスに利用できるようにしています。

　メアリーの納税状況は常に更新され、「My365」を通じて利用できます。人工知能がサポートするヘルプサービスが利用でき、必要な場合には専門家との個人的なコンタクトによって補完されます。個人情報は、必要な範囲内で、市民によって適切に承認された場合にのみ、異なるサービス間で交換され、不正なアクセスや変更から保護されます。エコシステムの中核をなすのは、生体認証によってメアリーとデジタル情報を結びつける国民デジタルIDです。

 人の手の関与

　納税者のエコシステム内に税務サービスが組み込まれたとしても、AIによるサポートが十分でない場合には、税務当局や信頼できる代理人による個人の納税者へのサポートが必要となります。納税者の安全な本人確認がなされた後に、税務の専門家が文章、音声、ビデオを通じて、個人属性や状況に応じたサポートを提供します。こういったサービスにより、必要に応じて政府全体のアプローチが促進される可能性があります。

税務当局は、高度な分析によってしっかりとサポートされたコンプライアンス活動を行います。これらの活動は、システムがあるべき状態で稼働しているかどうかに焦点を当てます。必要であれば、税務当局はメアリーと直接対話を開始し、ミスの修正やさらなる問合せを行います。システマティックな誤りやリスクは、メアリーの自然システム内の適切な担当者との対話のなかでフォローアップされます。

ライフ イベント	従業員になる	不動産の取得	シェアリングと ギグ収入
今日の課題	複数の政府のシステムに登録するのは負担が大きい ・納税すべき国民全員の特定が困難 ・IDの確認が複雑	・市民の高い負担 ・複数のアクターと孤立したプロセス ・税務上のリスクと資金繰りの問題を引き起こす税務上の決済の遅れ	・納税者の国／法域外の行為者が関与する所得に対する負担の大きい課税 ・国ごとに異なる複雑なルール ・シェアリングやギグエコノミーの所得に対する低い税務コンプライアンス
税務行政 3.0の戦略	・政府や民間のアクターとシームレスに使用できる、既知の、検証された、信頼できるデジタルID ・出生時、その他のライフイベント、または移住時の納税者登録 ・従業員として働き始める際の安全なデジタルID	・最新のデジタル税務情報によってサポートされる住宅ローンの即時承認 ・潜在的な課税結果を前もって納税者に提供 ・取引完了後、不動産登記と更新された税務ステータスを即座に利用可能	・デジタル・プラットフォームから発生する所得に対する源泉徴収（PAYE）課税は、課税権を有する国／法域地へ ・プラットフォームが利用可能な国および納税者固有の源泉徴収（PAYE）税率 ・リアルタイムの報告または源泉徴収のための世界的に標準化されたフォーマット
納税者の経験	メアリーはオンラインの求人プラットフォームを通じて求	何年かアパートを借りた後、彼女は買いたいと思っている。	数年後、彼女は外国にある別荘に投資したいと考えた。彼女は副収

Chapter 3 税務行政3.0の実際の例 221

職に応募する。メアリーは幸運にも海運メンテナンス会社で働くことになった。メアリーと会社は、信頼できるデジタル身分証明書を使用して契約書にデジタル署名する。会社の代表者は、メアリーが会社の法的な代表者であることも確認する。メアリーは、従業員プロフィールを作成するために、さまざまな関連登録簿にあるデジタルIDに関連する個人情報へのアクセスを許可する。これには、控除を含む税、社会保障、給与振込銀行口座などの関連データが含まれる。これにより、会社から給与と手当を受け取り、税、社会保障、年金保険料を支払う準備が整う。税は自動的に源泉徴収される。その際、税務当局とかかわる必要はない。	My365でオンライン不動産エージェントのプラットフォームを見つけ、検索を始める。彼女はいくつかの興味深い物件を見つけ、購入可能かどうかを確認したいと思った。プラットフォームの住宅ローン申請モジュールを通して、彼女はいくつかの金融機関から彼女の状況にあわせた住宅ローンの提案を受ける。このプロセスの一環として、彼女は、税務当局にある最新の個人記録へのアクセスを限定的に許可する。また、提示されたさまざまな物件やローンの具体的な課税結果をシミュレートすることもできる。彼女は購入を決断する。不動産プラットフォームの代表者は、取引が合法的に完了したことを確認する。彼女の税務ステータスは、新しい物件と住宅ローンに関する情報で更新される。	入を得るため、一定期間そのアパートを貸し出すことにした。また、自宅の一室も貸し出すことにした。家屋賃貸プラットフォームは、彼女の許可を前提に、実務的な問題をすべて引き受ける。彼女は、銀行口座に接続されたアプリ・サービスで、両方の物件からの収入の流れを喜んで観察することができる。彼女はまた、プラットフォームがどのように税を控除し、報告し、支払うかを認識することができる。彼女の総税務状況は、それに応じて継続的に更新され、バランスが保たれている。
エコシステム	・信頼できる国民デジタルIDシステム	・信頼できる国民デジタルIDシステム	・不動産所有や課税など、他国政府への本

	・企業の法定代理人登録 ・雇用者と被雇用者の双方がマッチングできる採用プラットフォーム ・企業のビジネス・ソリューションの一部としての人事・給与システム ・人事、社会保障、給与システムにおける規則と個人記録が常に最新であることを保証する政府プラットフォーム	・同意に基づき個人の税務情報を特定の銀行に公開 ・不動産業者のプラットフォームは、不動産登録の変更や関連する不動産取引税の転送など、取引を完了するためのあらゆる側面をサポートする ・すべての関係者とシステムに対して、シームレスで一度だけ行えばすべての個人的なサービスのための住所変更をサポートする機能が存在する	人確認に使用される自国の国民デジタルID ・ハウスレンタルプラットフォームは、本国およびホスト国の税務当局に正しい額を源泉徴収（PAYE）し、送金する ・政府プラットフォームは、税率、控除ルール、閾値、個人別の控除などの最新ルールで賃貸プラットフォームをサポートする

ライフイベント	国を越えた活動	家族生活をもつ
今日の課題	・新しい国／法域での税務登録に伴う煩雑なプロセス ・各国で別々のルールやプロセスがあるため、混乱が生じ、コンプライアンス違反のリスクがある	・さまざまな状況下で求められるすべての行動を把握するむずかしさ ・負担が大きく、孤立した冗長な複数の政府／企業関係者
税務行政3.0の戦略	・リアルタイムに近い源泉地課税 ・ジオロケーションによる課税地の特定 ・到着時の自動納税登録と納税者へのリアルタイム通知	・ライフイベントに対する社会全体のアプローチ ・サービス提供の個人最適化 ・"一度伝えれば足りる"

納税者の経験	メアリーは海外でのプロジェクトに携わる新しい職を得て、別の国に引っ越す。到着後、彼女の電子パスポートは生体認証でチェックされ、すぐにMy365が受入国と母国での課税ステータスの許可変更を彼女に通知する。海外で最初の給与を受け取ると、彼女はMy365で所得と源泉徴収（PAYE）課税が母国と新しい国で分割されていることに気づく。1年を通して、彼女はいくつかの国で働く。1月1日、彼女はMy365で最終的な課税ステータスができたことを知らされる。彼女は、昨年働いたそれぞれの国での課税状況が含まれていることに気づいた。	メアリーの国際的なキャリアは、ボノと恋に落ち結婚したことで、思いがけない展開をみせる。やがて2人は第一子を授かる。病院で妊娠が確認された後、My365は妊娠と出産にまつわるプロセスをサポートする準備が整った。My365は、さまざまな関係者を巻き込んで、必要な行政措置を提案する。提案された時期に、My365は推奨されるアクションについて彼らに通知し、出生届、産休・育休の申請と承認、税控除や社会保障の変更など、必要な対話をサポートする。手続を進めるにつれて、彼らの現在および予測される税務上のステータスは変化し、My365は関連するすべての変更について通知する。
エコシステム	・国境を越えて本人確認に使用できる国民デジタルID ・さまざまな政府プラットフォームへの標準化された接続をもつ企業全体の人事／給与モジュール ・国際的なプラットフォームは、雇用者のビジネス・ソリューションのなかで、各国のルールや国間の税務協定を更新する	・家庭をもつためのライフイベントモジュール・病院やさまざまな政府機関のサービスをサポート ・産休・育休機能を備えた企業人事／ビジネス・ソリューション ・新生児のためのデジタルID登録モジュール ・家族関連優遇税制による課税ステータスの調整機能

ダイナミックな企業──2030年のキムの物語

 ## 今日の課題

　ますますダイナミックかつグローバルになりつつあるビジネスの性質と、各国の税務当局による静的で縦割り的な対応との間に、ミスマッチが生じつつあります。これは特に、事業をはじめ、成長させる人々にとっては大変なことです。事業が拡大したり、その性質や形態が変わったりすると、形式的な移行手続が負担となります。税務当局が大胆に行動を起こさなければ、この問題は今後ますます大きくなっていくでしょう。

 ## キムについて

　2030年代のキムを紹介しましょう。最初のうちは、多忙な生活のなかで、他の活動のかたわら若干の副収入を得ているにすぎなかったキムでしたが、徐々に自ら事業を営むようになり、やがて国際的な事業を展開する株式会社へと移行していく過程を追いかけましょう。

 ## キムの経験

　キムは税には特に関心がなく、成長するビジネスにおいて税は問題のない部分だと考えています。彼女は、ビジネス・ソリューション「MyBusiness」を通じ、税はそこでほとんど自動的に処理されることを知っています。彼女は、常に最新の詳細な税務申告書をみることができます。
　彼女が特に注意が必要なときは、「MyBusiness」から通知を前もって受け取ることがあります。これは、事業展開の転換期において特に重要なものであり、いつ、どのように進めるべきか、前もってアドバイスを受けることができるのです。

税務当局との個人的なやりとりがほんの少しありましたが、その際にも税務当局はフレンドリーでプロフェッショナルであり、彼女に特有の状況をしっかりと把握してくれていました。

 ## エコシステム

　政府はビジネス・ソリューション「MyBusiness」を信頼しており、税務行政プロセスは完全に組み込まれています。「MyBusiness」には自律的なアルゴリズムが含まれており、キムのビジネス取引において、すべての税目に関する問題を処理します。税は、さまざまな税目の性質に従って自動的に報告され、徴収されます。システムからの自動的なアクションはすべて、キムに対して透明性をもって明らかにされています。システムはAIが主導しており、ビジネス上の意思決定において、個人的で状況に応じた税務ガイダンスについてもキムに与えられています。同じ商取引に関連する他の管理業務、たとえば給与や人事も、彼女の自然システムのなかで同様に簡素化されています。彼女はまた、政府／役所の他の部門や民間部門とやりとりする際に、デジタルIDを使用することができます。

 ## 人の手の関与

　キムがサポートや相談を必要とし、AIによるサポートでは十分でないと感じた場合には、能力のある税務専門家に対応を依頼することができます。

　税務当局の指導による「MyBusiness」のエコシステム監査は、相互接続されたシームレスなさまざまなシステムの機能について税務当局に保証を提供します。また、税務当局は、エラーや異常なパターンが検出された場合、キムのような納税者個人だけでなく、「MyBusiness」自体にも介入することができます。

ライフ イベント	副業収入を得る	個人事業者になる	株式会社への移行
今日の課題	・税務コンプライアンス：新規の納税者 ・所得の申告もれ ・ルールは複雑であり、納税者に対する教育、指導、サポートが必要	・不定期な所得がいつ事業所得となり、たとえば付加価値税（VAT）などの新たな義務が適用されるかを理解するのがむずかしい ・煩雑な登録手続 ・課税ルールのコンプライアンス違反のリスク	・株式会社への移行のメリットとデメリットに関する知識が乏しい ・登記や設立が煩雑 ・役割の割当てと管理における事務負担
税務行政3.0の戦略	・取引は納税者の自然システム内で、ビジネス・プラットフォームによって自動的に課税／税務ステータスは常に閲覧可能	・AIが活動状況に応じてビジネスステータスを分類し、登録をサポート ・他の政府機関や民間企業との連携も含め、プラットフォームが移行をサポート ・ビジネス取引と会計システムに統合された課税ルール	・AIによる株式会社への移行に関する意思決定支援 ・デジタル情報とAIサポートに基づく半自動登録プロセス ・実在の人物が会社を代表することを保証するセキュアなデジタルID
納税者の経験	キムは学生で、ビデオ編集のスキルを生かして副業収入を得たいと考えている。彼女は、ビジネス・プラットフォーム「MyBusiness」に登録するが、これは、自分のサービスを提供するマーケットプ	キムが受ける編集の仕事の数が増えた。「MyBusiness」は彼女の活動の量が個人事業主のレベルに近いと分類した。彼女はすぐに個人事業主として登録することを決めた。「MyBusiness」は彼女の	キムは、株式会社への移行を検討するために、「MyBusiness」から個別的でビジネスに特化したアドバイスを受ける。このアドバイスは、「MyBusiness」エコシステム内の彼女の事業活動に関する利

	レイスであると同時に、政府に対する自らの権利と義務を引き受けてくれ、取引に関するすべての手続を代行するものでもある。すべての取引に対する税は源泉徴収され、「MyBusiness」からリアルタイムで政府に報告される。キムは「MyBusiness」で常に最新の納税状況を確認することができる。	登録、信頼性の高いクラウドベースの統合基幹業務（ERP）ソフトウェアおよび「MyBusiness」と統合された財務サービスの選択をサポートし、完全なデジタル・ビジネス・ソリューションを提供する。帳簿管理モジュールは、収入と支出を自動的に記録し、関連するすべての税目を含む最新の状況とビジネス予測を提供する。報告や納税は、プラットフォームによって自動的に処理される。	用可能な情報の予測分析と、税務当局からの具体的な評価に基づいている。彼女は、株式会社として登録することを決定する前に、「MyBusiness」を通じて法律専門家に連絡し、アドバイスを受ける。「MyBusiness」は、株式会社として事業を分類・組織化し、個人事業主のステータスを「クローズ」する方法についてキムをサポートする。これには、税務上のステータスや、ステータスの変更に伴う他の政府機関や民間企業とのやりとりも含まれる。すぐに、すべての新しいビジネス取引が彼女の新しい株式会社に流れ込み、関連する規則に従って処理される。
エコシステム	・信頼できるデジタルID ・顧客とのすべての商取引を記録 ・彼女のビデオ編集の仕事の取引のための税が源泉徴収され、政府に支払われることを確認	・信頼できるデジタルID ・ビジネス・プラットフォームに登録サービスを統合するための、政府がサポートするAPI ・政府プラットフォームが、すべ	・信頼できるデジタルID ・会社の法定代理人の登録簿 ・AIによるビジネス取引の分析 ・税、その他の政府サービス、関連する民間活動のため

	・リアルタイムで更新される納税状況 ・政府プラットフォームは、正しい源泉徴収（PAYE）のための最新のルールと税率で「My Business」をサポートし、APIは最新の課税ステータスを提供	ての取引について最新の課税ルールでビジネス・ソリューションをサポート ・収入と費用の記帳および請求書の発行、また納付すべき税額の計算と納付、これらの完全な自動化	に個人事業主としてのステータスを政府において「クローズ」するための移行サービス

ライフ イベント	人の雇用と給与の支払	国際展開
今日の課題	・従業員の登録や、政府への源泉徴収（PAYE）の報告、その他の報告義務（社会保険など）が重荷となる ・正しい個人源泉徴収税率と税額を確保するのに時間がかかる	・海外での登録が重荷となる ・複数国にまたがる課税の複雑な課税ルール ・大きなコンプライアンス負担
税務行政3.0の戦略	・出生時、出入国時、またはその他の決められた時点／ライフイベントで、デジタルIDの作成と同時に納税登録が行われる ・雇用者は税務ステータスのリアルタイムアップデートをもとに個人の源泉徴収（PAYE）額を確認できる	・国内課税ルールをプラットフォームやビジネス・エコシステムに適用するための国際標準が制定されている ・ルール、税率、情報を提供するための国際的な政府プラットフォーム ・国境を越えた安全な本人確認と認証をサポートするデジタルID
納税者の経験	事業の拡大に伴い、キムは（自分自身に加えて）最初の従業員を雇いたいと考えている。彼女は採用プラットフォームである	キムは「MyBusiness」と統合された国際サービス・プラットフォームを通じて、新しい株式会社を登録する。新しい国で

Chapter 3　税務行政3.0の実際の例　229

	「JobRecruite」で候補を探し、候補とのビデオミーティングも行う。彼女は候補のリックとリモートで契約を結ぶ。信頼できるデジタルIDは、両者が有効な契約を結んでいることを保証する。リックの個人情報へのアクセスも許可され、「My Business」の人事モジュールをセットアップする。間もなくリックは初給料を受け取り、予想したとおりに課税されていることに気づく。	の登録とERPのセットアップは簡単で、母国の会社のデジタル記録に基づき、AIが新しい税制に対応する。新しい国での収入や経費が発生すると、正しい税が自動的に適用される。各国の税務状況と予測は、彼女のビジネス・ソリューションで文書が利用可能になるとリアルタイムで更新される。現地の従業員は、本国と同じプラットフォームである「JobRecruite」を使って雇用され、会社のERPシステムの人事モジュールにも自動的に従業員が含まれる。従業員への課税は、舞台裏では異なっていても、本国と同様の方法で処理される。
エコシステム	・信頼できるデジタルID ・会社の法定代理人の登録 ・採用プラットフォームは採用プロセス全体をサポートし、ビジネス・ソリューションにHRモジュールを統合 ・民間の／公共のプラットフォームは、従業員の源泉徴収（PAYE）と雇用者に生じうる税のための正しいルールを保証	・国／法域を越えて使用することが許可された信頼できるデジタルID ・新しい国での会社登録が本国での登録と整合していることを保証するサービス ・AIがサポートする登録プロセス ・国際的なプラットフォームにより、ビジネス取引と従業員に関する現地の税制に対応した業務システムの更新が保証

絶え間なく変化する多国籍企業
――2030年のスマート・ファルコン社の物語

 ## 今日の課題

　多国籍企業は、異なるビジネス基準や税制の設計・実施方法など、異なる国のビジネス環境に対応しなければなりません。

　デジタルサービスに対する課税や、国境を越えた無形資産をどのように対処するかは、企業にとって大きな関心事です。税務行政プロセスのデジタル化の状況は国によって大きく異なります。国際的に標準化された要求事項がないため、コンプライアンス・コストが増大します。税務当局のコンプライアンス活動は通常、課税対象となる商取引が発生してから長い期間が経過してから行われるため、文書化の負担は大きく、税務上の不確実性やコンプライアンス・リスクが生じてしまいます。

 ## スマート・ファルコン社について

　2030年代のスマート・ファルコン社は、拡大するドローンカー・サービス・デリバリー・ビジネスに参戦する国際的大企業です。同社は、陸路、空路、海路を組み合わせたパーソナライズされた方法で、国をまたいで旅行する人々のための統合された旅行体験として、自動運転車と個人旅行用ドローンを貸し出しています。同社は、すべての国の子会社で継続的な事業モニタリングのために最先端の技術を活用しています。同社が直面するさまざまな管轄区域の規則から生じる複雑な税務問題は、大部分がバックグラウンドで処理されています。

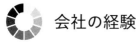 ## 会社の経験

 同じドローンビジネスであっても、スマート・ファルコン社が事業を展開する各国では、異なる税制上の取扱いがなされます。しかし、税務はビジネス・プロセスにシームレスに統合されているため、間接税に関してはほとんど気にする必要はありません。また、直接税に関しても、常に最新の税務ポジションについて自信をもって把握しています。

 同社は、各国の課税ルールや基準とビジネスを統合したソフトウェアが日々の問題を処理してくれると強く感じています。同社は、国際的なビジネス取引の税務上の影響が、AIの活用などにより、関係国の税務当局との協調的な対話のなかで前もって明らかにできたことを、これまで何度も経験しています。会社の税務部門は、会社の戦略的な経営判断に役立てるために会社の税務状況の概要をトップマネジメントに対して簡単に説明することができます。税務当局による自動化されたコンプライアンス活動のほとんどは、システムの機能に焦点を当てたものであり、それはほぼリアルタイムに近いかたちで行われています。

 ## エコシステム

 同社のビジネス・ソリューションは、政府から信頼されたベンダーによって提供されています。そのため、スマート・ファルコン社のデジタル・ビジネス・ソリューションには、同社が事業を展開するすべての国で税務が完全に組み込まれています。同社の業務システムは、ビジネス取引が完了する前に、最新の課税ルール、アルゴリズム、政府プラットフォームからのデータで更新されるため、ミスや意図しないエラーを減らすことができます。スマート・ファルコン社の税務判断は、業務システムのAIによってサポートされています。

 税額の確定、報告、徴収は、各国の異なる税目やルールに沿って自動的に

行われます。期間や税率などが異なっても、会社が事業を行っているすべての国の標準的な報告フォーマットによってサポートされます。業務システムは、会社全体の税務状況、ポジション、リスクに関する最新の概要を表示することができます。

 ## 人の手の関与

　税務当局は、企業のデジタル・ビジネス・ソリューションにより疑わしい結果が生み出されているかもしれないというリスクにフラグを立てるためにAIを活用しています。これにより、企業による課題のレビューが促進され、必要に応じて、税務当局の専門家は、ビジネス・ソリューション内のルールの見直しを含め、可能性のあるリスクや逸脱が検出された場合に、多国籍企業とリアルタイムでかかわることができます。

　企業と税務当局の間の法的紛争が起こったとしても、すべての決定は透明性があり、両当事者がAIを利用して先例を検討するとともに、関連する問題の範囲を絞りながら争うことができます。

　複数の税務当局と企業との間で紛争が発生した場合、AIがサポートする税務当局間の交渉が、企業の不必要な関与なしに行われます。

事業イベントと取引	国境を越えたサービス提供	移転価格	クロスボーダー・ロジスティクス
今日の課題	・付加価値税と物品税の各国間における正しい配分	・コンプライアンスを文書化するのが面倒 ・取引完了から数年後にコンプライアンス活動が行われる可能性があり、税務上の不確実性が生じる	・ロジスティクスチェーンに沿ったコンプライアンスを確保するための文書化にかかる高コスト ・業種や国によって規則が目まぐるしく変化し、複雑であるため、潜在的な税務リスクが生

			じる
税務行政3.0の戦略	・利用の追跡に基づく交通インフラ税 ・消費場所の追跡に基づく電子サービス提供への課税 ・車両にGPSやセンサーを搭載 ・自動料金徴収	・移転価格に関するAIベースのアルゴリズムとルールが政府から利用可能に ・政府によるコンプライアンス活動は、企業内のシステム改訂に集中 ・例外的なケースに限り、政府と企業の間で取引に関する半自動対話が可能	・完全にデジタル化されたロジスティクスチェーンの開発に税務を組み込み、リアルタイムのバリューチェーンマネジメントの価値を高める ・関税の変更や通関のタイミングなど、ロジスティクス活動のリスク評価とアップデートをリアルタイムでサポート
納税者の経験	スマート・ファルコン社は自動運転車やドローンを貸し出している。同社は、国をまたいで旅行する人々のために、総合的な旅行とエンターテインメント体験の分野で成長している。空路、海路、陸路を組み合わせたパーソナライズされた旅を提供している。規制された通路を飛行するドローンカーもサービスの一環だ。総合的な体験には、複数の国で異なる付加価値税や物品税が課される、さまざまな種類のオー	企業には、商品、サービス、無形資産を含むさまざまな事業体にわたる包括的な事業活動がある。3Dプリンティングなどの新技術により、ドローンカーは消費者市場に近い場所で生産されるようになった。ドローンカーと関連サービスの社内リースは広範囲に及んでいる。無形資産の正しい価格付けは、税務当局との協議でより重要な位置を占めるようになった。正しい価格設定は、政府から提供されるAIベース	スマート・ファルコン社は、ドローンカー製造のために高品質の部品と予測可能な納期を生産するベンダーを選択することで、高品質のドローンカーを製造している。同社はロジスティクス・ソリューションを通じて、エンド・ツー・エンドの生産チェーン全体をリアルタイムで監視・分析している。ロジスティクス・リスクが発生した場合は、システムから通知され、迅速に対応することができる。効率的な国境

234　Part Ⅲ　税務行政3.0：税務行政のデジタル・トランスフォーメーション

	ダーメイドのサービスが含まれる。スマート・ファルコン社は、数カ国の政府と緊密に協力し、この種の統合サービスの課税をサポートする新しい方法をテストすることで、ビジネスモデルを開拓してきた。スマート・ファルコン社の業務システムは、各国のルールに従って、関連する税務当局に自動的に報告し、税を納めている。	のアルゴリズムとルールによってサポートされている。あいまいな点が生じるたびに、税務当局との予測可能な事前対話が行われている。	を越えた課税プロセスが実現される。付加価値税、物品税、関税は、商品が国境を越える際に自動的に申告・決済される。輸送の物理的な中断はめったに発生せず、発生した場合は税務・税関当局による検査が迅速に行われる。
エコシステム	ドローンカーは、ビジネス・ユーザーに新たな選択肢をもたらすスマートな乗り物だ。車両は、各顧客の総移動について、位置、時間、距離を測定している。さまざまなサービスに対する適切な付加価値税と物品税や各国での道路、フェリー、空域の利用が認められる事業経費とともにリアルタイムで計算、確定される。業務システムは各国の政府プラットフォームに接続され、間接税のルールとアルゴリズムが更	政府は移転価格AIソリューションを企業に認証する。これは最新の規制と過去の価格データに基づいている。政府のコンプライアンス活動は、企業の業務システムへの標準インターフェイスによってサポートされる。ルール・ベースのフィルタリングにより、企業がレビューすべき取引や結果がフラグ付けされ、AIシステムによってサポートされる。税務当局が満足できない結果の場合には税務調査の対象とな	スマート・ファルコン社のロジスティクス・ソリューションは、サプライヤー、貨物輸送会社、政府サービスなどを含むロジスティクス・エコシステムの関連アクターに接続されている。これは同社のロジスティクスのリアルタイム分析をサポートする。同社は、国、サプライヤー、保管場所、輸送方法にまたがる商品のステータスと場所を追跡している。基礎となる販売書類や支払はすべてデジタル化されている。

	新され、税の申告と納付のためのデジタル・インターフェイスが提供される。	る可能性がある。	政府当局も同じエコシステムの一部であり、監視装置やAIの活用により、より効果的な税関プロセスが可能になる。実地検査は的を絞った効率的なものとなる。

事業イベントと取引	全体的な国際報告	新たな国・新分野での企業買収
今日の課題	・国別の報告要件と基準 ・適切なデータの入手と必要な品質の確保	・異なるシステムと異なる国家標準のため、複雑な照合が必要 ・税は統合の複雑さを助長する
税務行政3.0の戦略	・国際的な報告基準とフォーマット ・基準の適用方法に関する国内規則のリアルタイム更新 ・リアルタイム課税の能力増大	・異なるベンダーのシステムを統合するための国際標準 ・システム間で関連データを転送するための国際標準
納税者の経験	スマート・ファルコン社は、税務申告を比較的単純な組み込みプロセスとして経験している。報告書は政府間でますます調和されてきている。 報告要件は、事業運営や財務報告に使用されるシステムに組み込まれている。課税ルール、特に直接税にはまだ違いがあるが、事実の記述は国によって調和されている。規則が変更された場合、システムは各国の変更を追跡し、スマート・ファルコン社に通知し、迅速に対応できるようにしている。同社は、各	スマート・ファルコン社は、商業利用可能なサービスとして、飛行中のドローンカーに食料品やその他の商品を配達できる企業の買収を望んでいた。ドローン・コネクト社はこの新しい分野の新興企業で、スマート・ファルコン社の戦略に合致する有望な技術をもっている。ドローン・コネクト社はスマート・ファルコン社にとって新しい国にあり、異なるビジネス・ソリューションをもっている。ドローン・コネクト社の企業への統合は今のところ順調に進ん

		国における税務状況の最新の概要を把握しており、税務リスクを合理的に予測できると感じている。	でいる。スマート・ファルコン社のビジネス・ソリューションに切り替える緊急の必要性はない。とはいえ、短期間のうちに新会社はスマート・ファルコン社の完全デジタル管理システムに統合された。これには、ドローン・コネクト社向けのほぼリアルタイムでの税務ステータスとリスク管理が含まれる。
エコシステム	スマート・ファルコン社のビジネス・ソリューションは、各国の政府プラットフォームによる報告に関する要件やルールの変更にあわせて常に更新されている。取引と報告に対する課税ルールはまだ違いがあるが、これらの事実の調和された記述に基づくフォーマットとルールとアルゴリズムの構造は同じである。国際標準フォーマットは、取引レベル（すなわち電子インボイス）と政府への報告の両方をカバーしている。これらの関連する事実の記述と区切りは、財務報告と調和している。	両社とも、システム間の情報交換や、関連するすべての税目について、あるシステムから他のシステムへ変換するための国際標準を統合したビジネス・ソリューションサービスを利用している。スマート・ファルコン社は、企業で使用されているさまざまなERPシステムやモジュールが複数のベンダーのものであっても、それらをうまく統合する管理情報システムを使用している。

Chapter 3　税務行政3.0の実際の例　237

Chapter 4

税務行政3.0の構成要素

 長い旅路の終着点への道のりについて考える

　この文書で説明している税務行政3.0は、税務行政のあり方に関してパラダイムシフトをもたらすものですが、当然のことながら、その変化のプロセスは段階的になるでしょう。なぜかといえば、税務行政がとりわけ公共部門の歳入を徴収するという膨大な日常業務に対処するものである以上、どうしてもリソースと優先順位の問題があるからです。また、これは政府の他部門、民間部門、そして国際的にも緊密に協力しなければならない道のりであるというのも理由の一つです。

　特に、税務行政3.0では、Chapter 3でも述べたように、将来の税務行政を支える新たなインフラの開発が必要です。この新しいインフラの構成要素は、それ自体が有益なものとなるでしょう。しかし、それ以上に重要なことは、政府の他部門、民間部門、国境を越えた連携などを通じて、時間をかけて構成要素を組み合わせていくことにより、シームレスで摩擦のない税務行

政を実現するという、より大きなメリットが得られるということです。取組みが行き詰まってしまう可能性もあるでしょうが、それを回避するには、この目標の達成に向けて他の関係者と協力することがきわめて重要です。多くの異なる関係者とともに日々動いていくさまざまなパーツを一つにして、何かを構築していくためには、ビジョンの共有と関係者間の緊密な協業の両方が絶対に必要です。

　デジタルIDの例をみてみましょう。デジタルIDシステムの開発から最大限のベネフィットを得るためには、他のデジタルIDシステムと完全な互換性をもつことにより、複数のID、ログイン、および認証プロセスの使用から生じる時間と費用の負担を軽減する必要があるでしょう。特に、政府の他部門や民間セクターの仲介者が使用するシステム、納税者が日常生活やビジネスで使用するシステム、他の国で使用されているシステムといったものとしっかりと連携すべきでしょう。たしかに、広範囲に及ぶ互換性をもつ、という最終的な目標への道のりをしっかりと考えずに新しいデジタルIDシステムを構築したとしても、セキュリティの向上、データの照合能力、および管理機能の効率的な実行など、有益な改善をもたらす可能性はあります。しかし、それでは税務行政以外の他のプロセスでは機能しない可能性もありますし、これを修正するには多額の追加的なコストが必要になるかもしれません。

コアとなる構成要素

　このディスカッション・ペーパーの作業を主導した税務当局は、将来の税務行政においてコアとなる六つの構成要素を以下のとおり特定しました。

- **構成要素１：デジタルID**：納税者と市民を安全かつ個々人に紐づくかたちで本人確認を実施し、納税者の自然システムと連携することで負担を軽減し、さまざまな処理をプロセスの裏側に移すことを助けること。
- **構成要素２：納税者とのタッチポイント**：必要に応じて、より自動化された方法などにより、納税者の自然システムに税務行政プロセスとのタッチ

ポイントを組み込む機会を探すことで、納税者による税務行政プロセスへのかかわりを（たとえば、リアルタイムのサポートへのアクセスなどを通じて）円滑にすること。

- **構成要素3：データ管理と標準化**：コンプライアンスを最大限に高めつつ、負担を最小限に抑えるために、行政がデータを最も効果的に管理する方法に関する枠組みを構築すること。これは特に、どこでさまざまな税務の機能に関するデータが処理されるべきなのか（たとえば、行政の内部なのか、納税者の自然システム内なのか、またはその両方なのか）という問題の選択に関係しますし、また、税務関連データおよび納税者のシステムの運用に関するメタデータの質、活用可能性、申告に関する要求にも関係してきます。

- **構成要素4：課税ルールの管理と適用**：税法を管理可能かつ検証可能な形式で策定し運用することで、行政の強固さは増し、リモートであってもあらためて保証が提供されるようになる一方で、利害関係者は自分たちの好きなシステムの内部に（進化に対しても柔軟に）課税ルールを統合できるようにすること。

- **構成要素5：新しいスキルセット**：人間の介入の頻度を減らし、人工知能のプロセスのサポートを増やすことにより、DX化された税務行政の開発と運用に必要となる新たなスキルの取得に向けた計画を立てること。

- **構成要素6：ガバナンスの枠組み**：税務当局内および国内外の他の関係者と協力することで、他の構成要素の構築、適用、整合性の整理に関する方向性を決めること。

これから、それぞれの構成要素について、下記の項目に着目しながら説明します。

- **コア付加価値**：デジタル化が進む社会・経済において、特定の構成要素がシームレスな税務行政を実現するために、どのように役立つかを説明します。

- **構成要素のアーキテクチャ**：税務行政3.0の目指す社会を実現するために、

■ 図4.1　コアとなる構成要素のフレームワーク

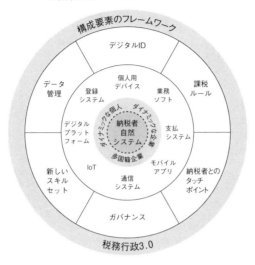

相互に関連する機能や連携する必要があると考えられるプロセスのうち、コアとなるものを示します。

- **税務行政3.0への旅路**：現在の電子行政システムの特徴と、それが時間とともにどのように変化していくかを概説します。これには、デジタル成熟度のさまざまな段階の大まかな特徴を示すDX成熟度モデルの草稿も含まれます。このパートはまた、税務行政3.0への移行に向けて何が出発点となりうるかを示唆しています（この点に関しては、将来のFTAの業務に関するロードマップ案の策定においてさらに検討される予定です）。
- **現在の先進的事例**：これらの事例は、このディスカッション・ペーパーを主導した税務当局から提供されたものですが、それぞれの構成要素の説明の末尾に、現在実際に行われている具体的なアクションを示しています。

構成要素1：デジタルID

コア付加価値

タックスポリシーとは、だれに何を課税するかを定めるものです。納税者

■ 図4.2　デジタルID

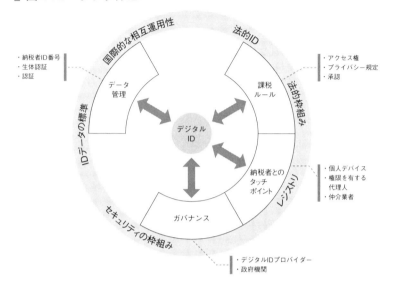

を、安全かつ個々人に紐づけて識別することは、近代的な税務行政の出発点であり、それが実現してはじめて、行政プロセス（コミュニケーション、税務申告、他のデータソースの組み込み、セルフサービスのオプションなど）を個々の納税者に適合させることが可能になります。

　税務をよりシームレスなプロセスにするためにはシステム間の連携を強化する必要がありますが、デジタルIDが複数の異なる私的および公的なプロセスで使用されたり、同一人であっても異なる役割（たとえば個人の納税者と企業の代表者など）で使用されたりするような社会においては、個々人に紐づいた安全なIDシステムを個人向けおよび法人向けに確立することが大前提となります。これは決して、異なる組織が同一のデジタルIDシステムをもつ必要があるということではありません。重要なことは、納税者や行政が使用するそれぞれのシステムが、摩擦のない方法で、相互にやりとりできるようになることです。

構成要素のアーキテクチャ

デジタルIDの構成要素は、税務行政3.0を実現するために以下のような機能を果たす必要があります。

- 納税者を含むシステム内の全関係者に、本人確認の安全性と使いやすさ（複数の異なるログインを必要としない）の点で確実性を提供すること
- 一つのIDに基づいて、システム同士が相互作用できるようにすることで、個人データや指示をリアルタイムで送信・照合できるようにするとともに、安全なサービスへのアクセスを提供し、ポータル間のシームレスな移動を容易にすること
- さまざまなレベルでの許可を条件として、（たとえば、税務代理人、個人的な代理人、または企業の役員間への）代理委任を可能にすること
- たとえば、デジタル取引を促進するアプリケーションを通じた本人確認や報告（または源泉徴収）情報に係るなど、日常生活やビジネス生活に不可欠な課税ルールの自動適用をサポートすること

税務行政3.0への旅路

表4.1の「確立」で示された成熟度のレベルは、現在における最も先進的な行政の現状を表すことを意図しています。一般に、対応する能力がある納税者は、現在でも、紙の書類や税務署への訪問を避け、ウェブサイト、eフォーム、ウェブおよびモバイル・アプリケーションなどの納税者用タッチポイントで納税用デジタルIDを使用することができるようになっています。

すでに確立されている執行手段の主な特徴は以下のとおりです。

- すべての納税者が納税者識別番号（TIN）をもっており、他の識別要素（市民の場合は生年月日、パスワード、企業の場合は設立地と設立日、登録住所など）とともに、税務当局内ではデジタルIDを作成。
- 納税者のデジタルIDを使用することで、納税者の特定のタッチポイントにおいて、さまざまなデジタル納税者サービスやデータを利用することができる。
- プライバシーとセキュリティを確保するために、デジタルIDの使用に関

Chapter 4　税務行政3.0の構成要素　243

■ 表4.1　デジタルID：税務行政3.0への旅路

内容	初期	発展	確立	先進的	野心的
デジタルID	・納税者登録機能が整備されている。 ・納税者は税務署で本人確認を行う。 ・パスポートと紙の国内身分証明書が基本的な証明書類である。	・全納税者は納税者識別番号（TIN）をもっている。 ・電子申告をサポートするためにデジタルIDの登録が開始されている。 ・パスワードにより認証する。	・納税者はTINに関連づけられた税務当局固有のデジタルIDをもっている。 ・デジタル納税サービスとデータはデジタルIDでアンロックできる。 ・国民デジタルIDが試験運用されている。 ・二要素認証が使用されている。 ・法的枠組みが整備されている。	・税務当局は国民デジタルID（民間および政府の他の一部部門と共通のもの）を使用。 ・モバイルデバイスによりデジタルIDが使用可能。 ・代理人への権限委任がなされる。 ・デジタルIDは官民の情報交換をサポートするために使用される。	・社会全体でデジタルIDが使用される。 ・デジタルIDは国際的な納税者の認証をサポートする。

する枠組みが整備されており、国際的な文脈では幅広いデータの国境を越えた移転を促進することに貢献。

　デジタルIDの成熟における次のステップにおいては、同じデジタルIDを政府の他の部分、第三者のデータプロバイダ、国内および国境を越えた民間セクターのアプリケーションとの複数のやりとりで使用することが、ますます可能になります。市民は、個人納税者、中小企業の納税者、企業の代理人、高齢の家族の代理人などの異なる役割、異なる時点においても、同じIDを使用して税務行政プロセスとやりとりするようになります。

　この取組みを始めるにあたり、税務当局は以下のことを検討するとよいでしょう。

● デジタルIDを、市民や企業の日常生活の他の側面と統合することから生じる、デジタルIDソリューションの便益と潜在的な課題をマッピングすること

- 政府内、民間部門および他の税務当局と協力して、高いレベルのデジタルID・アーキテクチャを開発し、可能な限りグローバル・スタンダードの開発などを通じて、互換性がなくなってしまうリスクを最小限に抑えること
- 想定される将来の展開（たとえばブロックチェーン・ソリューションの統合など）に照らしてシステムの安全性を維持するためには、将来を見据えたデジタルID認証のアーキテクチャにおいて柔軟性が必要になるという点について理解しておくこと
- 税務当局と他の公共または民間部門組織との間のデジタルID機能の統合の優先順位づけをし、税務当局と納税者にとって早期にメリットが実現するようにすること

Box 4.1 先進的な国の例 シンガポール──国民デジタルID

　国民デジタルID（NDI）は、テクノロジーを活用して、すべての人の暮らしと生活を向上させるというシンガポールのスマート国家ビジョン（Smart Nation Vision）の要となるものです。NDIは、個人用のデジタルIDであるSingPass（シンガポール・パーソナル・アクセス、現在はすべての居住者が対象）と、企業やその他の事業体用のデジタルIDであるCorpPassの二つにより構成されています。SingPassは、myTaxポータルを含む政府電子サービスへのログイン認証、myTaxポータル経由の電子納税申請の即時認証、そして現在試験段階にある顔による生体認証をサポートしています。CorpPassについては、それを利用することで、企業がNDIのさまざまな機能を活用し、必要な認証と同意を得たうえで、安全かつ簡便に顧客に対応したり、政府機関やその他の団体と取引をしたりすることができます。たとえば、企業はCorpPassとAPIをシームレスに介することで、IRASと国の法人登記局（national company registry）の両方に申告することができます。

Chapter 4　税務行政3.0の構成要素　245

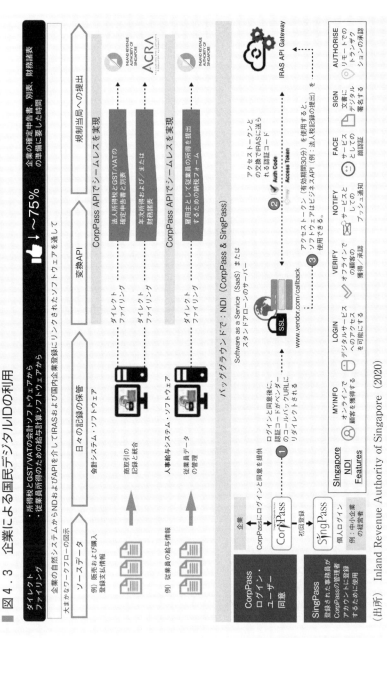

(出所) Inland Revenue Authority of Singapore (2020)

246 Part Ⅲ 税務行政3.0：税務行政のデジタル・トランスフォーメーション

構成要素2：納税者とのタッチポイント

コア付加価値

納税者とのコミュニケーションや対話、関与の促進といった活動は、税務行政の円滑な運営の中核をなすものであるといえます。たとえば、対面でのやりとり、電話、多機能ウェブサイト、電子サービス、業務管理システムなど、さまざまなタッチポイントを通じて管理・サポートされます。このような納税者とのタッチポイントは、理解不足、行政とのさらなる協議を必要とする異常な状況、期待どおりに機能しないプロセスなど、摩擦が生じた場合の問題解決に役立ちます。

構成要素のアーキテクチャ

納税者とのタッチポイントという構成要素は、税務行政3.0を実現するために、以下のようなコアな機能を果たす必要があるでしょう。

▌図4.4　納税者とのタッチポイント

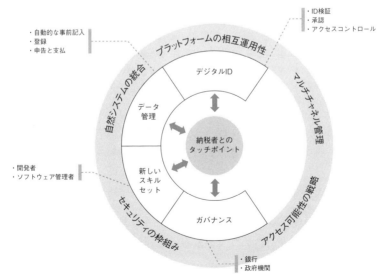

- 税務当局のプロセス内で摩擦を排除できない場合や、外的な事象（法律の変更、状況の重大な変化、危機など）により摩擦が生じた場合に、リアルタイムのサポートを提供すること。重要なことは、このようなサポートが、問題を迅速に解決し、可能であれば、（たとえば機械学習を利用することで）自らを適応させるのに効果的であることである。
- タッチポイントは、どこで摩擦が発生し、それがシステムやアプローチの変更によってどのように解決されるかを理解しやすくするための分析データを提供する必要があること。
- アプリケーション・プログラミング・インターフェイス（API）を介して、政府内の他のシステム、会計システムやレジなどの業務管理システム、銀行口座や取引などの適切なアプリケーションとの統合を可能にすること。

税務行政3.0への旅路

　納税者とのタッチポイントが、税務署の窓口や紙の書類から電子申告、電子納付、オンラインヘルプ機能などのオンライン納税者ポータルに移行してきたという、これまでの多くの進歩の結果が、現在すでに確立された状態であるといえます。かつて重荷になっていた管理目的の紙ベースの不必要な業務は、すでに業務プロセスから取り除かれていますが、一方で、デジタルアクセスができない人々にもアクセス手段を提供し続けているという現状も残っています。

　すでに確立されている執行手段の主な特徴は以下のとおりです。
- 電子サービス（電子申告、電子納付など）を提供する税務当局のウェブサイトやモバイル・チャネル。これにはしばしば、状況の更新や安全なやりとりをサポートする個人納税者および法人納税者向けの納税者ポータルが含まれている。
- コールセンターやウェブチャットによるサポート。
- 従業員の負担を実質的に取り除く、デジタル源泉徴収（PAYE）のようなシステム、またはその他のシステムの使用（これは累積されたり、年末調整が必要になったりする場合がある）。

■ 表4.2 納税者とのタッチポイント：税務行政3.0への旅路

内容	初期	発展	確立	先進的	野心的
納税者とのタッチポイント	・納税者の関与の大部分は、税務署に提出する紙の書類によってサポートされている。 ・税務行政のウェブサイトに税法が掲載されている。 ・現金による納税が幅広くサポートされている。	・電子フォームはウェブサイトからダウンロードできる。 ・いくつかの最初のオンライン入力機能が実装されている。 ・コールセンターが整備されている。 ・電子的な銀行アプリによる支払ができる。	・ウェブサイトでは結合された一連の電子サービスが提供されている。 ・個人および法人の納税者は、ステータスの更新を確認し、取引を行うための個人アカウントをもっている。 ・デジタルPAYEのようなシステムが実装されている。 ・障害者やデジタルリテラシーがない人のアクセシビリティが保証されている。 ・利用可能なすべての取引と税の種類についてデジタル支払ができる。	・すべての個人の税金および一部の法人の税金に対する完全にプロアクティブな事前申告ができる。 ・登録や納税義務の管理などの納税者サービスが政府全体のアプローチに統合されている。 ・デジタル・プラットフォーム機能への最初のタッチポイントが統合されている。 ・納税者の口座ベースで負債額と拠出額の相殺額に基づく決済が行われる。	・納税者とのタッチポイントの大部分は自然システムと政府サービス全体に統合されている。 ・タッチポイントサービスの提供にAIサポートが統合されている。 ・ほとんどの納税義務に対してリアルタイム決済の選択肢を活用できる。

● デジタル・チャネルを利用できない人のためのアクセシビリティ戦略の実施。

　納税者とのタッチポイントの成熟における次のステップは、タッチポイントを納税者の自然システムに統合することです。これは、納税をシームレスな経験に移行させるということを考えたときに、重要な貢献となるものであるとともに、その前提条件の一つとなるものです。源泉徴収（PAYE）や付加価値税（VAT）でよくみられるように、システム内での税務行政に関する業務を遂行するに加え、あらゆる種類のデジタル・プラットフォームが、信

頼できる第三者機関のネットワークの一部を形成するでしょう。

　納税者の自然システム内にある人工知能ツールやアルゴリズムは、納税義務の特徴づけと評価をサポートするとともに、納税者の理解や判断をサポートします。

　この取組みを始めるにあたり、税務当局は以下を検討するとよいでしょう。

- 個人および一部の事業税（付加価値税（VAT）など）の納税申告書（または税務評価）の自動化を進める。
- さまざまなタイプの納税者にとっての主な摩擦点についての理解を深め、摩擦点が発生した時点でそれを最小化するための戦略を練るとともに、時間をかけて摩擦点をなくすことを目指す。
- 納税者口座を導入し、支払と負債が裏付け説明とともに記載され、納税者には税務業務のリアルタイムな把握が提供される。
- 登録、デジタルID、債務管理などの納税者サービスを政府全体のアプローチに統合する。
- デジタル・プラットフォームやその他の第三者と連携した税務サービス提供の機会を特定する。

Box 4.2　先進国の例 ノルウェー──事前の同意に基づくローン申請

　ノルウェーは、ローンの申請を簡素化するための新しいスキームを開発しました。従来、ローンの申請者は、収入に関する特定の書類を自ら収集し、銀行に提出する必要がありました。その後、銀行による適切な審査が行われることになります。新しいスキームでは、銀行は申請者から情報を受け取るのではなく、納税者が同意したNorwegian Tax Administrationから必要な情報をデジタル・データで受け取ることができるようになりました。また、情報の信頼性が高いため、多くの融資申込みが数分以内に自動的に審査され、コスト削減と申込みへの迅速な対応

250 ｜ Part Ⅲ　税務行政3.0：税務行政のデジタル・トランスフォーメーション

が可能になりました。現在、ノルウェーのすべての銀行がこのスキームに参加しています。納税者、企業、政府にとって今後期待される費用節減効果は、10年間で6億ユーロから13億ユーロであると見積もられています。

図4.5 事前同意に基づく融資申請

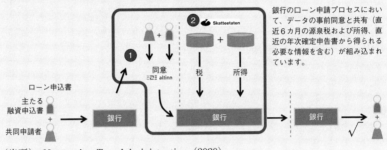

(出所) Norwegian Tax Administration (2020)

Box 4.3 先進的な国の例 ケニア——デジタル納税

　ケニアはモバイルマネーの世界におけるグローバル・リーダーです。同国はモバイルマネー取引の件数と金額において驚異的な成長を記録し続けています。2019年12月現在、同国のモバイルマネー加入者数は5,840万人（人口は4,750万人）であり、2007年のM-Pesaの提供開始からは12年が経過しています。2013年には、Kenya Revenue Authority（KRA）は納税者へのサービス提供を改善するために支払チャネルの範囲を拡大し、M-Pesaによるモバイルマネーを含めました。「Lipa Ushuru na Mpesa」（Mpesa経由の納税）により、納税者は携帯電話を使って迅速かつ簡便に税金を支払うことができるようになりました。支払プロセスはシームレスな経験であるといえます。個別に生成された支払登録番号と電話番号をKRAの支払アプリケーションに入力した後、納税者はKRAへの納税の承認を求めるメッセージを携帯電話で受け取ります。ユーザーが承認すると、KRAから確認メッセージが送信され、納税者の課税

Chapter 4 税務行政3.0の構成要素 | 251

台帳がリアルタイムで更新されます。

■ 図4.6　M-Pesaを使った納税

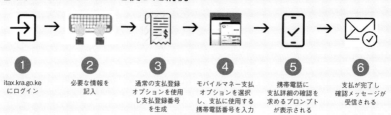

（出所）　Kenyan Revenue Authority（2020）

 構成要素3：データ管理とデータ標準

コア付加価値

　現在の税務行政は、本質的にはデータの利用可能性と品質に大きく依存するデータ処理業務であるといえます。

　デジタル化の進展に伴い、納税者や第三者からの税務関連データは税務当局に直接取り込まれ、処理される機会が増加しています（たとえば、電子インボイス、オンライン・キャッシュ・レジスター、金融口座情報からのデータなど）。税務行政3.0における変化の例として、データの場所（業務システム、クラウド、第三者など）がそれほど重要ではなくなることがあげられます。具体的にどう変化するかというと現在のようにデータ自体を管理する、というよりはむしろ必要に応じて納税者のより広範な自然システムからリモートで取得されるデータの利用可能性、品質、正確性を、税務当局が管理するようになってくるということです。

構成要素のアーキテクチャ

　データ管理とデータ標準の構成要素は、税務行政3.0を実現するために以下の機能を果たす必要があります。
- データセキュリティを継続的に更新し、強固なセキュリティを維持するこ

図4.7 データ管理とデータ標準

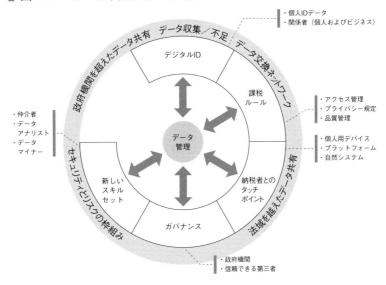

とで、行政内部および外部の関係者によるデータの悪用から保護すること。

- より大きな視点からデータソースの枠組みを設定し、税務関連データおよびメタデータの内容、品質、移管可能性、利用可能性やアーカイブに関する最低要件を設定すること（これにより、行政はプロセスが意図したとおりに機能していることを検証し、異常を特定できるようになる）。
- データ提供のためのフォーマットに関しては、企業やその他のデータ保有者が使用するシステムに制約を課すことになるような柔軟性のない仕様を可能な限り回避すること。
- 特定の税務行政機能を可能な限りシームレスに機能させるためのデータソースのマッピングを継続的に実施し、関連する連携先と協力してそれらを枠組みに取り込むこと。
- 適切な法的枠組みによって管理される前提のうえで、他の政府機関によるデータの再利用に資するようなデータ提供を行うこと。

税務行政3.0への旅路

初期段階および発展段階では、納税者データが、異なる税務行政の機能に対応しているだけで、内部に包含されてしまっており、税務行政全体で容易に活用できるものではありませんでした。確立された成熟段階になると、納税者データのさまざまな要素が中央集権的なデータベースに統合されるようになってきます。これによって、納税者を中心としたサービスや執行手段・戦略の実施が可能になってきます。

すでに確立されている執行手段の主な特徴は以下のとおりです。

● 税務行政に入ってくる納税者データの大半は、税務当局のどこからでもア

■ 表4.3　データ管理とデータ標準：税務行政3.0への旅路

内容	初期	発展	確立	先進的	野心的
納税者のデータ管理	・デジタル・データベースが初めて実装される。 ・一部の税金の種類に固有のデータモデルが整備されている。 ・特定の税金の種類のシステムにおいてデータが管理されている。 ・データベース間はマニュアルで同期されている。	・納税者のデータは、税法固有のシステムでデジタル形式により利用できる。 ・最初の統合データ（ガバナンス）モデルが導入されている。 ・税務行政内でのデータの共有と再利用がなされている。 ・銀行や国内政府機関と協力して第三者のデータの交換が実施されている。 ・データセキュリティ対策が実施されている。	・納税者データはデジタル顧客データベースで利用可能となっている。 ・関連する公的および民間の利害関係者とのデータ共有およびガバナンスの取決めが整備されている。 ・データプライバシーの法的枠組みが導入されている。 ・国際的な公的および民間のデータ交換ネットワークが実装されている。	・データの品質と完全性は、公的な利害関係者ともに定義され、保証されている。 ・グローバルなメッセージおよびデータ標準が使用され、交換のためのインフラも使用されている。 ・一定時点におけるバルクによるデータ交換から、取引時の詳細なデータ共有への移行が進んでいる。 ・透明性が確保されたメカニズムが進展している。	・データの所有権とプライバシー保証の枠組みが実装され、管理されている。 ・税務行政プロセスのために高品質のデータをリアルタイムで利用可能となっている。これは、分散型（ルールからデータへ）または集中型（データからルールへ）のどちらかの方法による。 ・透明性と許可のメカニズムが社会的信頼を育んでいる。

クセス可能なデータベースで利用することができ、税務当局との完全にデジタル化されたデータの交換やデータ分析（依然として主に税の種類内でのデータ分析）の使用をサポート。

- 第三者から収集されるデータは、なるべく申告書の事前記入を増やそうとする動きのなかで徐々に増加してきているが、データの品質に関する問題は残っている。一部の行政機関では、コンプライアンス戦略の一環として、より体系的なデータ収集、特に電子インボイスの発行やオンライン・キャッシュ・レジスターの活用などが行われている。

- データプライバシーとセキュリティの法的枠組みに関する正式なモデル・制度をつくり、それによって官民の間で納税者データを電磁的に交換する仕組みを管理している。

- 一部のデータは国際間で自動的に交換され、評価プロセスに完全に統合されるわけではないものの、主にリスク評価とコンプライアンスの目的で活用されている。

先進的、および野心的な成熟度レベルでは、納税者のコストを最小限に抑えながら、税務コンプライアンスと税務行政の効率性を最大化するために、税務当局はデータに関してよりスチュワードシップの役割を担うようになるでしょう。そのためには、評価対象として行政に流入する大量のデータと、納税者のシステムから入手する信頼できるデータ利用の間で、うまくバランスをとることが求められます（これはたとえば、すべての情報が税務当局のなかに入ってくる電子インボイス発行システムと、給与計算ソフトウェアの結果によって報告される各従業員の源泉徴収（PAYE）データとの違いです）。どちらのデータを活用することも考えられます。

この取組みを開始するにあたり、税務当局は以下のことを検討するとよいでしょう。

- 複数の拠点で事業を展開する企業へのコストを最小限に抑えるために、理想的には国際的な取組みとして、データの収集、移転、保証に関する高いレベルな視点からのスタンダードを開発すること。この場合、可能な限

Chapter 4　税務行政3.0の構成要素　255

り、報告用も含め、納税者が自ら希望するシステムや技術（ブロックチェーンなど）を使用できるような柔軟性を備える必要がある。

● 行政が大量のデータを処理する場合や、納税者のシステム内で処理された出力に依存する場合（自動的に処理されることが多くなってきているため、それらのプロセスを検証できることが条件となる）、また、これらの異なるモデルが共存する場合のビジネスの事例を構築すること。これらについては、データのプライバシーと保護の問題を考慮する必要がある。

● データ収集目的の制限の見直しを含め、両モデルに適した法的ゲートウェイの要件を策定する。たとえば、政府全体にとっても、税務行政にとっても、社会保障目的で収集されたデータは、少なくとも一部の税務目的にも使用できること、またその逆も可能であることが重要である。これらについても、さらなる国際的な議論が必要になる。

Box 4.4 先進的な取組みをする国の例 オーストラリア——シングル・タッチ・ペイロール（STP）

オーストラリアでは、Australian Taxation Office（ATO）への給与データの報告方法を改善するために、2018年7月にAPI対応デジタル・チャネルであるシングル・タッチ・ペイロール（Single Touch Payroll、以下「STP」）が開始されました。

STPは、雇用者によるATOへの給与情報のリアルタイム報告を導入しました。STPを利用すると、既存の給与計算サイクルや業務用ソフトウェアシステムを活用し、従業員に給与が支払われるたびに、給与、課税、退職年金に関するデータをATOに報告することができます。ATOは、STPの概念、設計、提供にあたり納税者や企業の自然システムに関連する連携先と協力しました。

STPの活用が進展するにつれて、STP報告を通じてすでに雇用者から提供されている情報を利用することで規制上の負担を軽減し、より良い政府サービスを提供し、社会福祉制度の運営を改善する取組みが政府全

体で現実のものになりつつあります。

図4.8 シングル・タッチ・ペイロール

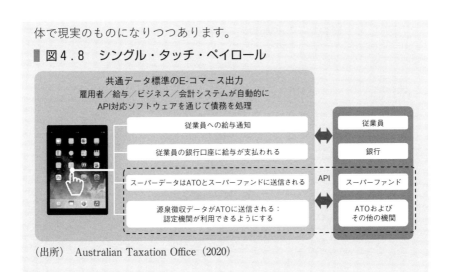

(出所) Australian Taxation Office (2020)

構成要素4：課税ルールの管理と適用

コア付加価値

現在、課税ルールの管理と適用は主に税務行政主導のプロセスまたはサポートされたプロセス内で行われています。これには通常、以下のような多くのステップが含まれています。

- 税法のコンプライアンスと期限に関するガイダンス（ウェブサイト、直接のコミュニケーション、税務代理店など、さまざまなチャネルを通じて）。
- 納税者による特定の租税関連情報の入力を必要とするフォームおよび電子フォームの使用（登録目的、納税申告書提出などのため）。
- 納税者の登録、最終的な納税額の計算、納付の受理など、行政内の関連プロセスの最終決定（たとえば、納税者の登録、最終的な納税義務の計算、支払の受領など）。

税務行政3.0において何が変わるかというと、税務当局が、納税者の自然システム内で個々の税務処理を行うために必要な技術的ルールと情報を提供

■ 図4.9 課税ルールの管理と適用

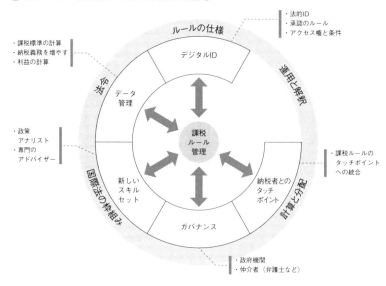

するようになります。たとえば、指定された時点での納税者の自動登録および登録解除、会計ソフトウェアへの税法の規則や計算の組み込み、または源泉徴収や行政への情報の自動送信のためのアプリケーションの使用などが想定されます。

構成要素のアーキテクチャ

課税ルールの管理とアプリケーションの構成要素は、税務行政3.0を実現するために、以下のコア機能を実行する必要があります。

- 納税者が使用するソフトウェアシステムやアプリケーションに組み込むことができ、今後の変更にも対応可能な課税ルールの明確な仕様を提供すること。
- これらのルールのアウトプットが、適切なメタデータとともに行政に受け入れられ、継続的な保証が得られるようにするために、課税ルールを組み込んだソフトウェアの承認に必要な保証フレームワークを開発すること。
- アプリケーション・プログラミング・インターフェース（API）のライブ

ラリを開発し、税務当局からの情報（たとえば、本人確認、手当、税率や閾^{しきい}値の変更、ステータスの変更など）を受け取り、納税者の自然システムから適切な税務当局のシステムに情報を転送するために使用できるようにする。

- 人工知能サービス（AI）の利用を含め、課税ルールの適用における不確実性に対処するメカニズムの開発。

税務行政3.0への旅路

確立された成熟段階における管理では、職員がIT部門と緊密に協力しな

■ 表4.4　課税ルールの管理と適用：税務行政3.0への旅路

内容	初期	発展	確立	先進的	野心的
課税ルールの管理と適用	・紙に書かれた財政に関する法制がシステム設計に反映されている。 ・税の種類に固有のバックオフィスシステムに課税ルールが実装される。 ・納税者は税務署に登録し、税務申告書の提出を求められる。	・個別のルール・モデリングと管理システムが整備され、内部テストケースの設計の基礎がある。 ・誤りの防止をサポートするためにフロントオフィスのサービスに導入された課税ルールがある。 ・納税者とその納税義務は、雇用者、金融機関、政府機関、その他の税務当局など、いくつかのルートを通じて特定される。	・税務行政全般の幅広い業務に関するルール管理システムが導入されている。 ・共同テストの実施と納税者の自然システムへの統合を目的として、民間の共同事業者に対してルールが公開および共有されている。 ・国際ガイドラインに完全に準拠している。情報の交換は、納税者の識別と課税徴収をサポートしている。	・ルールの仕様は法草案プロセスに統合されている。 ・ソフトウェアパッケージとテストシナリオは完全に自動で生成される。 ・公的および民間の納税者の助言および関与のプロセスに人工知能が実装されている。 ・租税政策と税務行政は、デジタルに親和的な法律の設計と評価の際に、協力的に実施される。 ・従来の業務に加えてプラットフォームも租税徴収の代理人となり、納税者が納税義務を果たすことをサポートする。	・自律的な租税アルゴリズムが利用可能であると同時に、実装されており、租税の影響と納税義務について事前に関係者に通知される。 ・税の確実性と裁定のソリューションを提供するオープンAIサービスが提供される。 ・スマートコントラクトにより納税義務をリアルタイムで清算される。 ・国際金融取引の透明性が確保され、実質的支配者や租税回避的なタックスプランニングの特定をサポートする。

がら、納税者のシステム（たとえば、給与支払プロセス、電子請求システム、オンライン・キャッシュ・レジスター、オンラインプラットフォーム）に統合されているルールの保守と運用を管理したり、税務当局が提供するAPIインターフェイスを介して課税ルールの有効性を確保したりできます。ルールが頻繁に変更されると、これらのレガシーシステムは柔軟性に欠け、適応がむずかしくなることがよくあります。多くの税務当局は、より俊敏で持続可能なシステム・アーキテクチャに移行する方法を模索しています。

　課税ルールの管理と適用に関する成熟段階は、以下のような特徴をもっています。

- たとえば、給与税や付加価値税（VAT）など、一部の納税者の内部システムで処理される多くの税金や報告システムに関するルールが公表され、配布されている。これらのルールは、変更することが困難であり、費用がかかる場合がある。
- このようなシステムの検証はさまざまで、税務当局が認定するものもあれば、税務調査を通じて保証されるものもある。このようなシステムの適用に関する保証は、通常、リスクベースの税務調査（たとえば、給与税システムへの入力が正確かどうか）を通じて行われる。

　先進的および野心的な段階では、税務当局は納税者の自然システムに課税ルールを統合できるよう、より多くのリソースを投入し、時代遅れのソリューション（たとえば、非常に特殊な報告書フォーマット）に縛られることを避けるため、企業や開発者と緊密に協力し、柔軟性と敏捷性を最大限に高めています。納税者側では、ある程度の不確実性がある場合に課税ルールを適用するために機械学習が使用され、行政側でも同様のシステムを通じてできる限り説明が提供される可能性があります。

　このようなシステムが紛争解決事例の結果を取り入れ、法的な明確化が必要な箇所を特定することで、時間の経過とともに不確実性を最小限に抑えられる可能性があります。

　この取組みを開始するにあたり、税務当局は次のことを検討するとよいで

Part Ⅲ　税務行政3.0：税務行政のデジタル・トランスフォーメーション

しょう。

- 納税者自身の業務管理システム（たとえば、デジタルID、電子インボイス、報告書、デジタル・プラットフォームによる源泉徴収など）に統合するための、システムに依存しない課税ルール仕様の導入。
- 新たな課税ルールの策定と並行して、開発者と協力して課税ルール仕様の開発を試行する。
- 税務の不確実性を最小限に抑えることを目的とした、税務行政の助言・評価プロセスにおける人工知能の導入の試行。

Box 4.5　先進的な取組みをする国の例 スペイン──付加価値税（VAT）用バーチャル・アシスタント・ツール

　スペインでは、付加価値税（VAT）に関して独自の基準による質の高い情報提供をすることにより、複雑な規則の理解を促進することを目的として、人工知能に基づくバーチャル・アシスタント・ツールが開発されました。同システムは、納税者と税務当局職員が自然言語で質問できるチャットボットを利用し、請求書の登録・修正、外国貿易に係る義務、課税の有無、課税額、税率、不動産取引の免除・控除などの情報を提供しています。バーチャル・アシスタントでは、納税者と税務当局職員の双方が自然言語で質問できるチャットボットを利用し、納税者が必要な情報を入力して質問を完了させ、求められる回答を得られるようサポートされています。納税者は、同システム上の会話に従うだけで、関連情報、規制、情報バナーを含む他のページへのリンクなどの一律な回答を得ることができます。さらに、会話のコピーを保存することもできます。このツールには、24時間毎日の即時情報、迅速な対応、管理負担の軽減、インタラクティブな情報、法的セキュリティの強化などの利点があります。

Chapter 4　税務行政3.0の構成要素　261

図4.10　バーチャル・アシスタントの写真

（出所）　Spanish Tax Agency（2020）

 構成要素5：新しいスキルセット

コア付加価値

　電子行政システム内のスキルセットは、ここ数年において、より顧客中心の電子サービスのサポートや、リスク評価・リモート検証などのアプリケー

■ 図4.11 機能別の職員活用状況（2017年）

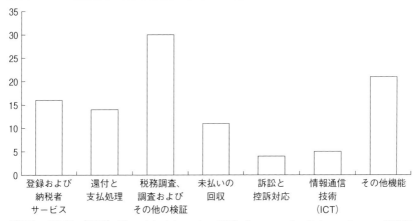

（出所） OECD (2019), Tax Administration 2019: Comparative Information on OECD and other Advanced and Emerging Economies, https://dx.doi.org/10.1787/74d162b6-en.

ションを含む、組織全体での分析能力のより高度な活用をするために適応してきています。しかし、現在の税務行政の機能的なプロセスをサポートするために、税務行政職員の大部分は、税務調査、債務管理機能、顧客サポートと登録、納税申告と納付処理に従事していると報告されています。

どうやら、多くのITスタッフは、主にレガシーシステムの保守と、それらのシステム周辺の新機能の開発に従事しているようです。

税務行政3.0では、これらのプロセスは通常、他の組織からのインプット（入力）や納税者の自然システム内を含め、税務行政内で自動的に（およびAI対応で）実行されます。必要とされるスキルは、税務行政システム全体の運用と進化をサポートすることに重点を置くことになるでしょう。そのためには、IT専門家、プログラマー、データサイエンティスト、行動科学者、ストラテジストの数の拡大が必要となります。税務専門家の役割は今後も非常に重要であり、国内および国際ルールの策定、起こりうるコンプライアンス問題の特定、課税ルールやその適用の違いが問題を引き起こす可能性のある国際的なケースを含むより複雑なケースへの対処に貢献します。

Chapter 4　税務行政3.0の構成要素　263

図4.12　新しいスキルセット

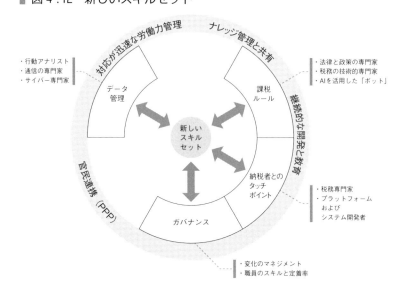

構成要素のアーキテクチャ

新たなスキルセットに関する構成要素は、税務行政3.0を実現するために、以下の中核的な機能を果たす必要があります。

- 高度に統合されたエコシステムのなかで業務を遂行するのに適切な、管理および専門的な技術スキル。これには、目的、責任、リスクの異なる外部ネットワークの共同管理や共同創造が含まれること。
- 課税ルール、ビジネスモデル、納税者の行動の変化（自然システムの変化や危機を含む）に対応できるよう、機敏であること。
- 新しい現象や必要な措置の結果、システムモデリングに適したスキル、新しいビジネスモデルを理解すること。
- スキルの構成の変化。行政に必要とされるその他のスキルのなかでも、これは以下のような人材を集めることを意味すると思われる。
  - 複雑な課税ルールとコンプライアンス・リスクに対する理解
  - 納税者が使用するさまざまな自然システムや税務当局独自のシステムに組み込むことができる指示書に税務規則を翻訳する能力

- システムを保証・検証するための技術的な監査の専門知識
- 税務プロセスの実施と継続的な運用をサポートするリレーションシップ・マネジャー
- 適切な納税者とのタッチポイントを開発するための、行動科学者やコミュニケーションの専門家を含むデザイナー
- サイバーセキュリティとデータ保護の専門家

税務行政3.0への旅路

確立された成熟度レベルでは、税務当局は、公共サービスに資金を提供するために、税務当局が効果的かつ効率的に業務を継続できるように、税務当局の現在の機能を遂行するための新しい職員を採用する可能性があります。データ分析や電子サービスの開発をサポートするために、専門職員を採用するケースも増えており、予算は必ずしも確保できなくても、新しいスキルをもった人材を採用する必要性に対する認識が高まっています。

新しいスキル構築ブロックの確立された成熟度レベルには、主に以下のような特徴があります。

- 行政機関内のスキルの構成は、コンプライアンス管理、顧客サービス、内部プロセスに重点を置き、現在の機能のパフォーマンスに集中している。これは、デジタル・ツールや研修プログラムの利用の増加によって支えられている。
- データ分析スキルの活用は、個々のアプリケーション（税務調査の選択など）と潜在的な懸念領域の特定（コンプライアンスパターンなど）の両方の観点から、コンプライアンス・リスク管理システム全体における重要な要素となっている。データ分析スキルの使用は、多くの場合、それは別の機能内で編成される。特定の問題に対処するために行動科学者を活用し始めている行政も増えている。
- 納税者および行政のための新しい電子サービス開発のための職員の採用と研修には、モバイル・アプリケーションやウェブ・アプリケーションの開発、ロボット・プロセス、場合によってはAIがサポートする通信開発な

Chapter 4　税務行政3.0の構成要素　265

■ 表4.5　新しいスキルセット：税務行政3.0への旅路

内容	初期	発展	確立	先進的	野心的
新しいスキルセット	・重要な能力が認識されている。 ・主要な機能とプロセスをサポートするために、特定のトレーニングプログラムが実施されている。	・ナレッジマネジメントが導入されている。 ・納税者の態度と行動が果たす役割について認識されている。 ・データ分析能力が向上している。 ・デジタルが人材のスタッフィングに与える破壊的な影響について認識している。	・税務調査官と別のデータ分析部門とが協力している。 ・納税者の行動が研究され、意思決定に影響を及ぼすようになる。 ・AIアプリケーションの概念実証（POC）が行われる。 ・デジタルが人材スタッフの能力と利用可能性に与える破壊的な影響について認識している。 ・職員は組織と環境の変化を認識している。	・AIを活用した「ボット」が取引の特徴付けと解釈を支援する。 ・将来性のある新しいスキルセットに基づいて職員を雇用する。 ・デジタルディスラプションが将来起こりうるものとして考えられている。 ・職員は変化を認識しており、変化に取り組んでいる。	・税務の専門家は、協力してAIの支援を受けて、システム全体のパフォーマンスを保証し、アルゴリズムの開発と展開を統括する。 ・AIやその他のデジタル・ツールを使用して納税者の行動を予測できる。 ・職員はAIを活用して、情報を絞り込んだり、充実させたりすることができる。 ・データコンテンツの管理やコンプライアンス・バイ・デザインといった自然システムで新しいデジタルポートフォリオが作動している。 ・職員は継続的な変化を認識し、コミットしている。

どが含まれている。多くの行政機関では、IT職員の大半は、既存のレガシーシステムの保守とそれらの間のブリッジに集中することになる。

　税務行政3.0への移行期間中、新しいインフラのより技術的な部分の進捗を確実にするためには、新しいスキル構築ブロックと、ガバナンス構築ブロックが決定的に重要になります。現行の税務システムの管理に専念している職員とは異なる業務を行うことになるため、一時的に追加職員が必要にな

る可能性があります。既存職員の専門知識は、納税者の行動、コンプライアンス・リスク、行政負担の発生に関する深い知識と経験から、時間をかけて税務行政の再設計をサポートするうえできわめて重要です。

この旅路を始めるにあたり、税務当局は以下のことを検討することが効果的です。

- 移行期間中に必要とされる将来のスキルセットを定義すること。分野によってはスペシャリストが不足する可能性があるため、社内人材とアウトソーシングされた人材の組合せが必要になると思われている。
- 新たなインフラの開発・維持において、行政が協力できる可能性のある分野についての理解を深めること（たとえば、民間セクターや他の政府組織との協力など）。
- 自動化されたシステムにおける意思決定（たとえば、最終的な決定、納税者の支援、不服申立てや苦情への対応など）において、税務当局の職員がどのような関与が期待されるかを示す枠組みを構築すること。
- 税務行政3.0のメリットの実現に焦点を当てた、再教育と再スキルアップを含む変革の文化をつくりあげ、それを可能にすること。

Box 4.6 先進的な取組みをする国の例 フィンランド——スキルセット開発

フィンランドでは、70を超える古いレガシーシステムを、新しいCOTSソフトウェアに置き換えました。全導入は計画どおりの期間で、かつ予算の範囲内で完了しました。ITコストの年間削減額は1,500万ユーロから2,000万ユーロに及びます。より効果的に運営するために、運用と実務も高度化されました。顧客への高品質なサービスの開発は、主な焦点の一つでした。自動化レベルの向上により、業務の信頼性を損なうことなく、人員担当者をより有意義な業務に配置転換できるようになりました。移行期間変化の間、職員の健康（well-being）と能力はサポートされ、継続的な変化に適応する職員の能力は向上しました。

Chapter 4　税務行政3.0の構成要素

COTSソフトウェアの導入における大きな進歩の一つは、納税者を包括的に理解できるようになったことであり、データを処理し分析する能力の向上にも役立ちました。

■ 図4.13 フィンランド—COTSに沿ったスキルセットの開発

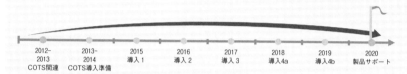

われわれが行ったこととその理由

実務の向上
より効率的に運営するために、オペレーションと実務が向上しました。変革の間に、職員のウェルビーイングと競争力がサポートされました。

新しい税務ソフトウェアの導入
課税プロセスとソフトウェアがシームレスに動くようになりました。古いシステムから新しいシステムへのカットオーバーは計画的に実行されました。

主要な成功要因

リーダーのコミットメント、スポンサーシップサポートは、導入のプロセス全体において非常に重要でした。
オープンで透明性のある変化のマネジメントのコミュニケーションに関与し、監督者として、人々に自分にとって何が役立つかを確定に伝え、コミュニケーションのなかで「Why」を常に保つようにしました。
トレイナーは稼働後の主要な変化の担い手になります。実際の学習は職場で行われ、机上でのサポートはきわめて重要でした。

COTSプログラムには
合計約5,000人の職員が参加

4080 トレーニングを受けたエンドユーザー
1999 研修イベント企画
261k テストされたテストシナリオ
964 プログラムに関与するFTA担当者
〜70 廃止されたレガシーシステム
€15-20M ITコストの年間節約

主要な成功要因
- マネジメントのサポート
- 雰囲気
- リソース
- 管理方法
- 準備
- 方法
- ユーザー体験
- コミュニケーション
- コミットメント

87 363 working days spent studying
85 894 final exercises submitted
93% correct answers

開発されたスキルセットを活用して前進する方法

 新しい統合的な課税制度により、組織構造や働き方は大きく変わります。継続的な変化に迅速に適応する人材の能力は大幅に向上しました。

 データによる主導をサポートするために、さまざまなレベルの組織に、戦略目標に基づいた目標設定に対するパフォーマンス指標のリアルタイムの見解が提供され、データドリブン管理が現実のものなります。

 能力開発と採用は戦略的な人事計画に基づいて行われます。私たちは、職員の任務と能力が、納税者の包括的な理解と絶えず変化する環境を、反映しているものであることを望んでいます。

 COTSの実装により、すべての運用にわたって一元化されたデータウェアハウスと分析が可能になりました。COTSシステムからのデータに基づく集中型データリポジトリと多層分析サービスにより、データの処理と分析の能力が飛躍的に向上しました。

 古い組織の壁を打ち破ることで、業務を向上させ、社内外の協力を強化することができます。これにより、業務を組織化し、顧客のニーズにあう業務に集中することができます。自己管理とスキルセット開発をサポートする運用モデルにより、チームがパフォーマンスと運用を改善する方法を常に見つける迅速な組織の構築が可能になります。

 われわれの従業員が技術的能力と組み合わされた最新の関連スキルセットを確実に備えていることを確認することで、われわれの組織は顧客の自然システムの統合された一部となるという目標を達成することができます。これにより、税金を私たちの日常生活に融合させることが可能となります。

(出所) Finnish Tax Administration (2020)

構成要素6：ガバナンスの枠組み

コアとなる付加価値

　税務行政のあり方は、政治的、文化的、社会的、技術的要因に左右されます。これは、単に税務行政の組織や管理だけでなく、企業や他の政府組織、納税者代表団体を含む非政府組織との協力も含まれます。多くの国において、企業は重要なパートナーであり、付加価値税や給与税を管理する税務の「代理人」となっています。社会の変化とともに、正式な協議プロセス、納税者の権利のメカニズム、税制簡素化のためのオフィス、コンプライアンス・プログラムの協力など、新しい税務ガバナンスの枠組みが透明性と説明責任を高めています。

　税務行政3.0への変革の性質上、公共部門と民間部門、さらには国際的なシステムとプロセスの結合が必要です。これを成功させるためには、組織間の協力関係を構築し、変革の管理を行う構造的なガバナンスが必要です。

図4.14　ガバナンスの枠組み

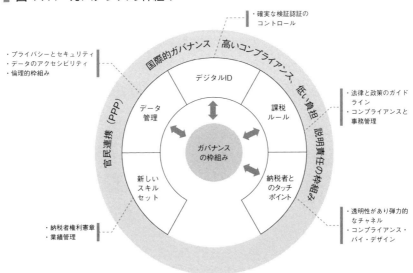

Chapter 4　税務行政3.0の構成要素　269

構成要素のアーキテクチャ

ガバナンスの枠組みに関する構成要素は、税務行政3.0を実現するために、以下の中核的機能を果たす必要があります。

- 高いコンプライアンスと最小限の負担という目的が、データ保護、セキュリティ、アクセシビリティ、公平性など他の懸念事項とのバランスを考慮したかたちで達成されるように、国際的なものも含め、官民の代表者を集めたガバナンス構造を提供する。これには、政府全体のアプローチにおける税務当局の役割の明確化も含まれる。
- 共同作業の主要な優先事項について合意し、その作業を支援するために必要な質の高いリソースを提供すること。
- 税務行政システム全体の有効性と効率性、変化に対応し、望ましくない結果や行動に対応するための弾力性と敏捷性について、あらためて保証を与える。
- システム内のすべての関係者によるデータの安全性と保護について、相互にあらためて保証を与える。

税務行政3.0への旅路

確立されたレベルでは、税務行政はチェック・アンド・バランスの社会的ネットワークのなかに組み込まれ、利害関係者とのコミュニケーションとデータ交換の関係にあります。コンプライアンス戦略や税法の管理可能性は、政治的・政策的利害関係者と議論されます。情報のデジタル交換は、官民のコンプライアンス態勢のバックボーンです。

実施されているガバナンスの枠組みの確立された成熟度レベルは以下において特徴づけられます。

- 租税政策の設定と、公正かつ独立した方法で租税政策を管理する行政の役割の明確な区別。
- データプライバシー、説明責任、納税者の権利、正式な紛争解決と不服申立てを規定する法的枠組み。
- 苦情処理メカニズム、協議の取決め、常設の利害関係者グループ、納税者

270 ｜ Part Ⅲ　税務行政3.0：税務行政のデジタル・トランスフォーメーション

■ 表4.6　ガバナンスの枠組み：税務行政3.0への旅路

内容	初期	発展	確立	先進的	野心的
ガバナンスの枠組み	・税務調査官は、特定の税の種類に焦点を当ててランダム化された方法で納税者の申告を評価する。 ・現地調査は、税の種類に応じた税務調査の戦略の一部である。 ・ソフトウェアおよびハードウェアのプロバイダが主要なデジタルパートナーである。	・コンプライアンス・リスク管理プログラムが整備されている。 ・申告書の自動評価により、リスクと異常値のフラグが立てられる。 ・税務調査は品質保証プロセス全体の重要な部分であり、納税者のあらゆる側面に焦点を当てている。 ・政府機関と（金融機関の）第三者が主要な外部のパートナーである。	・外部利害関係者（訳者注）と連携したコンプライアンスおよび行政負担の軽減に向けた戦略がある。 ・納税者の行動が理解されており、特定の手段や介入によってサポートされている。 ・コンプライアンス・バイ・デザインが最初に実装されている。 ・国際的な公的および私的データ交換ネットワークが実装されている。	・プロセスの上流のコンプライアンスサポートが実装されている。 ・税務当局は、納税者の自然システム内でのコンプライアンス・バイ・デザインの実装をサポートする。 ・ビジネスシステム内で継続的なモニタリングを実施することで、品質が保証され、租税の確実性が高まり、税務調査の必要性が軽減される。 ・対応が迅速な税務行政プロセスが、国民や企業取引（をサポートするプラットフォーム）と連携している。	・エコシステムの信頼度のレベルに基づいて、さまざまなエンゲージメント・モデルが導入されている。 ・税務行政は、弾力的なシステム・オブ・システムズの一部分となっており、高い透明性を有している。 ・品質は取引レベルで保証されている。 ・税の評価と徴収がシームレスかつ摩擦のない方法で行われることがますます増加している。 ・税務当局間の摩擦のない国際協力。

（訳者注）　原文はeternal stakeholderであるが、external stakeholderの誤りではないかと推測され、その前提で訳した。

憲章、パフォーマンス管理の測定と報告など、内部および外部の説明責任の枠組み。

● 情報交換、二重課税の防止、紛争解決のための租税条約が適用される他の税務当局との協力体制。

税務行政のデジタル・トランスフォーメーションは、官民の利害関係者間

の活動、責任、説明責任の分担に新たな可能性を提供し、多くの税務行政プロセスを納税者の自然システムのなかに組み込むことによって、よりシームレスな税務行政を可能にします。最終的には、税務行政は納税者の自然システムを含むより広範なシステムの透明な一部となり、そのネットワーク化された性質は外部からの衝撃波や危機に強く、社会のニーズに迅速に対応できる柔軟性をもったものになるでしょう。そのためには、税務行政3.0の構成要素を円滑に開発、実施、監督するための新たなガバナンス体制が必要となります。この旅路を始めるにあたり、税務当局は以下のことを検討するとよいでしょう。

● 税務行政3.0の必要性を説明するうえで主導的な役割を担い、利害関係者を集めて国／法域のビジョンを具体化する。

● 活動の優先順位づけ、利害関係者間の協力強化、協力の形態や次のステップについての合意形成を支援するための戦略的ツールキットを開発する。

● 持続可能な関与モデルや社会的利害関係者との協議の取決めなど、税務行政のデジタル・トランスフォーメーションに関する官民協力について戦略と説明責任の枠組みを明確化する。

● 国際的なものも含め、実際の協力の効果的なモデルの開発を支援するために、デジタル・アイデンティティと電子インボイスに関するパイロット・プロジェクトを実施する。

Box 4.7　先進国の例 ロシア──税務モニタリング

　2016年以降、Federal Tax Service of Russiaは新しい税務コンプライアンス制度、いわゆる税務モニタリング（協力的コンプライアンスとも呼ばれる）を制定しました。税務モニタリングは、税制全体に新しいレジームを導入するのではなく、納税者が任意で参加できる新しい制度で、既存の税制と並行して実施されます。

　デジタル化が最も進んでおり、プロセスの自動化が最も進んでいる最大規模の納税者は、新制度の義務化に先立ち、システムを新制度に適応

させるための時間を確保できるため、パイロットテストへの参加を志願しました。

　税務モニタリングの基本原則は、アプリケーション・プログラミング・インターフェイス（API）を通じて、納税者の会計・税務報告システムに税務当局がリモート・アクセスできるよう、強固で安全な認証・認可を開発することにあります。

　アプリケーション・プログラミング・インターフェイス（API）を通じて取引レベルに組み込まれたリスク・ベースド・アプローチ（RBA）に基づく納税者のエコシステムへの直接的なアクセスは、取引に新たなリスクや早期警戒兆候が含まれていないかどうかを判断するための継続的なデューディリジェンスとモニタリングを提供します。

　税務モニタリングの枠組みでは、国家管理は納税者のエコシステムのなかに自然に組み込まれます。納税者のエコシステムと接触し、同期することで、デザインによる税務コンプライアンスが促進され、効果的かつ効率的な方法で期限内に実行されるシームレスなオムニ・チャネルによるカスタマーエクスペリエンスが生まれます。

図4.15　ガバナンスの枠組み——協力的コンプライアンス

（出所）　Federal Tax Service of Russia（2020）

デジタル・トランスフォーメーションの変化のベクトル

デジタル化の進展

トランスフォーメーションの横断的な効果をよりよく理解するために、OECDはデジタル・トランスフォーメーションの主要な特性を説明する七つの主要な「デジタル・トランスフォーメーションのベクトル」を特定しました（OECD, 2019［4］）。デジタル・トランスフォーメーションのこれらのベクトルは、デジタル・トランスフォーメーションとその根底にある性質とその影響を提供します。

変化の本質を考えれば、これは税務行政の実施における課題となるといえます。デジタル・トランスフォーメーションは、納税義務が発生する場所と方法、納税者の行動、（取引）データの作成と保存方法を変化させます。この変化により、納税義務や国／法域の裁定について国際的な側面が付加されることになります。さらに、税務行政の観点からは、この変化の本質はデータの利用可能性とデータの質に関するものであり、データの収集と処理に関する現行の制度的プロセスにおいて挑戦となるものです。

デジタル・トランスフォーメーションのベクトル

マス化せずに規模を拡大する

ソフトウェアやデータなど、デジタル製品やサービスの中核にあるものは、限界費用が限りなくゼロに近くなっています。インターネットの世界的な広がりと相まって、これらの製品やそれを利用する企業やプラットフォームは、ほとんど従業員や有形的な資産なしで、地理的に足を踏み込むことなくきわめて迅速に規模を拡大することができます。

● このことは、特にグローバル環境において、納税義務の適時かつ正確な範囲の割当てや、税務の確実性の提供などに関して、税務行政の課題となります。問題は、納税義務の特定と計算のために十分なデータ証跡が存在するか否かです。さらに、このような不安定なグローバルの状況において、納税者と税務当局の双方にとっても、どういった規制がどこにおいて、どのような文脈で適用されるかを確定することは必ずしも容易ではないでしょう。

広範な範囲

デジタル化によって、多くの機能や特徴を組み合わせた複雑な製品（たとえば、スマートフォン）が生まれやすくなり、サービスの広範なバージョンアップ、組替え、カスタマイズが容易になります。相互運用性のスタンダードが策定されることにより、製品、企業、業界を超えた範囲の経済の実現を可能にします。

● このことは、取引の特徴付けや規則・規制の解釈などに関して、税務行政の課題となります。適用される税率に関するあいまいさは、意図しないミスや争いにつながる可能性があります。

時間のダイナミクス

デジタル化によって活動のスピードが加速しており、熟慮のうえで設計された制度的プロセスや、設定された手続、行動を上回る速さで活動が展開し、人間の注意力の限界を超えている可能性があります。テクノロジーを用いれば、現在の記録を容易にし、過去について調査し、分類し、再利用し、再販売し、記憶することも可能です。

● このことは、たとえば、コアとなる計算と支払プロセスのスピードと敏捷性に関して、税務行政の課題になるでしょう。タイムラグは、現在の付加価値税のカルーセル詐欺のような「システム・ゲーム」に利用される落とし穴になる可能性があります。

Annex A　デジタル・トランスフォーメーションの変化のベクトル

無形資本と新たな価値創造の源泉

ソフトウェアやデータのような無形の資本への投資が拡大しています。データを生成するセンサーは、機械や設備（ジェットエンジンやトラクターなど）を新しいサービスとパッケージ化することを可能にします。プラットフォームは、企業や個人が物理的な資本を容易に収益化したり共有したりすることを可能にし、所有権の性質を（たとえば、財からサービスへ）変えてしまいました。

● これにより、納税者や納税義務の特定など、税務行政のあり方が問われることになります。シェアリングエコノミーやギグエコノミーの拡大は、（非）意図的なコンプライアンス違反の問題を加速させるでしょう。加えて、膨大なセンサーのデータの流れは、行政や執行のプロセスを促進するビッグデータの量の効果的な利用に影響を与えるかもしれません。

空間のトランスフォーメーション

ソフトウェア、データ、コンピューティング・リソースは、無形で機械的にコード化された性質を有しており、そのおかげで、どこでも保存・利用できるものになりました。これは国境から価値を切り離し、領土的、地理的な位置を基礎としたコミュニティや主権という従来の原則に対する挑戦となるものです。このように価値が国境から分離されている場合に、どの国／法域で課税するかという問題に関し、裁定が必要になる可能性があります。

● これは、たとえば、納税義務のタイムリーかつ完全な配分を保証するデータの利用可能性、税務調査の質、税務上の争いの効果的な予防と解決などに関して、税務行政の課題となります。

エッジの権限強化

インターネットの「エンド・ツー・エンド」の原則は、ネットワークのインテリジェンスを中央から周辺へと移動させました。コンピュータやスマートフォンで「武装」した利用者は、メーリングリストやハイパーリンク、ソーシャルネットワークを通じて、自らのネットワークやコミュニティを革

新し、設計し、構築することができます。

● これは自然で分散化されたエコシステムにおける納税者とのかかわり方に関して、税務行政にとって課題になるでしょう。このような「常時オン」の納税者は、おそらく即座に回答や有用なインプットを求め、またそれを必要とするでしょう。このような自然システムの一部となることで、税金を「最初から正しく」把握する可能性が生まれます。そのため、システム・オブ・システムズに接続し、その一部となる能力がより強く求められることになります。

プラットフォームとエコシステム

デジタル取引による取引コストは低減していますが、これは直接的な関係による取引の増加によるものだけではなく、デジタルによって強化されたマルチサイドプラットフォームの発展を反映したものでもあります。いくつかの最大級のプラットフォームは、統合性、相互運用性、データ共有、オープンさについての程度の差はあれども、基本的には独自のエコシステムとして機能しています。

● これは、たとえばデータの利用可能性、第三者データプロバイダとの提携関係、納税者の登録と識別、納税義務の識別と支払などに関して、税務行政の立場からすれば課題になります。これらのプラットフォームやエコシステムは、「税務行政の代理人」となることができ、「税金が単に生じています」という事象を促進させることも可能です。一方で、逆に検知や明らかにすることが困難な脱税の温床に変わるものもあるかもしれません。さらに、スマートなクラウド・ソフトウェア・ソリューションは、行政の取引コストを削減し、現在の会計事務所のビジネスモデルにとって課題となっています。これは特に、第三者とのデータ交換関係に影響を与え、データの利用可能性とデータの質にも影響を与えるでしょう。

Annex A　デジタル・トランスフォーメーションの変化のベクトル　277

Annex B　デジタル時代のテクノロジーのトレンド

　以下は、2019年のOECD報告書「Measuring the Digital Transformation：A Roadmap for the Future（OECD, 2019［5］）」から抜粋したデジタル時代のテクノロジーのトレンドです。

・より速く、より安く

　継続的な技術進歩のおかげで、ICT製品は時の経過とともに、以前よりもはるかに安価で高性能になっている。インフラ容量はコンテンツと同様に増加している。モバイル接続は大幅に改善され、5Gは現在、その展開の初期段階にある。

・グローバルなデータインフラ

　データ通信容量は、発展途上国を含むあらゆる場所で増加している。国境を越えたデータの流れにより、企業はグローバル市場における供給、生産、販売、アフターセールス、研究開発といったプロセスを効果的にコーディネートすることができる。

・データが中心に

　データ量が増え続けるなか、データの所有者は集中しつつあるが、その全体的な価値がいくらなのかは、いまだにわからない。ユビキタスネットワークにより接続されたエンドユーザーデバイスやモノのインターネット化（IoT）からもたらされるビッグデータの分析の重要性の高まりによって、データセンターの価値は増加し成長しつづけている。

・クラウドとソフトウェア

　クラウドサービスはICT提供のパラダイムシフトを意味し、企業や個人が物理的なICT資本に多額の投資をすることなく、ネットワーク経由でオンデマンドのITサービスにアクセスできるようになっている。

・生産のトランスフォーメーション

　サービス・ロボットなどのロボットが製造業を変革しつつある。ビッグ

Part Ⅲ　税務行政3.0：税務行政のデジタル・トランスフォーメーション

データ、3Dプリンティング、マシン・ツー・マシン・コミュニケーション、ロボットなどの分野の進歩が、生産に変革をもたらしつつある。

• **仕事の世界のトランスフォーメーション**

デジタル技術は職場にさまざまな影響を与えると考えられている。特に、デジタル技術の導入により、新しいツールやスキルの習得に費やす時間が増えている。職場へのデジタル・ツールの導入は、学習と適応を必要とするものであり、労働者のタスクや労働組織にも影響を与える。

• **ギャップに注意せよ**

インターネットの普及は若い世代には飽和状態に達しているが、上の世代には追いつく余地も残されている。今日のデジタル経済は、ユーザーとデバイス間のコネクティビティおよび以前は別々だった通信エコシステム（固定ネットワークと無線ネットワーク、音声とデータなど）の融合によって特徴付けられている。

• **常にオンのライフスタイル**（Always-on lifestyle）

多くの若年成人は、インスタント・メッセージやソーシャル・メディアによって、1日の少なくとも4分の1をオンラインで過ごし「常にオンのライフスタイル」を実現している。モバイル技術の向上により、以前は固定ブロードバンド接続を利用する余裕がなかったり、コンピュータの使用が困難であったりした人々でも、オンラインアクセスが可能になった。モバイル接続により常にオンの行動ができるようになっている。

····· 参考文献 ···

Benzarti, Y. (2020), "How Taxing Is Tax Filing? Using Revealed Preferences to Estimate Compliance Costs", *American Economic Journal: Economic Policy*, Vol. 12/4, pp. 38-57, http://dx.doi.org/10.1257/pol.20180664. ［9］

Blaufus, K., F. Hechtner and J. Jarzembski (2019), "The Income Tax Compliance Costs of Private Households: Empirical Evidence from Germany", *Public Finance Review*, Vol. 47/5, pp. 925-966, http://dx.doi.org/10.1177/1091142119866147. ［11］

Braunerhjelm, P., J. Eklund and P. Thulin (2019), "Taxes, the tax administrative burden and the entrepreneurial life cycle", *Small Bus Econ*, http://dx.doi.org/10.1007/s11187-019-00195-0. ［13］

Eichfelder, S. and F. Vaillancourt (2014), *Tax Compliance Costs: A Review of Cost Burdens and Cost Structures*, http://dx.doi.org/10.2139/ssrn.2535664. ［10］

European Commission (2020), *Communication from the Commission to the European Parliament and the Council: Action Plan for Fair and Simple Taxation Supporting the Recovery Strategy*, https://ec.europa.eu/taxation_customs/sites/taxation/files/2020_tax_package_tax_action_plan_en.pdf（accessed on 3 November 2020）. ［1］

OECD (2020), *Model Rules for Reporting by Platform Operators with respect to Sellers in the Sharing and Gig Economy*, OECD, Paris, http://www.oecd.org/tax/exchange-of-tax-information/model-rulesfor-reporting-by-platform-operators-with-respect-to-sellers-in-the-sharing-and-gig-economy.htm（accessed on 6 October 2020）. ［7］

OECD (2019), *Going Digital: Shaping Policies, Improving Lives*, OECD Publishing, Paris, https://dx.doi.org/10.1787/9789264312012-en. ［4］

OECD (2019), *Implementing Online Cash Registers: Benefits, Considerations and Guidance*, OECD, Paris, http://www.oecd.org/tax/forum-on-tax-administration/publications-and-products/implementing-online-cash-registers-benefits-considerations-and-guidance.htm. ［8］

OECD (2019), *Measuring the Digital Transformation: A Roadmap for the Future*, OECD Publishing, Paris, https://dx.doi.org/10.1787/9789264311992-en. ［5］

OECD (2019), *Tax Administration* 2019: *Comparative Information on OECD and other Advanced and Emerging Economies*, OECD Publishing, Paris, https://dx.doi.org/10.1787/74d162b6-en. ［2］

OECD (2019), *The Sharing and Gig Economy: Effective Taxation of Platform Sellers : Forum on Tax Administration*, OECD Publishing, Paris, https://dx.doi.org/10.1787/574b61f8-en. ［12］

280 ｜ Part Ⅲ　税務行政3.0：税務行政のデジタル・トランスフォーメーション

OECD (2019), *Unlocking the Digital Economy: A guide to implementing application programming interfaces in Government*, OECD, Paris, http://www.oecd.org/tax/forum-on-tax-administration/publications-and-products/unlocking-the-digital-economy-guide-to-implementing-applicationprogramming-interfaces-in-government.htm.　[6]

OECD (2014), *Standard for Automatic Exchange of Financial Account Information in Tax Matters*, OECD Publishing, Paris, https://dx.doi.org/10.1787/9789264216525-en.　[3]

····**用 語 集**···

アルゴリズム：計算や意思決定において、特にコンピュータが従う一連の規則のこと。アルゴリズムがどのように機能するかのわかりやすい例として、レシピに記載された指示書（正確な分量、作業の順序、詳細な説明、調理の火加減、時間などが書いてあるもの）があげられるかもしれない。

アプリケーション・プログラミング・インターフェイス（API）：複数のソフトウェアシステム間の相互作用を定義するデジタル・インターフェイス。たとえば、携帯電話で価格比較アプリを使用する場合、APIは、そのアプリと、価格比較のための集計に使用されるさまざまな企業の価格リストを含むデータベースとの間の相互作用を可能にするものである。

人工知能（AI）：学習や問題解決など、通常は人間の知能を必要とするタスクを、コンピュータシステムが実行する能力。

実質的支配者（Beneficial Owner）：会社、信託、財団などの法人または組織を最終的に所有または管理する自然人。

バーニング・プラットフォーム：現在の地位が本質的に不安定であり、変化しなければ経営がますます困難になるため、変化が緊急に必要であることを示すために使用されるイメージ。ビジネスの文脈では、戦略的変化の推進力として使われることが多い。

クラウド・コンピューティング：インターネット上のコンピュータを使ってデータを保存、管理、処理すること。

コンプライアンス：法的義務に従っているという事実。

コンプライアンス・バイ・デザイン：規制に関する要件を、マニュアルやデジタルのタスクやプロセスに組み込むことで、人々のルールへの準拠を容易にすること。そうすることで、コンプライアンス遵守が容易になり、逆にコンプライアンス違反を防止することができる。

サイバーセキュリティ：コンピュータ・ネットワークやデータを不正アクセスや不正使用から保護するための技術やプロセスの適用。

デジタルID（デジタルIDまたはDI）：オンライン上に存在するエンティティ（個人、組織、電子機器）に関連する一連の属性。たとえば、固有のSMS認証によるデジタルサービスのロック解除や、指紋認証が組み込まれた電子パスポートなどである。

デジタル化（Digitalisation）：データを、コンピュータで読み取り可能なデジタル形式に変換すること。これにより、紙ベースのビジネス・プロセスをデジタル・データ処理アプリケーションに置き換えることができ、全体的な効率レベルは向上する。

デジタル・トランスフォーメーション：デジタイゼーションおよびデジタル化による（ある意味では破壊的な）経済的・社会的効果を指す。それは、人々がお互い

に反応する方法を変えようとしており、社会をより一般化するとともに、雇用や技能、プライバシーやセキュリティ、教育、健康、その他多くの政策分野において、多くの差し迫った問題を提起することにもつながっている。

電子行政（e-Administration）：電子（税務）行政とは、データ収集・処理活動のデジタルサポートを指す。多くの場合、申告書の電子ファイル提出、帳票のダウンロードや電子メール送信、支払の電子化など、かつての紙のプロセスをデジタル化することを意味する。

電子インボイス（e-Invoicing）：電子インボイス発行、請求書データのデジタル交換。

電子サービス（e-Services）：ウェブサイト上のフォーム、電子申告、電子納付を通じて、税務行政とのコミュニケーション、相互作用、取引をデジタル的にサポートする。

情報通信技術（ICT）：ITに関するかなり広い範囲を表す言葉であり、電子機器やアプリケーション（たとえば、コンピュータ、ソフトウェア、携帯電話、インターネットなど）およびインターネット（データの収集、保存、使用、送信を行い、対話や取引を可能にする）を意味する。

モバイル・チャネル：ラップトップ、タブレット、携帯電話などのモバイル機器上のデジタル・アプリケーションで、これを通じて税務行政の電子サービスが提供される。

Pay-as-you-earn（PAYE）システム：一般に、雇用者による所得税の源泉徴収システムを指す。

自動運転車：コンピュータ制御の自律的に走行する自動車で、安全に操縦するために運転手を必要としない。

シェアリングエコノミーとギグエコノミー：一時的な宿泊施設の提供やライドシェアサービスなど、オンラインプラットフォームによってサポートされるサービスを無料または有料で提供、共有、交換する活動（プラットフォーム経済ともいう）。

システム・オブ・システムズ：さまざまな機能やリソースを組み合わせて、個々のコンポーネントの単純な合計よりも質の高いサービスを共同で提供する専用システムのネットワーク。「税務システム・オブ・システムズ」においては、税務当局は、金融機関、その他の政府機関、雇用者、ソフトウェア・プロバイダなどとともに、連携したシームレスな納税者の体験を提供する。

納税者識別番号（Tax identification number、TIN）：生年月日、設立地と設立日、氏名、住所など、他の識別要素に加えて、一人の納税者を識別する特定の数字の列。

納税者の自然システム：エコシステムと呼ばれることもある。自社の会計、ソフトウェア、テクノロジー・ソリューションはもちろんのこと、納税者が顧客、他のビジネス、第三者との関係をもつ際の一連の相互接続された要素全般を指す。

用語集 283

納税者とのタッチポイント：ウェブサイト、コールセンター、自然システムに組み込まれたソフトウェア・インターフェイスなどを通じて、納税者が税務行政プロセスに関与することを容易にするサービス。

本報告書は、税務行政のデジタル・トランスフォーメーションのビジョンを示したものである。このディスカッション・ペーパーは、サンチアゴで開催された2019年OECDのFTA本会議で委員から要請されたもので、その意図は、将来ビジョンとその構成要素について議論と対話を加速させることにある。

訳者あとがき・著作権について

　上記文章はOECDが2020年に公表した報告書の英語版を翻訳したものである。本報告書の原文の標題およびリンク（2024年8月1日時点）は以下のとおりである。

OECD（2020）, Tax Administration 3.0: The Digital Transformation of Tax Administration, OECD, Paris.

https://web-archive.oecd.org/tax/forum-on-tax-administration/publications-and-products/tax-administration-3-0-the-digital-transformation-of-tax-administration.pdf

Photos credits: © Shutterstock.com, Gettyimage.com, Istockphoto.com, Alex Butterfield（cc-by-2.0）, Unsplash.com © OECD 2020

　この翻訳はOECDによって作成されたものではなく、OECDの公式翻訳とみなされるべきではない。翻訳の質と原文との一貫性については、翻訳者のみが責任を負う。原著作物と翻訳の間に矛盾がある場合には、原文のみが有効であるとみなされるものとする。

　この翻訳は商業目的でなされたものではなく、翻訳者およびその協力者が非営利目的で実施し、翻訳者が無償配布したものである。翻訳者はこの翻訳に係る著作権を放棄する。したがって、公序良俗に反しない限り、だれでも自由にこの翻訳を利用することができる。

　翻訳作業においては以下の方々（敬称略）に惜しみないご協力をいただいた。この場をお借りして感謝申し上げる。

久下哲也（国際協力機構）

塚本可偉（日本公共コンサルティング株式会社）

チョウチョウミャッノー（法政大学大学院イノベーション・マネジメント研究科在学、日本公共コンサルティング株式会社インターン生）

吉岡翼（立教大学経営学部在学）

事項索引

【英数字】

4コーナーモデル ･･････････････････････ 35
21世紀の資本 ･･････････････････････ 153
AI ･･････････････ 20, 39, 119, 123, 125, 282
API ･･････････ 29, 34, 39, 45, 46, 92, 106,
166, 213, 248, 258, 273, 282
BPR ･･････････････････････････････ 12, 19
C5モデル ･･････････････････････････ 36
CTC ･･････････････････････････････ 112
EDI（電子データ交換）･･･････････ 40, 111
EFDs（Electronic Fiscal Devic-
es）･･･････････････････ 103, 111, 116
e-Gov ･･････････････････････････････ 46
eLTAX ･･････････････････････････････ 46
ERP ･････････ 68, 85, 91, 228, 230, 237
e-Tax ･･････････････････････････ 46, 53
gBizID ･･････････････････････････････ 46
GDPR ･･････････････････････････ 141
ICT ･･････････････････････ 04, 263, 283
IMF（国際通貨基金）･･･････････････ 168
JICAグローバル・アジェンダ ･･･ 118
JP PINT ･･････････････････････････ 43
Making Tax Digital ･･･････････････ 167
M-Pesa ･･････････････････････････ 165
OECD ･･････････････････････････ 34, 169
PAYE ･･････････ 172, 204, 210, 283
Piketty ･･････････････････････････ 152
SaaS ･･････････････････････ 27, 30, 246
Single Touch Payroll（STP）･･････ 38
STP ･･････････････････････････････ 256
TIN ･･････････････････････････ 243, 283
ZEDI ･･････････････････････････ 43, 45

【ア行】

アルゴリズム ･･････ 29, 36, 126, 142, 171,
200, 202, 212, 226, 232,
234, 237, 250, 259, 266, 282
暗号資産 ･･････････････････ 121, 176, 212
アンダーバンクト問題 ･･･････････ 165
アンバンクト問題 ･･････････････････ 164
岩井克人 ･･････････････････････････ 175
インボイス ･･････････････････････････ 35
インボイス制度 ･････････････････ 52, 54
ウェブスクレイピング ･･････････････ 125
オープンデータ基本指針 ･･･････････ 148
オンプレミス型 ･････････････････････ 28

【カ行】

会計パッケージ ･･････････････････････ 65
カスタマージャーニー ･･････････････ 13
課税・徴収事務の効率化・高度化
･･････････････････････････････････ 08, 19
貨幣 ･･････････････････････････････ 175
監査DX ･･････････････････････････････ 84
官民データ活用推進基本法 ･･･････････ 147
ギグエコノミー ･･････ 210, 218, 276, 283
期待ギャップ ･･････････････････････ 62
キャッシュレス納付 ･･･････････ 17, 53
休眠納税者 ･･････････････････････ 107
行政記録情報 ･･･････････････ 144, 147
金融包摂 ･･････････････････････････ 164
クラウド会計ソフト ･･････････････ 32, 61
クラウド型 ･･････････････････ 28, 39, 66
クラウド・コンピューティング
･･･････････････････････････････････ 282
継続的取引管理 ･･･････････････････ 112
経理DX ･･････････････････････････････ 84

事項索引 287

源泉徴収 ······························ 158, 210
現代貨幣理論（MMT）·············· 176
公的統計 ································ 144
国際資本課税 ······················ 153, 155
個人情報保護 ·························· 140
個人情報保護法 ······················ 146
コンプライアンス ············· 170, 194,
　　　　　　　　　　　　　208, 282
コンプライアンス・バイ・デザイ
　ン ········ 197, 198, 204, 210, 271, 282

【サ行】

財政メモリ ····························· 116
歳入目標ドリブン ···················· 110
サイバーセキュリティ ·············· 168,
　　　　　　　　　　　　　265, 282
シェアリングエコノミー ······ 122, 133,
　　　　　　　　　　210, 218, 276, 283
事業者のデジタル化 ············· 08, 22
システム・オブ・システムズ
　·································· 198, 283
事前記入済申告 ······················ 110
実質的支配者（Beneficial Owner）
　···································· 282
自動運転車 ···················· 169, 202, 283
自発的コンプライアンス ······ 103, 195
社会全体のDX ························· 11
シャドウエコノミー ··········· 125, 142
循環論法 ··························· 175, 178
情報通信技術 ·············· 147, 263, 283
将来像2017 ····························· 04
将来像2023 ····························· 03
所得格差 ··························· 151, 152
人工知能 ···················· 200, 220, 240,
　　　　　　　　250, 259, 261, 282
垂直的展開 ····························· 164
水平的展開 ····························· 164
生成AI ······························· 87, 91

税務行政3.0···········85, 87, 163, 165
税務行政のデジタル・トランス
　フォーメーション─税務行政の
　将来像2.0─··························· 04
税務行政のデジタル・トランス
　フォーメーション─税務行政の
　将来像2023─ ···················· 03, 123
税務コンプライアンス ········ 151, 172,
　　　　　　　　　　　255, 272
税務大学校 ···························· 148
税務長官会議（Forum on Tax
　Administration、FTA）·········· 169
税務データの学術研究目的活用 ····· 20
セキュアード・チェーン ············ 34
全銀EDIシステム ····················· 43
租税貨幣論 ···························· 176

【タ行】

代表なくして課税なし ·············· 161
タックスギャップ ···················· 125
脱税の経済学 ·························· 157
中核的税務行政機能 ················· 106
データ活用の徹底 ···················· 19
データ共有リモート型 ··············· 63
データドリブン ················· 110, 119
データレイク ·························· 90
デジタルID ··········· 103, 106, 173, 200,
　　　　　　　220, 226, 239, 241, 282
デジタルインボイス ··········· 35, 36, 42,
　　　　　　　　　　79, 111, 163
デジタル化 ···················· 06, 274, 282
デジタルツイン環境 ·················· 92
デジタル・トランスフォーメー
　ション ···················· 197, 274, 282
電子インボイス ·······79, 111, 173, 237,
　　　　　　　252, 255, 261, 272, 283
電子化 ································· 06
電子開示制度（EDINET）··········· 55

電子行政 ·················· 241, 262, 283
電子サービス ············· 122, 248, 283
電子申告 ·································· 109
電子申請のワンストップ化促進 ····· 46
電子帳簿保存法 ························ 52
電帳法 ···························· 52, 54
統計法 ································· 146
取引記録のデジタル化 ··········· 57, 79
取引単位報告 ·························· 116

【ナ行】
日本版記入済み申告書 ················ 15
年末調整 ····················· 16, 31, 155
納税者識別番号 ·················· 243, 283
納税者登録 ··························· 107
納税者とのタッチポイント ········· 239,
247, 284
納税者の自然システム ············· 198,
272, 283
納税者の利便性の向上 ··········· 07, 13
ノーコード・ローコード ············· 92

【ハ行】
バーニング・プラットフォーム
································ 205, 282
ハイパー・インフレーション ······· 177
フィンテック ·························· 163
複式簿記 ······························ 175
プッシュ型 ···························· 48

【マ行】
マイナンバー ·························· 156
マイナンバーカード ···················· 75
マネーストック ······················· 174
メインバンクシステム ················· 65
モバイル・チャネル ··········· 248, 283

【ラ行】
リアルタイム監査 ················· 85, 87
リアルタイム・タックスコンプラ
イアンス ···························· 85
リープフロッグ ······················· 165
累進課税 ······························ 151

事項索引 289

税務行政のDXが変える日本の未来

2024年10月8日　第1刷発行

編著者　前　田　順一郎
発行者　加　藤　一　浩

〒160-8519　東京都新宿区南元町19
発　行　所　一般社団法人 金融財政事情研究会
出　版　部　TEL 03(3355)2251　FAX 03(3357)7416
販売受付　TEL 03(3358)2891　FAX 03(3358)0037
URL https://www.kinzai.jp/

DTP・校正：株式会社友人社／印刷：株式会社光邦

・本書の内容の一部あるいは全部を無断で複写・複製・転訳載すること、および
　磁気または光記録媒体、コンピュータネットワーク上等へ入力することは、法
　律で認められた場合を除き、著作者および出版社の権利の侵害となります。
・落丁・乱丁本はお取替えいたします。定価はカバーに表示してあります。

ISBN978-4-322-14465-9